无形财产权的类型化与体系化研究
基于信息哲学的分析

On the Systematization and Classification
of Intangible Property
an Analysis Based on the Philosophy of Information

周俊强 著

图书在版编目(CIP)数据

无形财产权的类型化与体系化研究:基于信息哲学的分析/周俊强著.—北京:北京大学出版社,2018.12
 国家社科基金后期资助项目
 ISBN 978-7-301-29982-1

Ⅰ.①无⋯ Ⅱ.①周⋯ Ⅲ.①无形固定资产—财产权—研究—中国 Ⅳ.①D923.04

中国版本图书馆 CIP 数据核字(2018)第 240734 号

书　　　名	无形财产权的类型化与体系化研究——基于信息哲学的分析 WUXING CAICHANQUAN DE LEIXINGHUA YU TIXIHUA YANJIU——JIYU XINXI ZHEXUE DE FENXI
著作责任者	周俊强　著
责 任 编 辑	郭栋磊
标 准 书 号	ISBN 978-7-301-29982-1
出 版 发 行	北京大学出版社
地　　　址	北京市海淀区成府路 205 号　100871
网　　　址	http://www.pup.cn
电 子 信 箱	law@pup.pku.edu.cn
新 浪 微 博	@北京大学出版社　@北大出版社法律图书
电　　　话	邮购部 010-62752015　发行部 010-62750672 编辑部 010-62752027
印 　刷　 者	北京富生印刷厂
经 　销　 者	新华书店
	730 毫米×1020 毫米　16 开本　15.25 印张　265 千字 2018 年 12 月第 1 版　2018 年 12 月第 1 次印刷
定　　　价	45.00 元

未经许可,不得以任何方式复制或抄袭本书之部分或全部内容。
版权所有,侵权必究
举报电话:010-62752024　电子信箱:fd@pup.pku.edu.cn
图书如有印装质量问题,请与出版部联系,电话:010-62756370

国家社科基金后期资助项目
出版说明

　　后期资助项目是国家社科基金设立的一类重要项目,旨在鼓励广大社科研究者潜心治学,支持基础研究多出优秀成果。它是经过严格评审,从接近完成的科研成果中遴选立项的。为扩大后期资助项目的影响,更好地推动学术发展,促进成果转化,全国哲学社会科学工作办公室按照"统一设计、统一标识、统一版式、形成系列"的总体要求,组织出版国家社科基金后期资助项目成果。

全国哲学社会科学工作办公室

神坛上端坐的是上帝,俗境里奔走的是恺撒。层面有别,各有所属。这个世界的秩序,本来就是如此。

前　言

近代以降，人类逐渐超越了对物质财富的单一迷恋与依赖，表现为在继续创造与利用物质财富的同时，越来越重视对非物质财富的创造与利用。社会现实的持续发展，迫切呼唤法律制度不断对其作出回应。在此背景之下，知识财产、资信财产、服务财产等非物质形态财产的身影，由模糊向清晰渐次演进；肇迹于罗马法的无形财产理念，也逐步实现其从权利本体向权利客体的转换。与此同时，诸多财产形态的概念位阶、类型归属、体系建构，成为理论界不容回避的课题。

无形财产权的客体形态表现为信息本体与信息活动两种形式，前者是与物质同处一个层面的概念，而后者则是人们利用物质与信息资源所进行的一种利他性活动。在信息哲学看来，知识产权是基于创生性信息的一种财产权。科学发现的过程，是一个使信息从自在向自为转化的过程；技术发明是在其已经掌握的关于物质世界的自为信息的导引下，通过创造性的思维过程，所产生的能够实施于物质世界的创生信息。著作权保护的与其说是作品，毋宁说是独创性信息。作品中的独创性，根据其原意可分为"来源独创""过程独创"与"内容独创"三种类型。一件商标是由标志表象信息、标志约定信息以及商品或服务表象与潜在信息，这三方面的信息结合而成的。真正典型意义上的商标是个"三位一体"的概念。

资信是特定主体基于一定的外在条件与内在品质，在相关公众心目中产生的主观评价信息。经营资格、经营优势、特许专营资格、特许交易资格、商誉等不直接体现为资金的经济因素，在对主体的评价与信誉的构成中的地位日益凸显。随着市场经济的持续发展，资信在市场竞争中的作用不断提升，资信的独立财产价值也日益为人们所认识与重视。

作为一种利他性活动，服务具有两种信息活动形式：(1) 作为认识主体对他人的主观世界进行直接信息异化；(2) 作为实践主体对他人的客观躯体或他人指定的客观事物进行间接的信息异化，实现其信息目的。商品的使用价值和价值与商品是否具有物质性没有关系；服务是劳动本身而非劳动力，服务也是一种商品。服务商品与劳动力商品存在本质区别,服务商品与其直接提供者的人身相分离,因而可以成为财产权适格客体。

根据客体的价值来源,可以将财产分为客观资源性财产和主观制度性财产两大类。主观制度性财产在本质上属于以权利为客体的财产,其创立是为财产的流动与分配服务。将民法所规范的财产类型归为"基于客观资源"与"基于主观制度",其意义在于突破物债二元所形成的樊篱,在客观资源的层面上,将"物"的概念延伸到信息与服务;在使用价值与交换价值的层面上,将物债二分所蕴含的理论隐喻扩展到资源与制度两个层次的财产形态。

目　　录

导　言 …………………………………………………………… 1

第一编　无形财产权体系化的理论基础

第一章　无形财产权类型化与体系化的基本理论考察 ……… 13
第一节　体系化思维的理论基础 ……………………………… 13
第二节　大陆法系无形财产权体系的演变 …………………… 25
第三节　普通法系财产概念的内涵及其发展 ………………… 31
第四节　无形财产概念的本真意蕴 …………………………… 42
本章小结 ………………………………………………………… 61

第二章　无形财产权类型化与体系化的信息哲学基础 ……… 63
第一节　信息概念的含义与信息哲学的范畴 ………………… 63
第二节　信息概念的哲学规定与信息存在的三种性态 ……… 68
第三节　波普尔的世界三分与物质间接存在的信息三界 …… 73
第四节　物质存在的两种意义与信息内容的三个层级 ……… 75
本章小结 ………………………………………………………… 80

第二编　基于信息哲学的无形财产类型化探索

第三章　基于客观创生信息的知识财产 ……………………… 85
第一节　知识产权概念的信息哲学分析 ……………………… 85
第二节　知识产权客体的信息结构 …………………………… 110
第三节　知识产权制度的价值基础 …………………………… 123
本章小结 ………………………………………………………… 132

第四章　基于公众评价信息的资信财产 ……………………… 134
第一节　资信的概念内涵 ……………………………………… 134

第二节　资信的财产意义 …………………………………… 138
　　第三节　资信的信息结构 …………………………………… 141
　　本章小结 ……………………………………………………… 148

第五章　基于人类信息活动的服务财产 …………………………… 150
　　第一节　服务的现象与问题 ………………………………… 151
　　第二节　服务活动的信息哲学分析 ………………………… 154
　　第三节　服务劳动的价值创造 ……………………………… 162
　　第四节　服务活动的非人身性 ……………………………… 166
　　第五节　服务财产权的基本范畴 …………………………… 169
　　第六节　"一对一服务"的实证分析——以冠名权为例 …… 178
　　第七节　"一对多服务"的实证分析——以网络虚拟财产为例 … 184
　　本章小结 ……………………………………………………… 192

第三编　无形财产权体系化的外部协调

第六章　财产权理论的体系分析 …………………………………… 197
　　第一节　财产形体的内涵与物债二元的隐喻 ……………… 197
　　第二节　客观资源的财产与主观制度的财产 ……………… 203
　　本章小结 ……………………………………………………… 209

第七章　财产权制度的体系安排 …………………………………… 210
　　第一节　范式民法典的财产权体系结构 …………………… 210
　　第二节　我国民法典的财产权体系构想 …………………… 215
　　本章小结 ……………………………………………………… 219

主要参考文献 ………………………………………………………… 221

后　　记 ……………………………………………………………… 235

导　　言

从只关心基本生存需求,到更重视终极精神关怀,人类逐渐超越了对物质财富的单一迷恋与依赖,表现为在继续创造与利用物质财富的同时,越来越重视对非物质财富的创造与利用。社会现实的持续发展,迫切呼唤法律制度不断对其作出回应。在此背景之下,知识财产、资信财产、服务财产等非物质形态财产的身影,由模糊向清晰渐次演进;肇迹于罗马法的无形财产理念,也逐步实现其从权利本体向权利客体的转换。与此同时,诸多财产形态的概念位阶、类型归属、体系建构,成为理论界不容回避的课题。伟大的时代成就伟大的理论,财产权研究理应在"新的观念突破、新的理论建构与新的制度设计"[①]上把握时代机遇、不辱历史使命。引进信息哲学理论,类型化与体系化无形财产权利,正是基于这样认识的一种尝试。

一、选题的由来与意义

长期以来,无形财产权的概念一直笼罩在一片似是而非的认知迷雾之中,遑论其类型的划分与体系的建构。探其缘由,既有概念创生之初的先天不足之症,亦不乏阅尽千年沧桑变换而始终飘忽不居的后天不调之弊,然此二者尚属其表。究其根本,实乃"无形"之内涵极具抽象,以致难以把握其具体定在;"无形"之外延极为宽泛,几可容尽天下难容之物也。

近代以降,科技之进步,产业之发展,产品种类之繁茂,无形财产之样态迭出,无形财产权之类型与体系遂成学界无法回避之议题。然而,"抽象物"[②]与"虚拟物"[③]轮番解读却也未穷其奥,"形式说"[④]与"符号说"[⑤]相继诠释终究难尽其妙。令人感叹的是,认识始终滞后于现实,无形仍旧依附于有形!以至于让人怀疑,"一切财产都是无形"[⑥]"知识产权的'客体一般'并不

---

① 吴汉东:《科技、经济、法律协调机制中的知识产权法》,载《法学研究》2001年第6期。
② See Peter Drahos, A Philosophy of Intellectual Property, Ashgate Publishing Company, 1996.
③ 参见林旭霞等:《论网络游戏中虚拟财产权利的法律属性》,载《中国法学》2005年第2期;寿步主编:《网络游戏法律政策研究2008》,上海交通大学出版社2008年版,第2章。
④ 参见刘春田:《知识财产权解析》,载《中国社会科学》2003年第4期。
⑤ 参见李琛:《论知识产权的体系化》,北京大学出版社2005年版。
⑥ 马俊驹、梅夏英:《无形财产的理论和立法问题》,载《中国法学》2001年第2期。

存在"①竟一语中的?

不唯如此,无论是对作为整体的无形财产权概念,还是对作为其子概念的知识产权及其下位的专利权、商标权与著作权概念,学界普遍存在着"体系化悲观论"。有学者就指出,目前理论界对无形财产的认识极不一致,"在论述时无形财产并无固定的内涵和外延"。② 对知识产权的认识也颇为相类,"从体系化的角度看,知识产权的概念还存在不足,如知识产权概念的内涵很难完全明确,外延也无法准确地界定"。因为,"其概念的界定本来就无法达到传统民法概念的明晰程度,不太可能给出一个一般性的完备的定义"③。就专利来说,"基因技术以及一些其他高新技术已经打破了我们传统的业已建立起来的法律概念体系,模糊了发明同发现的界限,甚至说根本就没有界限"④。关于商标,美国学者不无警示地指出,"如果你渴望找到法律术语的精确含义,请避开商标法"⑤。我国学者更是直言不讳:"什么是商标,什么是商标权,这本该是毫无争议的问题。但是,由于近年来国内几件涉及商标问题的法律纠纷案发后,出现了迥然不同的认识,其分歧之大,超出了人们的想象。究其根源,我们发现,问题就出在'什么是商标''什么是商标权'等最简单、最初始、最基本的概念问题上。"⑥著作权中的精神权利,也是学者质疑的焦点,有学者就认为"作品精神权利既非人格权又非身份权"⑦。"信言不美,美言不信。"⑧上述认识所涉及的具体问题暂且存而不论,就其所反映的无形财产权体系化的现状而言,当不失为客观。

必须指出,进入 21 世纪以来,随着我国民法典的制定重新进入立法计划,我国学界对无形财产权的研究也开始升温。但对无形财产权概念的认识,要么局限于"在国际上已经被'知识产权'所取代的'无形财产权'的概念"⑨,要么泛化到除所有权以外的其他一切财产权意义上的无形财产权的概念⑩。

---

① 张俊浩主编:《民法学原理》,中国政法大学出版社 2000 年版,第 541 页。
② 马俊驹、梅夏英:《无形财产的理论和立法问题》,载《中国法学》2001 年第 2 期。
③ 宋红松:《知识产权法的体系化与法典化》,载《中华商标》2003 年第 1 期。
④ 崔国斌:《基因技术的专利保护与利益分享》,载郑成思主编:《知识产权文丛》(第 3 卷),中国政法大学出版社 2000 年版,第 240—343 页;仇勇勇:《人类基因技术引发的专利法思考》,载《社会科学论坛》2003 年第 2 期;刘华:《知识产权制度的理性与绩效分析》,中国社会科学出版社 2004 年版,第 56 页。
⑤ Jerome Gilson, A Federal Dilution Statute: Is it Time?, 83 Trademark Rep. 117(1993). 转引自彭学龙:《商标法的符号学分析》,法律出版社 2007 年版,第 3 页。
⑥ 刘春田:《商标与商标权辨析》,载《知识产权》1998 年第 1 期。
⑦ 杨延超:《作品精神权利论》,法律出版社 2007 年版,第 185 页。
⑧ 《道德经》第八十一章。
⑨ 宋红松:《知识产权法的体系化与法典化》,载《中华商标》2003 年第 1 期。
⑩ 马俊驹、梅夏英:《无形财产的理论和立法问题》,载《中国法学》2001 年第 2 期。

唯有吴汉东教授自20世纪90年代中期以来发表的系列论文①，在厘清与制定产品界限的前提上，以"权利控有之生活资源，即客体究竟有无外形"②为基础，力主"建立一个大于知识产权，调整对象以非物质财产为主的无形财产权的法律体系，具体包括创造性成果权法律体系、识别性标记权法律体系和经营性资信权在内的法律体系"。③然而，无形财产权的客体在何种意义上无形、知识产权何以成为一个法律领域、资信类财产权何能构成一类权利体系尚待进一步深究；网络虚拟财产等新兴财产形态的权利属性亦需作出回应。

明末清初著名思想家顾炎武，在学术研究上主张"文须有益天下"，旨趣当存高远，强调"凡文之不关乎六经之旨，当世之务者，一切不为"，提出"必古人之所未及就，后世之所不可无，而后为之"④。著名学者陈平原教授认为，顾炎武的"古人未及就，后世不可无"也应为选题的两条标准。⑤通过资料检索发现，虽然近年来我国出现了一些专著⑥与博士论文⑦以无形财产权体系相关领域为研究对象，但迄今尚未发现专门以无形财产权性质及其类型化与

---

① 以发表时间的先后为序主要有：吴汉东：《无形财产权的若干理论问题》，载《法学研究》1997年第4期；吴汉东：《知识产权保护论》，载《法学研究》2000年第1期；吴汉东：《关于知识产权基本制度的经济学思考》，载《法学》2000年第4期；吴汉东：《财产权客体制度论——以无形财产权客体为主要研究对象》，载《法商研究》2000年第4期；吴汉东：《关于知识产权主体、本体、客体的再认识》，载《法学评论》2000年第5期；吴汉东：《信用权》，载《法学》2001年第1期；吴汉东：《科技、经济、法律协调机制中的知识产权法》，载《法学研究》2001年第6期；吴汉东：《知识产权的私权与人权属性》，载《法学研究》2003年第3期；吴汉东：《财产的非物质化革命与革命的非物质财产法》，载《中国社会科学》2003年第4期；吴汉东：《形象的商品化与商品化的形象权》，载《法学》2004年第10期；吴汉东：《论财产权体系——兼论民法典中的"财产权总则"》，载《中国法学》2005年第2期；吴汉东：《罗马法的"无体物"理论与知识产权制度的学理基础》，载《江西社会科学》2005年第7期；吴汉东：《关于知识产权本质的多维度解读》，载《中国法学》2006年第5期；吴汉东：《关于遗传资源客体属性与权利形态的民法学思考》，载《月旦民商法学杂志》第十三卷（2006年7月）；吴汉东：《知识产权法律构造与移植的文化解释》，载《中国法学》2007年第6期。
② 曾世雄：《民法总则之现在与未来》，台湾三民书局1983年版，第151页。转引自吴汉东、胡开忠：《无形财产权制度研究》，法律出版社2001年版，第52页。
③ 吴汉东、胡开忠：《无形财产权制度研究》，法律出版社2001年版，第214页。
④ ［明］顾炎武：《日知录·著书之难》，载《日知录集释》（卷十九）。
⑤ 参见陈平原：《大学何为》，北京大学出版社2006年版，第262页。
⑥ 如赵宇霆：《无形财产权理论研究》，法律出版社2011年版；于善旭：《我国体育无形资产法律保护的研究》，北京体育大学出版社2009年版；齐爱民：《捍卫信息社会中的财产：信息财产法原理》，北京大学出版社2009年版；高富平：《信息财产：数字内容产业的法律基础》，法律出版社2009年版；刘德良：《论个人信息的财产权保护》，人民法院出版社2008年版；王素娟：《虚拟与现实社会中有形与无形财产间最新民商问题法律分析》，中国人民公安大学出版社2012年版。
⑦ 相关的论文主要有：李琛：《论知识产权的体系化》，中国人民大学2004年博士学位论文；林旭霞：《论虚拟财产权》，福建师范大学2007年博士学位论文；吴汉许：《无体财产保护的制度变迁和理论演进——以知识产权为主要视角》，中国政法大学2007年博士论文；李玉香：《现代企业无形资产法律问题研究》，中国政法大学2001年博士学位论文；谭华霖：《知识产权权利冲突论纲》，中国政法大学2007年博士学位论文；杨建斌：《非物质传统资源权利保护研究》，中南财经政法大学2009年博士学位论文。

体系化为选题的成果。

有鉴于此,笔者选择以"无形财产权的类型化与体系化研究"作为研究选题,以接近以下目标:一为廓清无形财产权概念的体系依据;二为澄明无形财产权客体的本真蕴意;三为建构无形财产权体系的理论基础。

二、研究的方法与径路

科学之发展是人类文明的重要因素,而方法之进步又是科学发展的必备条件。方法是认知的先导,新方法的创造既是已有认知的结晶,又是进一步认知的开端。美国19世纪著名解经家麦克拉伦[1]曾言:"让我们深信:如果神要我们走在坚硬的石路上,他必会给我们穿上坚固的鞋子。他绝不会不先把我们装备好,就差遣我们踏上任何的旅程。"[2]的确如此,笔者正是先"装备"了信息哲学理论,然后才被"差遣"以"无形财产权的类型化与体系化"为本书的选题。

哲学是时代精神的精华。19世纪上半叶蒸汽机的出现,带来了第一次工业革命。20世纪中叶以来,电子计算机的出现和通讯技术的巨大进步,极大地延伸了人的智能,人类获取、存储、创制、传播和利用信息的方式发生了巨大的变革,从而引发了一场新的技术革命,即信息革命。如果说以往的科技革命,从原始方法到科学方法的任何一次大的变革,都是对人类体力的解放与拓展,那么,信息革命及其所引发的新方法的变革,则不仅会进一步解放与拓展人的体力,而且是以解放并延伸人类的智力为其主要标志。在这场信息革命的推动下,社会形态由传统的工业社会开始向信息社会变迁,产业结构已经从单一的工业产业向以信息业和服务业为主的新兴产业发展,人类步入了一个崭新的信息时代。

信息时代呼唤信息哲学,信息哲学引领信息时代。我国学者较早就开始从哲学的层面对信息进行研究,高端哲学刊物不断发表相关研究成果[3],相

---

[1] 〔美〕麦克拉伦(Alexander MacLaren,1826—1910),被誉为19世纪伟大的解经家,基督新教主要宗派之一浸信会(Baptist Churches,又称浸礼会,反对给儿童行洗礼,主张教徒成年后方可受洗,且受洗者须全身浸入水中)著名领袖。
[2] 〔美〕考门夫人:《荒漠甘泉》,孙海运译,中国基督教三自爱国运动委员会、中国基督教协会2007年版,第40页。
[3] 如周怀珍:《信息方法的哲学分析》,载《哲学研究》1980年第9期;任公越:《信息疗法》,载《哲学研究》1980年第12期;钟焕懈:《信息与反映》,载《哲学研究》1980年第12期;博平:《信息论、控制论、系统论在认识论上提出的一些问题》,载《哲学研究》1981年第7期;黎鸣:《论信息》,载《中国社会科学》1984年第4期;黎鸣:《力的哲学和信息的哲学》,载《百科知识》1984年第11期;鲁品越:《信息概念与物质世界相互联系的图景》,载《中国社会科学》1985年第6期;何祚榕:《信息同物质与精神的关系的新揭示——评邬焜〈自然的逻辑〉一文》,载《中国社会科学》1991年第5期。再如臧兰、史兆平:《信息定义评述》,载《哲学动态》1988年第9期;符致海:《浅谈信息的本质问题》,载《现代哲学》1987年第2期;潘乐山:《信息概念研究简介》,载《哲学动态》1984年第4期;史忠植:《认知的信息加工理论》,载《哲学动态》1989年第6期;刘伸:《苏联哲学界关于信息概念的争论》,载《国外社会科学》1980年第7期。

关专著也陆续出版①。被誉为我国"信息哲学的开拓者"②的邬焜教授从20世纪80年代初就开始致力于信息哲学的系统研究,发表、出版了关于信息哲学的学术论文上百篇③和专著多部④。其研究成果全面阐述了信息本体论、信息认识论、信息进化论、社会信息论以及信息经济与信息社会的理论,从而系统地建立了信息哲学的理论、体系与方法。

国外系统地研究信息哲学的代表人物,是被我国学者刘钢先生⑤称为

---

① 除下面将要介绍的邬焜先生有关信息哲学的专著外,其他学者亦有相关专著出版,如黎鸣:《信息时代的哲学思考》,中国展望出版社1986年版;黎鸣:《信息哲学论》,陕西科学技术出版社1992年版;黎鸣:《恢复哲学的尊严》,中国社会出版社2005年版;刘钢:《信息哲学探源》,金城出版社2007年版等。

② 见刘大椿教授为邬焜教授《信息认识论》一书所作的序,邬焜:《信息认识论》,中国社会科学出版社2002年版。

③ 20世纪80年代主要有:邬焜:《思维是物质信息活动的高级形式》,载《兰州大学学生论文辑刊》1981年第1期;邬焜:《信息在哲学中的地位和作用》,载《潜科学杂志》1981年第3期;邬焜:《哲学信息论要略》,载《人文杂志》1985年第1期;邬焜:《信息与物质世界的进化》,载《求是学刊》1986年第6期;邬焜:《论自为信息》,载《人文杂志》1986年第6期;邬焜:《论自在信息》,载《学术月刊》1986年第7期;邬焜:《亦谈"力的哲学和信息的哲学"——兼与黎鸣同志商榷》,载《社会科学评论》1986年第8期;邬焜:《论社会信息的三态统一性》,载《社会科学》1987年第6期;邬焜:《论人的认识方式》,载《求是学刊》1989年第3期;邬焜:《在多级中介中相对运动着的信息建构活动》,载《长沙理工大学学报(社会科学版)》1989年第3期;邬焜:《试论人的生理、心理、行为本质的全息统一》,载《青海社会科学》1989年第5期。

20世纪90年代主要有:邬焜:《演化和信息》,载《求是学刊》1990年第4期;邬焜:《试论人的信息化》,载《青海社会科学》1998年第1期;邬焜:《信息系统的一般模型》,载《系统辩证学学报》1998年第2期;邬焜:《试论从猿到人的信息进化》,载《西安交通大学学报(社会科学版)》1998年第2期;邬焜:《试论信息的质、特性和功能》,载《安徽大学学报(哲学社会科学版)》1996年第1期;邬焜:《试论人的多维存在性》,载《求是学刊》1995年第5期;邬焜:《论自然演化的全息境界》,载《西北大学学报(哲学社会科学版)》1994年第2期;邬焜:《主体信息活动的层次和层次间的相互作用》,载《西北大学学报(哲学社会科学版)》1993年第3期;邬焜:《物质和信息:统一而双重的世界》,载《西北大学学报(哲学社会科学版)》1991年第2期;邬焜:《演化和信息》,载《求是学刊》1990年第4期。

④ 邬焜:《哲学信息论导论》,陕西人民出版社1987年版;邬焜:《信息哲学——一种新的时代精神》,陕西师范大学出版社1989年版;邬焜:《自然的逻辑》,西北大学出版社1990年版;邬焜:《信息世界的进化》,西北大学出版社1994年版;邬焜:《信息与社会发展》,山西财经出版社1998年版;邬焜:《知识与信息的经济》,西北大学出版社2000年版;邬焜:《信息认识论》,中国社会科学出版社2002年版;邬焜:《哲学的比附与哲学的批判》,中国社会科学出版社2002年版;邬焜:《信息哲学——理论、体系、方法》,商务印书馆2005年版;《古代哲学中的信息、系统、复杂性思想》,商务印书馆2010年版;邬焜:《社会信息科学的理论与方法》,人民出版社2011年版;邬焜、霍有光:《信息哲学问题争鸣》,中国社会科学出版社2013年版;邬焜:《信息时代的哲学精神》,中国社会科学出版社2016年版。

⑤ 刘钢,男,1954年出生,哲学博士,中国社会科学院哲学研究所副研究员,1998年6月获哲学博士学位,博士学位论文题目为《信息化的哲学基础研究》,导师为金吾伦教授。他关于信息哲学的研究成果主要有:刘钢:《当代信息哲学的背景、内容与研究纲领》,载《哲学动态》2002年第9期;刘钢:《从信息的哲学问题到信息哲学》,载《自然辩证法研究》2003年第1期。译文为L.弗洛里迪:《什么是信息哲学?》,刘钢译,载《世界哲学》2002年第4期。专著有刘钢:《信息哲学探源》,金城出版社2007年版。以上信息参见中国社会科学院哲学研究所网页,访问日期:2010年2月10日。

"当代信息哲学创始人"的弗洛里迪(Luciano Floridi)先生。据刘钢先生介绍:"早在1996年弗洛里迪便提出'信息哲学'的概念",并于2002年在"西方哲学界权威性期刊《元哲学》"上发表了"哲学界第一篇系统地分析信息哲学性质的纲领性文章"①。然而,对此评价,我国信息哲学研究者并不认同,并指出:"仅仅从纲领的提出时间来看,弗洛里迪先生的研究至少比我们的研究晚了15—20年,并且尚未达到我们已经达到的研究层次和高度。从刘钢先生所做评价的失当中,我们看到了国内的某些学者在学风上的浮躁与惟洋是从的人云亦云。"②客观地看,1985年发表的《哲学信息论要略》一文与1987年出版的《哲学信息论导论》一书,是信息哲学在中国正式创立的标志。③ 而笔者最初也正是通过研读《哲学信息论导论》一书而被深深吸引,并得以初窥信息哲学之堂奥的。

就无形财产权而言,早在1984年,英国学者彭道敦(Michael D. Pendleton)就在其专著中指出,知识产权的主要客体属于信息。④ 2002年7月推出的日本《知识产权战略大纲》也明确知识产权客体的信息本质,并提出"若想使有价值信息亦即知识产权成为提高产业力的源泉,对信息时代首先要深刻认识"⑤。马克思曾指出:"哲学是现世的智慧,是文明的活的灵魂。任何真正的哲学都是自己时代精神的精华。"⑥显然,不借用哲学提供的"慧眼",是无法真正深刻地认识信息时代的。而信息哲学正是凝结信息时代精神的精华,因为,"信息哲学把信息作为一种普遍化的存在形式、认识方式、价值尺度、进化原则来予以探讨,并相应从元哲学的高度建构出全新的信息本体论、信息认识论、信息生产论、信息社会论、信息价值论、信息方法论、信息进化论等等"⑦,并且,"信息科学的最一般、最普遍的理论和方法在本质上是一种科学范式的转型,这一转型导致了一种崭新的现代意义的以信息理论为主导认识方式的现代科学体系"⑧。

---

① 刘钢:《从信息的哲学问题到信息哲学》,载《自然辩证法研究》2003年第1期。
② 邬焜:《亦谈什么是信息哲学与信息哲学的兴起——与弗洛里迪和刘钢先生讨论》,载《自然辩证法研究》2003年第10期。
③ 邬焜:《哲学信息论要略》,载《人文杂志》1985年第1期;邬焜:《哲学信息论导论》,陕西人民出版社1987年版。
④ 参见郑成思:《信息、新型技术与知识产权》,中国人民大学出版社1986年版,前言第1—2页。
⑤ 日本《知识产权战略大纲》(选摘),载《知识产权》2008年第5期。
⑥ 马克思:《第179号'科伦日报'社论》(1842年6月29日—7月4日),载〔德〕马克思、恩格斯:《马克思恩格斯全集》(第1卷),中共中央马克思恩格斯列宁斯大林著作编译局译,人民出版社1972年版,第107—129页。
⑦ 邬焜:《亦谈什么是信息哲学与信息哲学的兴起——与弗洛里迪和刘钢先生讨论》,载《自然辩证法研究》2003年第10期。
⑧ 邬焜:《科学的信息科学化》,载《青海社会科学》1997年第2期。

欲破无形财产之迷雾,先解信息现象之本质。黑格尔曾说,"方法本身就是对象的内在原则和灵魂。……要唯一地注意这些事物,并且把它们的内在的东西导入意识"①。信息是横跨自然、社会、思维三大领域的认知对象,而哲学正是揭示这三大领域的最普遍、最一般规律的理论体系。基于此,笔者不揣浅陋,有求信息哲学"借我一双慧眼",让我把这处于认知迷雾之中的无形财产权"看得清清楚楚、明明白白、真真切切"。

正如当代法国著名社会学家雷蒙·阿隆所言,"单独用经济、技术或政治对一切事物作出最终解释的那种公式是毫无意义的",因为"复合性现实中的某一方面单独决定社会整体的任何理论"都是错误的。② 就本书而言,信息哲学是贯穿始终的主要研究方法。在此前提下,由于无形财产权的"无形"不仅仅局限于信息,并且本书的研究对象虽然是无形财产权,研究的目标却是"类型化与体系化",而"类型化与体系化"本身也是一种研究方法。另外,由于信息是通行于主客观两个世界的概念,而服务财产现象又必须解决服务劳动的商品性问题,因此,本书的研究还会涉及信息加工心理学和政治经济学。当然,作为一项法学课题,尤其是无形财产权法学的研究课题,本书的研究自然离不开被吴汉东教授归纳为"三对范畴共六种"的如下研究方法:"历史分析的方法与逻辑分析的方法""规范分析的方法与实证分析的方法""比较分析的方法与注释分析的方法"。③

在研究径路的设计上,本书的行文与论证采用明暗两条线索,前者为形式层面的布局安排,后者为逻辑层面的论证理路。

从布局安排来看,本书以财产的无形性为行文主线,采用"总"—"分"—"总"的布局形式,分别解决无形财产权体系的"基础理论""类型分析"和"外部协调"三大问题。

从逻辑理路来看,本书通过对以下四个方面问题的解决,实现对无形财产权的类型化与体系化:

1. 厘定无形财产权体系化的概念基础:包括:(1)澄清无形财产权概念的内涵——客观资源无形;(2)廓清无形财产权概念的外延——信息本体与信息行为。

2. 破解无形财产权体系化的现实障碍:包括:(1)知识产权作为一个权利群的体系依据;(2)资信财产作为无形财产的体系基础。

---

① 〔德〕黑格尔:《逻辑学》(下卷),杨一之译,商务印书馆1976年版,第532—537页。
② 〔法〕雷蒙·阿隆:《民主与极权主义》,转引自〔意〕萨尔沃·马斯泰罗内主编:《当代欧洲政治思想(1945—1989)》,黄光华译,社会科学文献出版社1996年版,第24页。
③ 参见吴汉东:《知识产权研究方法谈》,载《知识产权多维度解读》,北京大学出版社2008年版,代前言第3—5页。

3. 梳理其他非物质样态财产的体系归宿:包括:(1) 服务活动的财产属性及其体系化地位;(2) 网络虚拟财产等新兴财产形态的权利性质及其体系归属。

4. 协调无形财产权体系化的外部环境:包括:(1) 无形财产权与物权及债权的关系;(2) 无形财产权体系的立法实现。

三、本书的创新与贡献

创新是一切学术研究价值之所在,而方法创新则是创新题中应有之义。通常,人们总是以为认识先于方法,事实上,人们往往是凭借一定的方法才对事物有了一定的认识。

前文已介绍,本书选题缘起于新方法的发现,可以认为,本书试图通过"类型化与体系化"的研究,在方法上为无形财产权的研究开辟一个新的领域,这个方法就是信息哲学的研究方法。

尽管如此,本书的研究目标还是在于实现无形财产权的类型化与体系化。因此,方法的创新必须服务于这个目标,并且也只能在此过程中得到验证与实现。就此而言,本书的主要创新与贡献可以归纳为以下几个方面:

1. 破除了知识产权作为一个体系基础的认知障碍,揭示了知识产权作为一个权利类型的本质内涵。

2. 发掘了资信财产作为市场信息工具的共同效用,阐述了资信财产权作为无形财产权的内在依据。

3. 证立了服务现象作为人类信息活动的财产属性,廓清了网络虚拟财产作为无形财产的体系地位。

4. 澄清了财产权利作为一类私权形态的层次结构,提出了客观资源与主观制度财产作为一种新的财产范式,对传统物债二元财产结构的拓展。

第一编

无形财产权体系化的理论基础

海德格尔曾指出,先有"存在"(Sein)后有"存在者"(Seiend),在"存在者"还不明确的时候,"存在"就已是确切可知的了,"存在"乃是一切"存在者"的共性。① 同时,"存在总是某种存在者的存在。按照种种不同的存在领域,存在者全体可以成为对某些特定事情的区域进行显露和界说的园地。"②"存在者"就是"我",一切存在者即整个世界都是的结果。一般认为,"存在(Being)有两义:(1)与思维相对,是物质的同义语。在这个意义上,存在包括外部世界的一切具体客观实在。思维和存在的关系问题是哲学基本问题。(2)与'无'相对,是有,是对无的否定。在这个意义上,存在是对世界上所有事物的一般概括,包括世界上的一切物质和精神现象"。③ 显然,海德格尔的"存在"属于第一义本体意义上的存在,是整体抽象的含义,"存在者"属于第二义上与"无"相对的"有",是个别具体的含义。

就"有"而言,北京的"水立方"属于有,且为物质世界的有;《西游记》中的金箍棒也属于有,但为主观世界的有。美国著名逻辑学家和哲学家奎因,在论述本体论时提出,要注意区分两类存在的问

---

① 参见吕世伦主编:《现代西方法学流派》,中国大百科全书出版社2000年版,第988页。
② 〔德〕马丁·海德格尔:《存在与时间》(修订译本),陈嘉映、王庆节译,生活·读书·新知三联书店1999年版,第11页。
③ 《中国大百科全书:哲学(1)》,中国大百科全书出版社1987年版,第109页。

题:一为"何物实际存在的问题";二为"我们说何物存在问题"。前者是关于"本体论的事实"问题,后者则是"本体论的许诺"问题,即"在概念框架中有"之问题。① 奎因这里提到的两类存在都属于上述第二义上的存在。"本体论的事实"就如"鸟巢""水立方"一样;"本体论许诺"就如我们说《红楼梦》中有风月宝鉴、《西游记》中有金箍棒一样。它们都不具有本体意义。但它们都属于第二义上"世界中有",而非第一义上"本体的存在"。

　　本体一词最早由古希腊哲学家巴门尼德②提出,"巴门尼德存在论的确立,在哲学史上被公认为本体论诞生的真正开端。后来柏拉图发展了巴门尼德存在和非存在、本体与现象、真理与意见的思想,进一步提出存在或本体就是理念世界,理念世界是哲学追求的真理"。③ 从词义上看,本体是"与现象相对。指只能用理性才能理解的本质"④。"所谓本体就是作为存在物存在之本原的体"。⑤ 汉语本体一词有两个英文对应词,即"substance"和"noumenon"。英文"substance"一词,"在词源上最早可以追溯到希腊文'ousia','ousia'是'einai'的名词形式,其意义相当于英文的'being'——'存在'……'ousia'最早的拉丁译文是'essentia',有'本性''本质'与'本体'的内涵,相当于'一般的存在',而后世有些学者把'ousia'理解为拉丁文的'substantia'——'实体''具体的存在',相当于英文的'substance'。直到公元4世纪,'essentia'与'substantia'一直被作为同义词来使用,随着后来哲人对万物存在的本源——终极猜想的精致化,他们开始注意到对这两个词的界分,中世纪第一哲人教父圣·奥古斯丁认为只有'essentia'在词义上才可以指称处于永恒不变状态的神。在中世纪经院哲学这里,神是指称创生万物的基点——本源——终极存在,也就是本体,相当于东方中国老庄哲学的'道'。现在讨论中所使用的本体(noumenon)这一概念,其基本内涵即源自于'essentia',在康德及其以后的哲学那里固下来,意

---

① 〔美〕威拉德·蒯因:《从逻辑的观点看》,江天骥等译,上海译文出版社1987年版,序,第4页。
② 巴门尼德(约公元前515年—前5世纪中叶以后),诞生在爱利亚(意大利南部沿岸的希腊城市),前苏格拉底哲学家中最有代表性的人物之一。
③ 李俊文:《社会存在本体论:卢卡奇晚年哲学思想研究》,中国社会科学出版社2007年版,第10页。
④ 《辞海》(1999年版缩印本),上海辞书出版社2000年版,第3536页。
⑤ 〔美〕威拉德·蒯因:《从逻辑的观点看》,江天骥等译,上海译文出版社1987年版,第31页。

指万物恒定不变的基点、本源"。① 在康德哲学中,本体亦指"自物体"或"自在之物"。②

亚里士多德在《范畴篇》中认为,本体"就其最真正的、第一性的,最确切的意义而言,乃是那既不可以用来述说一个主体又不存在于一个主体里面的东西",而且本体还具有层次性,"在第二性的意义之下作为属而包含着第一性本体的那些东西也被称为本体;还有那些作为种而包含着属的东西也被称为本体。……除第一性本体之外,任何东西或者是可以用来述说一个第一性本体,或是存在于一个第一性的本体里面。……因而如果没有第一性本体存在,就不可能有其他的东西存在"。③ 可见,"无"与"有"就是本体与现象的关系,亦即本质与现象、抽象与具象、一般与个别、理性与感性的关系。

---

① 杨乃乔主编:《比较文学概论》,北京大学出版社2002年版,第99—100页。
② 《辞海》(1999年版缩印本),上海辞书出版社2000年版,第3536页。
③ 〔古希腊〕亚里士多德:《范畴篇 解释篇》,方书春译,商务印书馆1959年版,第12—13页。引文内"本体"一词,方书春先生将其译为"实体",表达不同,含义无别。

第一章　无形财产权类型化与体系化的基本理论考察

就人类的思维特征而言,如果可以将人定义为"符号的动物"(animal symbolicum),那么就更可以将人定义为"体系的动物"(animal systematicum)。

第一节　体系化思维的理论基础

体系是因关联而形成的整体。其中,关联是前提与条件,整体是结果与目的。体系化的思维与探索,是人类的本性与认知方式,它不以科学为前提与假设,也毋须科学的任何承诺。一部人类文明发展史,就是一部人类认识不断体系化的探索史。虽然,概念法学孜孜以求完备、自足的法律体系,然而体系的封闭并非体系化之所倡,反为体系化之所弃。

一、体系化思维之人性追问

综观体系一词,它是先"体"后"系",意涵先有一个整体、一个集合,然后再去对这个整体的内容或部分作梳理、找关联、探脉络。人类体系化思维来自人类思维的本能,人类对体系的追寻,贯穿了人类文明与社会发展的每一个历程。

(一)体系概念之词语意义

从词源上看,英语世界里体系与系统共用一词,即"system"。英语"system"一词来源于拉丁语的"systèma",而拉丁语的"systèma"则源于希腊语的"sustèma"。希腊语的"sustèma"则又是由"sunistanai"演变而来。"sunistanai"在希腊语中意为"联合"。

《朗文当代高级英语辞典》列举的"system"含义有[1]:(1)系统;(2)方法

---

[1] 《朗文当代高级英语辞典》,外语教学与研究出版社2004年版,第3023页。

(以及方法含义下的制度、体制);(3)身体;(4)计算机的工作系统;(5)日常非正式用语指,操纵个人生活,限制个人自由的既成秩序,现行体制,制度;(6)日常非正式用语指,非常不快的情绪。与"system"一词相关的词有两个:一是"systematic",另一个是"systematize"。前者含义为:有系统的,有条理的,细致周到的;后者为,使条理化,使系统化。

《柯伯英汉双解词典》对"system"的解释较为详细,"system"一般在以下意义上使用[①]:(1)根据某项预先制订的方案或规则解决、组织或处理某事的方法、方式或制度;(2)在某种特别的机制或科学中,用来计数、测量、或计算的一整套特定的规则;(3)如果某种状态含有"system",它就会具有规律或良好的组织;(4)对社会的某方面或整个制度进行组织与安排的方式;(5)人们通常在非常强势并且政令繁多的意义上,用该词指一个国家的政权或政府;(6)某事物的"system"是使其所有部分在其安排下相互协调、相互配合。另外,"system"有时还特指道路、铁路、运河等的"网;网络";供水、供暖的"系统""装置;设备""怒气""身体;体力"等。与"system"一词相关的两个词的含义[②]:"systematic"为"有系统的,有条理的,有计划有步骤的";"systematize"为"使……系统化;使成体系;把……分类"。

可见,在英语世界里,"system"的含义是"方法",是"协调与配合",是"制度与秩序"。

在汉语世界里,对于体系一词,《现代汉语词典》所作解释为:"若干有关事物或某些意识相互联系而构成的一个整体。"[③]所举例子是:防御体系、工业体系、思想体系。《辞海》所作解释为:"若干有关事物互相联系互相制约而构成的一个整体。"[④]所举例子是:理论体系、语法体系、工业体系。

根据上述解释可以看出,构成体系概念的要素有二:(1)整体性;(2)关联性。易言之,体系是因关联而形成的整体。其中,关联是前提与条件,整体是结果与目的。

体系一词是由"体"和"系"两个词根合成,分别考察构成体系一词的两个词根,有助于进一步把握"体系"概念的内涵。

《辞海》对"体"的解释为[⑤]:(1)指部分。与"兼(全体)"相对。《墨子经上》:"体,分于兼也。"《经说上》:"体,若二之一;尺之端也。"谓"二"兼"一",

---

[①] 〔英〕辛克莱主编:《COBUILD英汉双解词典》,《柯伯英汉双解词典》编译组译,上海译文出版社2002年版,第1992页。
[②] 同上书,第1993页。
[③] 《现代汉语词典》,商务印书馆2005年版,第1324页。
[④] 《辞海》(1999年版缩印本),上海辞书出版社2000年版,第644页。
[⑤] 同上书,第643页。

"尺"兼两"端"。(2)指整体。如:浑然一体。《仪礼·丧服》:"父子一体也,夫妻一体也,昆弟一体也。"可见,"体"所具有的部分与整体两层含义,且在这两者相互对照的关联意义上使用,反映它们之间的层次性。

《辞海》关于"系"的含义为①:(1)连缀、联结。《汉书·叙传上》:"系高顼之玄胄兮。"颜师古注引应劭曰:"系,连也。"引申为系统。如派系、世袭、直系亲属。(2)依附、联结。杜预《春秋经传集解序》:"记事者以事系日,以日系月,以月系时,以时系年"。孔颖达疏:"系者以下缀上,以末连本之辞"。(3)关涉;关系。李商隐《韩碑》诗:"此事不系于职司"。

《康熙字典》对"系"字作了更为原初的解读②:《博雅》:相连系也。《汉书·叙传》:系高顼之玄胄兮。《注》应劭曰:连也。张衡《东京赋》:虽系以颓墙填堑。注:系,继也。又左思《魏都赋》:本前修以作系。注:系者,胤也。另外,从系字的结构来看,该字由"丿"与"糸"两部分构成,而"糸"的含义《康熙字典》举《说文》的解释为:"细丝也。又《集韵》新切丝新兹切。丝或省作糸。"③

可以看出,在现代汉语中,"系"的含义主要有三④:(1)是动词的意思,指联结、联系(多用于抽象的事物),如维系、名誉所系、观瞻所系、成败系于一身;(2)是名词的含义,指系列、相关联的成组成套的事物等;(3)也是名词方面的含义,指系统:即同类事物按一定的关系组成的整体,如系统化、组织系统、灌溉系统;(4)是形容词和副词方面的意思,指有条理的、有系统的,如系统学习、系统研究、研究资料不够系统等。

为更好地理解"体系"概念的内涵,不妨对于其紧密相关的邻近概念,即"系统"一词的词根,"统"字的含义也作适当考察。

《辞海》记载"统"字的含义有六:⑤(1)丝绪的总束。《淮南子·泰族训》:"茧之性为丝,然非得工女以热汤而抽起统纪,则不能成丝"。(2)一脉相承的体统。《孟子·梁惠王下》:"君子创业垂统,为可继也"。(3)统一。《公羊传·隐公元年》:"何言乎王正月?大一统也"。(4)纲纪、法制。《国语·齐语》:"班序颠毛,以为民纪统"。韦昭注:"言次序顶发之白黑,使长幼有等,以为治民之经纪"。(5)主管、综理。《书·周官》:"冢宰掌邦治,统百官,均四海"。(6)从全局出发、全面,比如,统筹。

归纳"统"字在现代汉语中的用法,主要有两个方面:"第一,事物彼此之

---

① 《辞海》(1999年版缩印本),上海辞书出版社2000年版,第3249页。
② [清]张玉书等编纂:《康熙字典》,汉语大词典出版社2002年版,第877页。
③ 同上。
④ 《现代汉语词典》,商务印书馆2005年版,第1462—1463页。
⑤ 《辞海》(1999年版缩印本),上海辞书出版社2000年版,第3335页。

间连续的关系；系统，血统，传统；第二，总起来；总括；全部：统筹，统购，统销，这些东西统归你用。"①总而言之，系统一词中的"统"字与体系一词中的"体"字含义相近，都有总体、整体之意。

从构词法来看，"体系"一词是由"体"和"系"两个词根结合而成的复合词。汉语"传统上把复合词分作联合式、偏正式、述宾式、补充式、主谓式"②五种，这是根据词根合成的方式或词根之间的结构关系所作的分类。对照"体系"一词的结构，其合成方式应属联合式。

联合式又称并列式，是指由意义相近、相关或相反的语素构成。根据其构成语素（词根）位置关系，又可以分为"语义平等的并列式"和"语义不平等的并列式"两种。"所谓语义平等的并列式，语序可以自由颠倒。这类同素异序词，都是由意义相同或相近的语素组合而成"。③ 如，语言、斗争、往来、长短、兄弟等。而语义不平等的并列式，显然就是语序不可以自由颠倒。如，风浪、领袖、横竖、质量、鲜艳、丰富等。在这一分类中，"体系"一词应属于后者。

细究属于"语义不平等的并列式"的词语，语素之间虽不存在偏正式词语那样的修饰与被修饰、限制与被限制的关系，不少词语的语素之间还是有主次之分、因果之别、先后之序的。主次之例，如"领袖""质量"；因果之例，如"教化""气色"；先后之例，如"横竖""排行""滋长"。可见，"体系"一词当属"先后之例"。

基于以上的解读，综观体系一词，它是先"体"后"系"，意涵先有一个整体、一个集合，然后再去对这个整体的内容或部分作梳理、找关联、探脉络。系统则是先"系"而后"统"，其过程刚好相反。汉语构词之精微奥妙，由此可见一斑。

（二）体系化思维之人性内涵

德国哲学家卡西尔（Ernst Cassier）认为，"符号化的思维和符号化的行为，是人类生活中最富有代表性的特征"④，并指出应当把人定义为"符号的动物"。就此，德国另一位著名哲学家加达默尔指出，"符号形式是精神在转瞬即逝的感觉现象中形成的过程，它们代表一种连接的媒介，在这种媒介中它们既是一种客观现象，也是一种精神的足迹。然而，我们肯定会问，卡西尔对基本精神力量所作的分析是否真正解释了语言现象的唯一性。因为语言

---

① 《现代汉语词典》，商务印书馆 2005 年版，第 1370 页。
② 周荐：《汉语词汇研究史纲》，语文出版社 1995 年版，第 165 页。
③ 徐望驾：《〈论语义疏〉语言研究》，中国社会科学出版社 2006 年版，第 92 页。
④ 〔德〕恩斯特·卡西尔：《人论》，甘阳译，上海译文出版社 1985 年版，第 35 页。

实际上并非同艺术、法律和宗教并肩而立,而是所有这些精神展示物借以进行的媒介。"①

本书认为,就人类的思维特征而言,如果可以将人定义为"符号的动物"(Animal Symbolicum)②,那么就更可以将人定义为"体系的动物"(Animal Systematicum)。当然,也可以认为,体系化的思维和体系化的行为,是人类生活中最具本质性的特征。符号与体系都反映了人类思维的特征:符号是人类所创造并为人类所利用;体系是人类思维所发现并为人类思维所遵从。符号是人类主客观沟通的桥梁,是抽象思维的工具,也是外化思维成果的载体;体系是人类思维的本能,是利用符号进行思维,组织符号进行表述,外化符号进行记载的基本方法。

英国神经心理学家福德(Forde)与汉弗莱斯(Humphreys)指出:"在大约同等呈现(Exposure)下,3个月大的婴儿就已经能根据逼真的图片分辨狗和猫以及桌子和椅子,因此,不考虑婴儿对物体所表征的东西已概念化,就很难解释在物体检查任务中他们为什么不区分不同的动物,也不区分不同的家具。极具说服力的事实是,婴儿在物体检查任务中将……鸟和飞机归为不同的类,即使二者在知觉上高度相似。"③他们曾对7个月大的婴儿④做过概念归类测试:"先将属于某个范畴的若干物体递给婴儿操作,一次一个,然后递给他们一个可能属于其他范畴的新物体。如果婴儿发现新物体与原先的不一样,他们就会检查得更久。……主要的发现是,从约7个月大时开始婴儿对动物、交通工具和家具等全局范畴敏感,他们会将这些全局范畴彼此分开。"⑤

可见,人类体系化思维来自人类思维的本能。"盖非经体系化,不能科学地思考或处理问题,并验证自思考或处理问题之经验中所取得的知识。"⑥就体系化与科学的关系而言,体系化不以科学为前提,而科学反以体系化为条件。正如康德在其《自然科学的形而上学基础》一书中所指出的:"任何一门学问(Lehre),只要能构成为一系统,即一按原则而被组织起来的知识整体,

---

① 〔德〕汉斯-格奥尔格·加达默尔:《哲学解释学》,夏镇平、宋建平译,上海译文出版社2004年版,第78页。
② 〔德〕恩斯特·卡西尔:《人论》,甘阳译,上海译文出版社1985年版,第34页。
③ 〔英〕埃默·福德、格林·汉弗莱斯编:《脑与心智的范畴特异性》,张航等译,商务印书馆2007版,第334页。
④ 实验表明:7个月是婴儿拥有足够的技能来操作物体的最早年龄,此时他们已能将注意力集中于物体而不是手的动作。
⑤ 〔英〕埃默·福德、格林·汉弗莱斯:《脑与心智的范畴特异性》,张航等译,商务印书馆2007版,第335页。
⑥ 黄茂荣:《法学方法论与现代民法》(第五版),法律出版社2007年版,第525页。

都可称为科学(Wissenschaft)。"①

据《圣经·创世记》记载②:神在创世的第五日,"造出大鱼和水中所滋生各样有生命的动物,各从其类。"③第六日,在造人之前,"神说:'地要生出活物来,各从其类;牲畜、昆虫、野兽,各从其类。'事就这样成了。于是神造出野兽,各从其类。牲畜,各从其类。地上一切昆虫,各从其类。神看着是好的。"④可见,包括人在内的这个世界,本来就是体系化的受造物。因为,"一个有信用的神所创造的大自然,表现于规律性、可靠性和顺序性。"⑤可以认为,"各从其类"(according to their kinds),这是人类关于体系化的较早记载,也是万物体系化的原初样态。

可以考证,人类对体系的追寻,贯穿了人类文明与社会发展的每一个历程。公元前6世纪的泰勒斯被称为西方第一位哲学家,他在关于世界体系的思考中,用"水"作为体系的起点。与泰勒斯大致同时代的老子则用"道"来把握自然界与人类社会体系结构与运行的本源。在他们之后,东西方的"爱智慧"者们,通过对不同"起点"的构筑,展现他们对体系化执着地追寻。在西方,无论是泰勒斯的"水"、赫拉克利特的"火"、毕达哥拉斯的"数"、德谟克利特的"原子",还是柏拉图的"理念"、亚里士多德的"第一因"、黑格尔的"绝对观念",都是透过纷繁复杂的现象剥离出大自然统一的线索。在东方,无论是老庄的"道"、董仲舒的"天"、王充的"元气"、王弼的"无",还是程朱的"理"、陆(九渊)王(守仁)的"心"、张(载)王(夫之)的"气"、胡宏的"性"等等,也都是对斑驳陆离的存在现象进行探根究底的体系化理解或诠释。

近代以来,人类在探寻自然体系的道路上,从形而上的猜想进入到对外在自然的预言与验证阶段,"牛顿以地上日常可见的重力和天体运动的引力统一起来纠正了亚里士多德的天上和地面的运动服从两个不同的规律的错误论点。这是在物理学上第一次建立的统一理论"⑥。他的巨著《自然哲学

---

① Immanuel Kant, Metaphysische Anfangsgründe der Naturwissenschaft, KGS, Band 4, p. 467. 转引自〔德〕恩斯特·卡西尔:《人文科学的逻辑》,关子尹译,上海译文出版社2004年版,译者序第11页。
② 《圣经·旧约》前五篇,即"创世记""出埃及记""利未记""民数记"与"申命记"合称为"律法书"。由于有人认为"律法书"的作者是摩西,所以又被称为"摩西五经"。据说,"摩西五经"是古代以色列民族领袖摩西,于公元前1446年(一说为公元前1250年)带领以色列人出走埃及后,在旷野流浪40年过程中所写。
③ 《圣经·创世记》第1章第20节。
④ 《圣经·创世记》第1章第24、25节。
⑤ Derr, Ecology and Human Need, p. 26. 转引自〔美〕兰西·佩尔斯、查理士·撒士顿:《科学的灵魂:500年科学与信仰、哲学的互动史》,潘柏滔译,江西人民出版社2006年版,第20页。
⑥ 朱清时主编:《钱临照文集》,安徽教育出版社2001年版,第512页。

的数学原理》凝聚了人类千百年来追寻体系化的结晶,揭示无论天上诸星运行,还是地上潮涨潮落,都遵循同一个规律。根据牛顿的引力理论,埃德蒙·哈雷判断 1682 年观测到的彗星和 1531 年及 1607 年出现的彗星是同一颗彗星,周期约为 76 年,并据此预言它将在 1759 年重新飞近地球。1759 年 3 月,在全世界翘首以待中,这颗彗星按照哈雷的"规定"时间准时现身了。牛顿的万有引力定律从此得到普遍承认。

从哥白尼到牛顿,再到爱因斯坦,近代以来科学发展的历史一再证明,人类在体系化追寻中的每一次飞跃总是导致一种新的体系理论的建立,这种新理论将原来认为十分不同的领域统一起来,从而可以将更多的事物纳入体系化的范畴[①];1686 年,牛顿力学的建立,统一了地上的运动规律与天上的运动规律;1831 年,安培和法拉第的工作,统一了电学与磁学;1873 年,麦克斯韦的电磁理论,进一步统一了电磁学与光学;1905 年,爱因斯坦的狭义相对论,统一了空间与时间概念;1916 年,广义相对论的建立,进一步统一了空间、时间与物质运动;1901 年,统计物理学在宏观物理与微观物理之间架起了桥梁;1926 年,量子力学的建立,更是统一了物理学与化学,甚至生物学,至少是部分生物学。

人类在追寻体系化的进程中承前启后持续取得成功的同时,也不断给自己设定更高的目标。在利用相对论对时间与空间、质量与能量作出统一解释以后,爱因斯坦仍以巨大的热情,耗尽了他后半生约三十年的光阴,试图统一电磁场与引力场理论,却没有成功。"然而,他的致力于建立统一理论的信念和热情却一直鼓舞着后继的学者们。"[②]

爱因斯坦在 1901 年完成他的第一篇统计物理学的论文后,在给格罗斯曼的信中写道:"从那些在直接感觉经验看来,表现为毫不相关的复杂现象中去认识它们的统一特征,那是一种奇妙的感觉。"[③]正如《爱因斯坦传》的作者亚伯拉罕·派斯所认为的那样,"那种奇妙的感觉一直伴随着他献给科学的一生,使他努力不懈,永远清醒。他也从来没有失去过他的科学的平衡感。"[④]爱因斯坦的"那种奇妙的感觉",不也正是人类体系化追求之本性吗?

可见,体系化的思维与探索,是人类的本性与认知方式,它不以科学为其前提与假设,亦无须科学的任何承诺。"泰勒斯的重要性,不在于他的结论,

---

① 陆埈、罗辽复:《从电子到夸克——粒子物理学》,科学出版社 1986 年版,第 140 页。
② 同上书,第 141 页。
③ Einstein, Letter to M. Grossmann, April 14, 1901. 转引自〔美〕亚伯拉罕·派斯:《爱因斯坦传》(下),方在庆、李勇等译,商务印书馆 2004 年版,第 506 页。
④ 〔美〕亚伯拉罕·派斯:《爱因斯坦传》(下),方在庆、李勇等译,商务印书馆 2004 年版,第 506 页。

而在于他问的这些问题本身,在于他提出问题的动机。"① 由于泰勒斯所居住的米利都城,位于荷马史诗最初响起的地方——希腊的艾奥尼亚(Ionia)岛,当代物理与历史学家J.霍尔顿就将人类对世界本质进行不懈的体系化探求之信念,称为"艾奥尼亚魅力"。② 从泰勒斯与老子到牛顿与爱因斯坦,这数千年来丝毫不曾衰退的"艾奥尼亚魅力",反映的正是人类探寻体系统一、追求卓越完美的永恒不移之心。

二、体系化思维之法理考辨

对体系概念的认识,不同法学流派之间的本质区别在于是否将价值纳入体系之中。可以肯定的是,任何一个法律概念都不是孤立的,要"精确地描述法律现象,正确地进行法律推理"就必须放在一定的逻辑结构与价值关系的坐标上,即一定的体系环境下,才能对其探本索源、理清脉络、界定位阶。

(一)体系之法学方法论识辨

在法学方法论上,"一般性的法律'体系'的建构,经由已得到的原理结构而成"。③ 对体系概念的认识,不同法学流派之间的本质区别在于,是否将价值纳入体系之中。概念法学派主张法律体系为封闭逻辑关系;利益法学派注重法学体系为开放的利益关系;价值法学派强调法律体系为开放的法律原则。

概念法学的开创者普赫塔(Puchta)将法律体系称为"概念之金字塔"④。新康德主义法学派领袖施塔姆勒(Stammler)认为:体系是"一个经过穷尽枝分的统一体"⑤。施塔姆勒的体系概念有三个特征:统一性、枝分性和完整性。普赫塔与施塔姆勒从不同的起点,对体系概念作了表述:前者突出的是,体系以个别的具体概念为归纳单元,由具体逐步抽象,概念不断收缩,位阶不断提升,直到体系的最高层的结构特征;而后者强调的是,体系以纯粹的基本概念为演绎始点,由抽象逐步具体,概念不断展开,位阶随之降低,直至体系的底端。

概念法学派体系理论的贡献在于:(1)能够"缜密认识法律规定间之逻

---

① 〔美〕科林·布朗:《基督教与西方思想——哲学家、思想与思潮的历史:从古代世界到启蒙运动时代》(卷一),查常平译,北京大学出版社2005年版,第4页。
② 〔美〕爱德华·O.威尔逊:《论契合:知识的统合》,田洺译,生活·读书·新知三联书店2003年版,第3页。
③ 〔葡〕叶士朋:《欧洲法学史导论》,吕平义、苏健译,中国政法大学出版社1998版,第136页。
④ 黄茂荣:《法学方法论与现代民法》(第五版),法律出版社2007年版,第528页。
⑤ 同上书,第530页。

辑结构的现状"①,有助于"认识法律制度的短长"②;(2)采用"将价值因素'暂时'隔离开来的观察方法"③,有助于"不至于太早受见仁见智之评价所误导,或彼此纠缠不休以至于不能沟通"。④

由于体系化思维的自然科学来源,因此,概念法学在利用体系化思维考察法学现象时,自然"倾向于借重'自然科学'的经验"⑤,以至于概念法学将形式逻辑的"价值中立"作为体系构建的基础,强调"在法言法",认为"任何问题,莫不可'依概念而计算'(Das Rechnen mit Begriffen),为形式逻辑演绎之操作,以求得解答"⑥,从而忽视了法的价值判断的秉性。由于以"逻辑崇拜"(der Kultus des Logischen)与"概念的支配"(le régne du concept)为特色的概念法学,"过度强调法律规范或其使用的逻辑面","强行将法律思想自法律所追求的价值剥离"。⑦ 因此,其体系观受到了耶林(Rudolf von Jhering,1818—1892)等人的严厉批判,并激起了使概念法学放弃主流地位的自由法运动。

德国利益法学派创始人黑克(Philipp Heck,1858—1943)基于利益的考量,将体系分为三个层次来理解⑧:(1) 说明之体系。这种体系是研究者运用"秩序的概念",将研究成果加以分类、排序所形成的体系。这种体系的功能在于说明已经获得的认识,为此以"外在体系"称之,构成"外在体系"的概念为"规范概念"。(2) 思维之体系。这是研究过程中所遵循的秩序,即思维本身的体系。在此意义上的体系与方法含义一致。(3) 内容之体系。这种体系是研究对象的自在体系,非以研究者的主观意志而转移,研究者只能通过自己的研究努力,去辨识之、把握之、表述之,而不能安排之,是故以"内在体系"名之,构成"内在体系"的概念为"利益概念"。

根据利益法学派对体系的理解,将导出两种平行并列的体系,即"外在体系"与"内在体系",这两种体系如平行的双轨无法结合。为此,黑克提出了联结"规范概念"与"利益概念"的"整体概念",并指出"基本上体系之内容应由整体概念所构成"⑨,从而使外在体系与内在体系得以整合。然而,由于在此意义下构成体系的"关联",即体系构成标准或维系体系的纽带是个别规范。这样,个别规范中蕴含的价值将直接与体系的最高价值发生关联,从而规避

---

① 黄茂荣:《法学方法论与现代民法》(第五版),法律出版社2007年版,第525页。
② 同上。
③ 同上。
④ 同上。
⑤ 同上。
⑥ 杨仁寿:《法学方法论》,中国政法大学出版社1999年版,第82页。
⑦ 黄茂荣:《法学方法论与现代民法》(第五版),法律出版社2007年版,第526页。
⑧ 参见同上书,第547页。
⑨ 转引自黄茂荣:《法学方法论与现代民法》,中国政法大学出版社2001年版,第444页。

了居于中间位置的一般价值原则。这就造成了"利益法学派的作品虽对个别问题常能提出允当可信的观点，但其观点并不能构成一个统一体"①的后果。因为"法体系并不完全直接建立在生活关系上，其间还待一些价值标准加以联系。忽视这些价值标准，法律学便有转为否定法价值之社会学的危险"。②此外，在利益法学派的理论中，利益(die Interessen)概念既可为评价的客体，又可为评价的标准，还可以成为法律规范的产生因素。利益的这种角色变动不居的现象，也使得利益法学被广为诟病。

价值法学的代表人物卡尔·拉伦茨(Karl Larenz)认为：体系就是将"个别法规范、规整之间，及其与法秩序主导原则间的意义脉络"，"以得以概观的方式"③表现出来。他同时指出，体系产生的原因有二：(1)由于"法规范并非彼此无关地平行并存，其间有各种脉络关联"④，这些脉络关联"乃是一整体规整中彼此相互协调的部分"⑤，而这里的整体规整本身又可能是更高一级规整的一部分。因此，"解释规范时亦须考量该规范之意义脉络、上下关系体系地位及其对该当规整的整个脉络之功能为何"。⑥ (2) 由于"整个法秩序(或其大部分)都受特定指导性法律思想、原则或一般价值标准的支配"⑦，这些法律思想是"诸多规范之各种价值……得以正当化、一体化，并因此避免其彼此间的矛盾"⑧的依据。

价值法学派的贡献在于发现了法律概念的价值储藏功能，并发现了隐藏于概念背后的价值，从而以价值"为基础构成其以法律原则为纽带的体系理论"。价值法学派体系观以法律原则作为形成体系的纽带，从而使得以此建构的体系，不但具有面向未来的"开放性"(die Offenheit)，而且具有直面现实的"动态性"(die Beweglichkeit)。这样，通过法律原则的关联就真正达到了"活化法律体系，使法律不因体系化而僵化"⑨的目标。

价值法学派的体系理论，较好地解决了"一方面倾向于以一种比较纯逻辑，或比较拘泥于法律文字的方式来了解法律、适用法律，以致常常受恶于法律。反之，当基于这个认知而试图容许引用较富弹性之价值标准或一般条款来避免被法律概念所僵化的法律之恶时，却又发现这个容许很容易流于个人

---

① 黄茂荣：《法学方法论与现代民法》(第五版)，法律出版社 2007 年版，第 549 页。
② 同上书，第 550 页。
③ 〔德〕卡尔·拉伦茨：《法学方法论》，陈爱娥译，商务印书馆 2005 年版，第 316 页。
④ 同上。
⑤ 同上。
⑥ 同上。
⑦ 同上。
⑧ 同上。
⑨ 转引自黄茂荣：《法学方法论与现代民法》(第五版)，法律出版社 2007 年版，第 557 页。

的专断。其结果使得许多法律规定本来所拟达到的公平或正义,不能在实际运作中,真正地被实践出来"①的弊端。

(二) 体系化思维之法理意义

法律概念是法律体系的基本细胞,是进行法律体系化的基石。"法学和法律实践中的诸多混乱是由于不正确地使用概念引起的。如果精确地解释和确定法律概念的意义,就能够精确地描述法律现象,正确地进行法律推理。"②而任何一个法律概念都不是孤立的,要"精确地描述法律现象,正确地进行法律推理"就必须放在一定的逻辑结构与价值关系的坐标上,即一定的体系环境下,才能对其探本索源、理清脉络、界定位阶。利用体系思维将法律概念与规范进行体系化,根本原因有二:(1) 法伦理的诉求;(2) 科学化的需要。这是因为,"以可以理解的方式来实现公平正义是法律所追求的目标"③,为此,就必须破除法律中的"神秘与禁忌",只有这样才能使法律效力的来源与实现接受科学的检验与监督。为了能够接受科学的检验与监督,就必须接受科学的范式,就必须将科学的方法引入法学研究,首先就是"模仿自然科学的方法,将法律规范概念化、体系化"④。萨维尼也指出,体系化之目的主要是"阐述、揭示概念、规则之间内在关联与亲缘关系(Verwandschdt),一个概念或规则是如何从其他概念、规则中产生的,是如何由其他概念、规则确定或被其更改"。⑤

19世纪中晚期,基于德国法学家萨维尼的法律思想,法学家创造了与"jurisprudence"(法学)相区分的"legal science"(法律科学,亦简称为法学)这一概念,用以表达这样一个观点,即:一个完美的法律制度必须建立在历史上某一很有影响、理论严谨的法律原则之上。体系化作为一种法学研究方法,其产生的存在论基础就在于对"法律科学"的确信。(1) 科学本身就应该是一个体系化的知识,《辞海》将"科学"定义为"运用范畴、定理、定律的思维形式反映现实世界各种现象的本质和规律的知识体系"⑥。康德在《自然科学的形而上学基础》中指出:"任何一种学说,如果他可以成为一个系统,即成为一个按照原则而整理好的知识整体的话,就叫做科学"⑦。可见,体系化不以

---

① 黄茂荣:《法学方法论与现代民法》(第五版),法律出版社2007年版,第38页。
② 张文显:《法哲学范畴研究》(增订本),中国政法大学出版社2001年版,第69页。
③ 黄茂荣:《法学方法论与现代民法》(第五版),法律出版社2007年版,第508页。
④ 同上书,第509页。
⑤ 杨代雄:《萨维尼法学方法论中的体系化方法》,载《法制与社会发展》2006年第6期。
⑥ 《辞海》(1999年版缩印本),上海辞书出版社2000年版,第4953页。
⑦ 〔德〕康德:《自然科学的形而上学基础》,邓晓芒译,生活·读书·新知三联书店1988年版,第2页。

科学为条件,而科学反以体系化为前提。就法学而言,"如同自然科学一样,法学也具有高度的系统性。从法律的一般材料中经过科学研究所得出的原则,用复杂的组合形成一个体系,以后一旦发现新的原则就归并到这个体系中去"。①(2)法学的研究对象也并非依赖于研究者的主观意志:"法律(法典、法规、习惯等)是自然发生的社会现象或是对社会现象研究所得出的材料,从对这些社会现象或材料的研究中,法学家能够发现一定的法律原则及其相互关系,正如物理学家从对物质材料的研究中发现自然规律一样"。②

康德认为:"体系是一个依原则将知识构成的整体,从而一个法学体系可称为系一个根据一个统一观点将法律概念所构成的整体。"③这里的"知识"与"法律概念"是构成体系的基础,而"原则"与"统一观点",则是构成体系的"关联"与"脉络"。

现象学创始人埃德蒙德·胡塞尔(Edmund Husserl)指出,体系不能发明而只能发现。④因为,体系存在于研究对象之上,来源于客体所构成的概念之间的关系。申言之,"自法律概念之抽象化所构成之位阶构造或体系,并非属于由方法论产生的结构,而系属于利用方法论发现的结构"。⑤新黑格尔主义缔造者之一,拉伦茨的导师尤利乌斯·宾德尔(Julius Binder)也指出:"体系的形式,并不得恣意为之。此即胡塞尔学说之本来意旨所在。他认为:体系本来就'存在'于事物上,我们只是发现它,而非发明它,旨哉斯言,盖体系以根本客体建立起来之概念间的关系为基础。"⑥就概念体系而言,至少具有整体性、一致性、简单性和推演性这四个方面的特点⑦:(1)整体性,是指体系的内部各个概念之间相互结合形成严格的内在结构,从而表现为一个不可分割的整体;(2)一致性,是指体系的内部各种思想之间相互协调,从而表现为思想体系的自洽与无矛盾;(3)简单性,是指任何理论体系在逻辑上应当是简单的,即"体系所包含的彼此独立的假设或公理最少"⑧;(4)推演性,是指体系的内部各个概念之间可以相互推导,即体系中的每个概念都居于体系的一定环节之上与其他概念之间保持着内在的有机联系。

---

① 〔美〕约翰·亨利·梅利曼:《大陆法系》,顾培东、禄正平译,法律出版社2004年版,第66页。
② 同上书,第65—66页。
③ 转引自黄茂荣:《法学方法论与现代民法》(第五版),法律出版社2007年版,第530页。
④ 参见同上。
⑤ 同上书,第512页。
⑥ Binder,Philosophie des Rechts,1925,S. 922;转引自黄茂荣:《法学方法与现代民法》(第五版),法律出版社2007年版,第512页脚注。
⑦ 参见彭漪涟主编:《概念论——辩证逻辑的概念理论》,学林出版社1991年版,第260—266页。
⑧ 〔美〕爱因斯坦:《爱因斯坦文集》(第1卷),许良英、范岱年译,商务印书馆1976年版,第299页。

虽然,法的科学性还在接受怀疑,法的伦理内涵也在不断演进,体系思维是否适合法学更是不无争论。但是"以可以理解的方式将公平正义实现到人间,为当今法律学所追求的目标"①。虽然法伦理随着时间的推移,其内容也在变化,但是"人类追求至善之心则永恒不移"②。而"法律伦理之内容所以随时间而演变,实为人类追求至善的结果"③。正是这种追求"促使法律学采用体系思维向体系化的方向运动"④。这种体系化思维,在法学上所取得的贡献是有目共睹的:(1) 在理论上,利用体系思维探寻本质与规律;(2) 在立法上,利用体系化方法建构法律规范;(3) 在法律的解释与补充上,利用体系化脉络统揽整体与局部。

第二节　大陆法系无形财产权体系的演变

财产是一个富含历史印记与时代特征的概念。"所有权为社会之产物,故其为历史之观念而非逻辑之观念"⑤。著名美学家朱光潜先生在其经典美学著作《诗论》中指出,"想了解一件事的本质,最好先研究它的起源;犹如想了解一个人的性格,最好先知道他的祖先和环境。"⑥美国人类学家摩尔根通过对人类早期状况的考察指出:"财产观念在人类的心灵中是慢慢形成的,它在漫长的岁月中一直处于初萌的薄弱状态。"⑦从源流上看,法学家对财产概念的认识有一个"物就是财产"到"财产是权利"的过程。

一、罗马法对物的理论区分

罗马法时期,人类还没有抽象出主观权利的概念来,"在整个罗马史甚至中世纪以前的任何语言中,我们都无法找到可以翻译为'权利'的词汇,权利也从未成为个人抵制权力的屏障以及个人自由的象征。"⑧因此,法学家眼里的财产就是物,而"物以可以用金钱评价为限"⑨。

由于对如用益(权)、继承(权)和债(权)等金钱价值的认识,罗马法学家

---

① 黄茂荣:《法学方法论与现代民法》(第五版),法律出版社2007年版,第510页。
② 同上书,第509页。
③ 同上。
④ 同上书,第510页。
⑤ 易继明、李辉凤:《财产权及其哲学基础》,载《政法论坛》2000年第3期。谢在全:《民法物权论》(上),中国政法大学出版社1999年版,第118页。
⑥ 朱光潜:《诗论》,上海古籍出版社2001年版,第1页。
⑦ 〔美〕路易斯·亨利·摩尔根:《古代社会》,杨东莼、马雍、马巨译,商务印书馆1977年版,第6页。
⑧ 梅夏英:《财产权构造的基础分析》,人民法院出版社2002年版,第5页。
⑨ 周枏:《罗马法原论》(上册),商务印书馆1994年版,第303页。

将这些不能为人的五官所感触的事物也归于"物"的范畴,并且将其名为"无体物"以与"有体物"相区别,后者为能够为人的五官所感觉的土地、房屋、奴隶、货币等实体存在于自然界的物质。

可见,"罗马财产法体系的构建,是以'物'(主要是有形的物质客体,也包括无形的制度产物)为基础。"[1]意大利学者赫尔杰尼安(Hermogenianus)认为:"'财产'(Pecunia)这一名称不仅包括现金,而且包括像动产和不动产、有体物和权利这样的所有物。"[2]保罗(Paulus)则指出:"'物'(res)这个词比'财产'(Pecunia)的含义广。物包括我们的可有物以外的那些物,而财产的含义同处于可有物状态的那些物有关"[3]。

一般认为,有体物与无体物的区分,发轫于公元2世纪罗马法学家盖尤斯的论述[4]。盖尤斯是罗马五大法学家[5]之一,他在《法学阶梯》的第二卷的第12、13、14三个部分,集中阐述了有体物与无体物的区分:"(12)此外,有些物是有体的,有些物是无体的。(13)有体物是可以触摸的,例如:土地、人、衣服、金子、银子以及其他无数的物。(14)无形物是那些不能触摸的物品,它们体现为某种权利(ius),比如:遗产继承、用益权、以任何形式缔结的债。遗产中是否包含有形物,从土地上获得的孳息是否是有形的,根据某项债而应向我们支付的物是否通常是有形的(例如土地、人或者钱款),这些都无关紧要;实际上,继承权、用益权和债本身都是无形的。对城市土地和乡村土地的权利同样属于无形物。"[6]

---

[1] 吴汉东:《财产权客体制度论——以无形财产权客体为主要研究对象》,载《法商研究》2000年第4期。

[2] 〔意〕桑德罗·斯奇巴尼选编:《物与物权》,范怀俊译,中国政法大学出版社1999年版,第20页。

[3] 同上书,第20页。

[4] 有学者认为,罗马法"物分两体"理论的哲学根源在西塞罗。西塞罗的《切题术》(Totica)第5章所涉及"存在之物"和"理解之物"之分。但主流观点并不认同西塞罗的"存在之物"与"理解之物"对盖尤斯的"有体物"与"无体物"的影响,其理由有二:(1)名称不同,前者的拉丁文对应词是"Res quae sunt"和"Res quae Intelleguntur",后者则是"Res Corporales"和"Res Incorporales";(2)角度有异,前者基于哲学与修辞学,其分类依据是"可视(拉丁文 Cerni,意大利文 Visibilità)"与"可触(拉丁文 Tangi,意大利文 Tangibilità)"这两个要素;后者则基于法学,其分类依据只有"可触性"这一个要素。因此,目前一般认为,盖尤斯"物分两体"的真正哲学来源是古希腊的斯多葛(Stoicism)学派,而不是罗马的西塞罗。参见方新军:《权利客体论——历史和逻辑的双重视角》,厦门大学2006年博士学位论文,第29—30页。

[5] 罗马五大法学家分别为:乌尔比安、帕比尼安、保罗、盖尤斯、莫迪斯蒂努斯。公元426年颁布并在东、西罗马帝国同样生效的《引证法》正式承认盖尤斯、J.保罗、D.乌尔比安、A.帕比尼安和H.莫迪斯蒂努斯五大法学家的解答具有法律效力;并规定凡法律问题未经明文规定的,悉依五大法学家的解答加以解决;如他们的解答并不一致,取决于多数;人数相同时则以帕比尼安的解释为准。在罗马时代,五大法学家的社会地位是非常显赫的,这是任何一个历史时期和任何一个国家都无法比拟的。

[6] 〔古罗马〕盖尤斯:《法学阶梯》,黄风译,中国政法大学出版社1996年版,第82页。

事实上,罗马法上债的产生晚于所有权,这是因为债产生的前提是财产的流转。"自古以来,无论何处,基于契约关系所生的人的债务,其发达较有体物之权利,为期稍迟。"① 对于像如用益(权)、继承(权)和债(权)这些,我们现在认为是权利本体的事物,之所以被罗马人划入物的范畴,是由于罗马早期社会存在功利主义思想,这"导致罗马人像对待物一样对待这样的权利,但不是像对待无形物一样对待这样的权利"。进一步地,"罗马人从对物质客体的要求转到对可以存在于物质客体之上的各种利益的要求"。这样,"物这个术语便从所拥有的物质客体转变为所有权中所包含的权利"②。

罗马最早产生的役权是耕作地役。它是由土地公有制之土地使用规则演变而来。罗马古时,土地属于村社公有,分给各个父权制大家庭耕作后,各个土地使用者为了耕种的便利和其他需要,对已分割的土地,在使用时仍保持未分割前的状态。"《十二表法》第 7 条已有关于通行、导水等的规定,只是尚未形成地役权的观念,认为役权即为所有权。"③ 例如对通行的道路、流水的沟渠,利用者可享有共有权。故耕作地役很早便被列为要式移转物。这些役权及其行使都有特定的地域,理解上尚无困难。但嗣后也有对无确定地域的使用权,如牲畜权。"牧场属公有,享有牧畜权的人就不能说他对牧场有共有权,于是役权遂成为无体物,通行权等就脱离所通行的土地而成为独立的权利了。"④

在盖尤斯的有体物与无体物分类理论提出约 372 年之后,查士丁尼在其与盖尤斯同名的著作《法学阶梯》中,更加突出了无体物与有体物的分类。"从此它成了欧洲法律语言的组成部分,普通法也在一定范围内使用它。"⑤ 以物是否有实体存在进行分类,将物划分为有体物(res corporales)与无体物(res incorporales)是罗马财产法的重要特征。"罗马人宁愿从财产的角度,而不是权利的角度进行思考"⑥,他们"并不感到需要将所有权与所有权的标的物明确地区分开来,因为,对于罗马人来说,只有有形物可以拥有,因而有形物根据具体的情况变化着其含义。当罗马人说只能对有形物实行占有时,他所指的是物本身;当讲到有形物的取得时,指的则是所有权的取得。"⑦

---

① 〔英〕孟罗等:《欧陆法律发达史》,姚梅镇译,商务印书馆 1994 年版,第 54 页。
② 中国人民大学法律系民法教研室:《外国民法论文选》,1984 年 5 月,第 177 页。
③ 周枏:《罗马法原论》(上册),商务印书馆 1994 年版,第 360 页。
④ 同上。
⑤ 〔英〕巴里·尼古拉斯:《罗马法概论》(第二版),黄风译,法律出版社 2004 年版,第 115 页。
⑥ 同上。
⑦ 同上书,第 116 页。事实上,罗马法早期也并不存在独立而完整的所有权概念,其绝对所有权概念的形成经历了一个较为漫长的发展过程。罗马法的所有权概念,早期的称谓是"Mancipium",作为对物的最高权力的技术性术语"Proprietas"(所有权)出现于帝国的晚期,而且是作为相对于"Ususfructus"(用益权)而加以使用的。共和国的晚期使用"Dominium"(所用权)一词,除了表示家长对财产的支配权以外,还"被用来指家父的一般权力或对任何主体权利的拥有"。显然,它不属于私法意义上的所有权概念。

总之,罗马法抽象出来的物有非常广泛的含义,并与广义的财产范围相同,"一个物不仅意味着物质客体,而是一种'财产',即能够在表明个人财产状况的财产清单中反映出来的任何物,以及他的对世权和从债中产生的对人权。"①

通过对罗马法财产与物的概念的考察,我们可以获得如下几点认识:(1)罗马法意义上的物就是财产,它是一个与人相对的概念,即"除自由人外而存在于自然界的一切东西,不管是对人有用的、无用的,甚至有害的,均属于广义的物"②。(2)罗马法的物是以物质实体为基础,无体物只是有体物在财产意义上的延伸,因为"罗马法的物与物权制度是一个物质化的财产结构。有体物即为客观实在之物,自不待言;即便无体物,也具有强烈的'似物性'。"③(3)罗马法上"无体物"概念产生的历史原因是,主观权利的概念还没有形成,财产与财产客体还没有分开,所有权与用益物权还是混沌一片,财产权的概念体系还没有建立,对于如用益物权、债权、继承权等非实物性但具独立地位的金钱利益还没有相应的上位概念工具来表述。因为"雅典人没有描述'财产法'的一般词语,也没有相当于'所有'的抽象词汇"④。罗马人虽然发展了这一概念,但"所有权基本上是由'此物是我的'所确认,即由某物属于某人并由此人'直接'行使对该物的那种归属权所确认"⑤。这在客观上使得无体物的概念从有体物概念中剥离出来,"然而,这种区别却产生了很大的混淆,因为人们在通常的说法中习惯于把有形物的所有权看作是物本身。"⑥

二、罗马法区分理论的继承

盖尤斯的有体物与无体物区分理论,对后世立法产生了重大影响,1811年《奥地利民法典》、1857年《智利民法典》都直接规定了权利意义上的无体物概念。⑦ 1804年《法国民法典》虽然没有直接出现无体物的表述,但其对财

---

① 中国人民大学法律系民法教研室:《外国民法论文选》,1984年5月,第178页。
② 周枏:《罗马法原论》(上册),商务印书馆1994年版,第276页。
③ 吴汉东:《财产的非物质化革命与革命的非物质财产法》,载《中国社会科学》2003年第4期。
④ A. R. W. Harrison: The Law of Athens, Oxford at The Clarendon Press, 1968, p. 201. 转引自易继明:《财产权及其哲学基础》,载《政法论坛》2000年第3期。
⑤ 同上。
⑥ 中国人民大学法律系民法教研室:《外国民法论文选》,1984年5月,第177页。
⑦ 《奥地利民法典》第311条:"一切有体物和无体物,凡是可以成为合法商业行为的客体的,均得占有之。"第312条规定:"有体的可动物由于实际的占取、搬移或加以保管而占有之;不可动物由于占据、划界、圈围、标示或于其上工作而占有之。无体物或权利,由于以占有人的名义使用而取得占有"。第353条规定:"人所有的每一件物,包括全部有体物和无体物,称为他的所有物"。第355条:"所有的物一般均系所有权的客体……"。参见方新军:《权利客体论——历史和逻辑的双重视角》,厦门大学2006年博士学位论文,第46页。《智利民法典》第565条:"财产或为有体物,或为无体物。有实际形体并能被感官察觉的物为有体物,如房屋、书籍。由纯粹的权利构成的物为无体物,如债权和积极役权"。参见《智利民法典》,徐涤宇译,香港金桥文化出版有限公司2002年版。

产的界定,也没有脱离盖尤斯意义上"物分两体"理论。① 非但如此,法国民法还发展了罗马法的传统,"除将财产分为有形和无形财产之外,还扩大了无形财产的范围。"②即将传统意义上以债权和股东权为主要形式的无形财产,扩展到被称为"无形产权"(Propriétés Incorporelles)的新的权利类型,即"权利人就营业资产、顾客、营业所、版权、发明专利、工业设计、商标权、商业名称以及现代社会的商业信息等所享有的权利"③。

问题是,早在公元11—13世纪之际,"权利(ius)的概念开始转变为一个普遍的名词,成为法律认识社会的基本手段"④,在《法国民法典》制定的时候,罗马法中被归为无体物的用益(权)、继承(权)和债(权)等利益,已经被人们从权利的概念上来理解了。而且在法国法中,"物(chose)和财产(biene)这两个术语不是同义词:前者是种,后者是属。自然界中存在的一切东西都被冠以物的名称,但只有那些具有能为某人谋得固有的和排他性之利益这一性质,并且处于其所有权(propriété)之下的物,才被赋予财产的名称。因此,太阳以及各种天体,空气和风,是物但非财产。"⑤在此背景下,上述三部法典对盖尤斯无体物的留恋,使得权利本体与权利客体混淆,其直接后果是产生了"用益权的所有权"这样的麻烦。

在法国,财产的定义可以有三种:(1) 财产为服务于人的"物"(les chose),在这个意义,财产是有体物。(2) 财产为"权利"(les droit),其设定于物之上,但这并不意味着物等于权利。只有当存在一有体物并在其上设定权利(物权)时,方存在财产。而这正是法国民法典编撰者对"财产"的理解;(3) 财产包括物、物权、无形财产和债权。债权为对人权(droit personnels),具有经济价值,应当属于财产的范围。⑥

由此可见,"从罗马法到法国民法,财产与物的概念在权利客体的意义上

---

① 《法国民法典》526条:"以下所列,因其附着客体而为不动产:不动产用益物权;地役权与土地使用权;旨在请求返还不动产的诉权"。第529条:"以可追索之款项或动产物品为标的的债与诉权,在金融、商业、工业公司内的股份与利息,虽然附属于这些事业的不动产属于公司,仍依法律之规定而为动产;但此种股份与利息,在公司存在期间,仅对每一参股人为动产。自国家或自个人领取的永久性定期金或终身定期金,依法律规定,亦为动产。"参见《法国民法典》,罗结珍译,中国法制出版社1999年版。
② 尹田:《法国物权法》(第2版),法律出版社2009年版,第57页。
③ 同上。
④ 冉昊:《"对人""对物"概念的几层涵义及其来源》,载吴汉东主编:《私法研究》(第4卷),中国政法大学出版社2004年版。
⑤ Jorge Joaquín Llambías, Tratado de Derecho Civil, Parte General, Tomo II, Editorial Perrot, Buenos Aires, 1997, p.193. 转引自徐涤宇:《历史地、体系地认识物权法》,载《法学》2002年第4期。
⑥ 参见尹田:《法国物权法》(第二版),法律出版社2009年版,第15—17页。

是重叠的"①,并且认为凡能构成财产的一部分并可占为己有的财富即为物,这种物既可以是有体物,也可以是无体物。事实上,《法国民法典》中只在两种场合出现了物(chose)的概念:一种是规定财产权指向的对象;另一种是规定用于保证债权实现的质押或抵押等从物权。除此之外,就不再涉及单纯的物,而总是将它们作为财产(biens)来看待和规范,其财产概念分广义的财产(patrimoine)和狭义的财产(biens)两种。另外,其财产还可分为有体财产和无体财产,后者可用来指示所有不属于有体财产的其他财产,如追偿确定债务的诉权、股权、甚至具有确定标的之债权,原则上知识产权也属于动产中的无体财产。②

三、罗马法区分理论的发展

在《德国民法典》制定的时代,客体意义上"无体"的知识产权已经得到国际社会普遍承认,德国于 1883 年参加了《保护工业产权巴黎公约》,此前德国已经建立了相对完整的知识产权制度体系③。在此背景下,《德国民法典》第 90 条明确规定:"本法所称物者,以有体标的物为限。"对物的这一限定,实际上就是明确地将知识产权排除在物权法的规范之外,而由专门的知识产权法来调整。因为,长于思辨的德国法学家已经深刻地认识到:"物的所有权是无所不包的、永恒的、自由处分的;对此可以要求返还原物和不当得利;因轻微过失而侵害所有权成立一个侵权的损害排除请求权。相反,基于一个既定的、依据不同权利和不同持续时间的程序而授予无体财产权。与此种授予相联系的是对大众的公开义务;并非每个无体财产权都是可以自由处分的,关于无体财产权的特殊的损害赔偿规定、不作为规定、补偿规定部分地脱离了《德国民法典》的普通补偿法。"④

但是,由于物权法是一切财产法的基础,《德国民法典》第 90 条的规定并不妨碍依据物权法原理对知识产权的归属和行使进行解释,也不妨碍物权保护方法在保护知识产权中的运用。"在德国民法中,权利物权制度包括权利用益权与权利质押权两大部分。因此,在法理上,财产权利(包括无形财产

---

① 吴汉东:《财产权客体制度论——以无形财产权客体为主要研究对象》,载《法商研究》2000 年第 4 期。
② 参见黄晖:《法国民法中的财产权概念》,http://www.Chinalawinfo.com,访问日期:2008 年 4 月 30 日。
③ 德国的《商标法》《著作权保护法》和《专利保护法》分别于 1874 年、1876 年和 1877 年通过;《外观设计法》《专利保护法》和《实用新型保护法》分别于 1876 年、1877 年和 1891 年通过。
④ 〔德〕罗尔夫·克尼佩尔:《法律与历史——论〈德国民法典〉的形成与变迁》,朱岩译,法律出版社 2003 年版,第 254 页。

权)本身可以被当做物来看待。"①然而,这并不意味着权利本体与客体不分,而是指权利本体与客体都可充任权利客体。只是,在德国民法立法者看来,"物的所有权"与"权利所有权"有同样的意义。

由此我们可以得出如下启示:《德国民法典》制定时,法学家们对物的认识具有这样的特点:(1) 对物的界定已经是在权利客体的层面上②;(2) 物仍存在有体与无体之分;(3) 无体物已经实现其历史性的转变而被用来表示一种新兴财产权——知识产权的客体。

现如今,德国通说认为:"财产指的是'一个人所拥有的经济价值意义上的利益与权利的总和。它首先包括了不动产与动产的所有权以及债权和其他权利,只有它们具有货币上的价值。'"③梅迪库斯认为:"一个人的财产包括这个人的物以及有金钱价值的权利。"④拉伦茨也指出:"原则上,一个人的财产是由这个人所有的具有金钱价值的权利的总体构成的。"⑤可以看出,这种超越具体的物,在权利的层面对财产获得了统一的认识,极大地拓宽了人们对财产的认识视野。

第三节 普通法系财产概念的内涵及其发展

在诺曼征服以前,英国法最早起源于盎格鲁—撒克逊时期的热尔曼习惯法。"当英国法在诺曼国王的法院开始形成的时候,几乎无人熟悉罗马法。英国人对罗马法的了解可谓浅尝辄止。第一批普通法法官工作时运用的材料是日耳曼法的素材。他们在奠定英美法律制度的基础时所依据、所使用的是日耳曼法的观念。他们做得如此彻底……使今天我们的法律比日耳曼法本身更加日耳曼化。"⑥庞德强调:"我们的法律之根是日耳曼法,这不仅有学术意义,还意味着它是美国法律的基础"⑦。

一、财产概念的内涵与性质

英文"property"一词,中文翻译为"财产"。这个翻译与英美国家的普通

---

① 吴汉东、胡开忠:《无形财产权制度研究》,法律出版社2001年版,第12页。
② 参见〔德〕卡尔·拉伦茨:《德国民法通论》,王晓晔等译,法律出版社2003年版,第378页,"至于《德国民法典》第90条里的'标的物'指的则是支配权的客体"。
③ 孙宪忠:《中国物权法总论》,法律出版社2003年版,第15页。
④ 〔德〕迪特尔·梅迪库斯:《德国民法总论》,邵建东译,法律出版社2001年版,第889页。
⑤ 〔德〕卡尔·拉伦茨:《德国民法通论》(上册),王晓晔等译,法律出版社2003年版,第410—411页。
⑥ 〔美〕罗斯科·庞德:《普通法的精神》,唐前宏等译,法律出版社2000年版,第11页。
⑦ 同上。

人的理解是一致的,指的是某一个具体的物,如汽车、房屋、土地和宝石等;也包括某种无形的有价值的标的物,如有价证券、股票等。① 英国学者劳森和拉登在《财产法》一书中不无现实地指出:"实际上,理解财产含义的最好办法是,看一看一个拥有资产的人在临终时会留下点什么"②,而在他们给出的财产清单里有房屋、家庭用品、汽车、人身保险单、活期和定期存款、金钱投资、股票、基金、债券、提单、专利、商标、版权等。③ 这种列举式的形象描述,是典型的注重实际问题的经验主义思维方式。然而,对于习惯于概象思维的大陆法系学者而言,"理解财产含义的最好办法"也许还是从概念的演绎开始。

在英文法律词典中,对财产(property)一词的解释是:"财产是所有权所涵盖的所有权利,包括对一块土地(a piece of land)或动产(chattel)的占有、享受、使用和处分的权利。"④"财产是被或能够被某人所有、占有、使用以及处分的事物;例如,土地、建筑,以及能够被拥有的所有权利和利益。"⑤财产指的是可以拥有或者具有金钱价值的物(things)和权利。⑥ 财产包括:"(1) 对某物的所有权,即拥有某物的合法权利;(2) 任何被拥有或者能够被拥有的东西,例如土地、汽车、货币、股份、专利,对某著名演员的名字或形象享有的使用权等。"⑦财产是指:"(1) 被某人拥有的东西;(2) 土地和建筑物;(3) 一栋建筑,如住房、商店或者工厂。"⑧财产的范围包括:"(1) 能够被拥有的东西;(2) 占有和使用货物(goods)和土地的权利;(3) 具有金钱价值的权利的集合;(4) 货币及其他所有财产,实产(real)或属人产(personal),包括诉体物(things in action)和其他无形财产(intangible property)"⑨等。

在权威性的《布莱克法律词典》中,财产指的是:"(1) 占有、使用和享有(possess, use and enjoy)一个确定的物(thing,无论是一块土地还是一个动产)的权利;所有权(如,私人财产制度受保护,免受不当的政府干预);(2) 任何

---

① 李进之、王之华、李克宁、蒋丹宁:《美国财产法》,法律出版社1999年版,第1页。
② 〔英〕F. H. 劳森、B. 拉登:《财产法》,施天涛等译,中国大百科全书出版社1998年版,第14页。
③ 同上。
④ Susan Ellis Wild, Webster's New World Law Dictionary, Published by Wiley, Hoboken, NJ. 2006, p. 210.
⑤ The Essential Law, Amy Hackney Blackwell, 2008, p. 395.
⑥ W. J. Stewart, Collins' Dictionary of Law, Harper Collins Publishers, Inc. 2002, Second Edition, p. 315.
⑦ Daniel Oran & Mark Tosti, Oran's Dictionary of the Law, Thomson Learning, 2000, 3rd Edition, p. 402.
⑧ 〔英〕科尔森:《朗文法律词典》(第6版影印本),法律出版社2002年版,第337页。
⑨ Collin, Dictionary of Law, Bloomsbury Publishing Plc, 2004, 3rd Edition, pp. 237—238.

占有、使用和享受的权利能在其上行使的、外在的物"。① 而《牛津法律大辞典》则更是明确地将财产权和财产这两个中文概念同置于一个词条,都用"property"来表述,并指出:"严格地讲,这个术语用来指财产所有权,法律规范规定物的所有权转移的情形便是如此。此外,这个术语也被人们更经常地在转换了的意义上使用,这时它是指所有权的客体,即指所有物。在前一种意义上,财产权是指存在于任何客体之中或之上的完全的权利,包括占有权、使用权、出借权、转让权、用尽权、消费权和其他与财产有关的权利。在后一种意义上,尽管以财产这个词来包括人的一切对世权,如人的不受诽谤的权利等,似乎是过于泛泛了,但它还是常被用来指诸如股票等无形财产。"②《牛津法律大辞典》同时告诫道:"最好不要把财产视作单一的权利,而应把它视作独立权利的集合体,其中的一些或甚至其中的很多独立权利可以在不丧失所有权的情况下予以让与。财产权在其客体上所设定的权利的种类依该客体性质的不同而不同。"③同样,《元照英美法词典》中的"property"词条也表明,该词所给出的财产概念具有权利本体与权利客体两层意义:前者是指"**所有权**:一个对某项财产享有的独占性支配权,由对财产的占有、使用和以出租、出借、设定担保、转让、赠与、交换等方式予以处分的'一束权利'(a bundle of rights)构成,是法律承认一个人对财产享有的最充分、最完整、地位最高的权利。在此意义上,property 与 ownership 含义相同。"后者则指"**财产**:即所有权的客体,包括一切有金钱价值的物(thing)与权利。大体上可分为有形财产(tangible property)与无形财产(intangible property)两类。前者指一切以物理形态存在的物体——如土地、房屋、家具、粮食等有形物;后者为各项财产性权利——如继承权、知识产权、损害求偿权等——及其他不以物理形态存在的事物——如商誉(goodwill)。"④

由美国法学会编纂,具有法律渊源地位的《财产法重述》中,对财产的含义是这样描述的:"'财产'这个词有时用于表示其上存在着人与人之间的法律关系的物,有时直接表示法律关系。这两种用法的前者,例子就是在'毗邻公路的财产'以及'被火烧掉了的财产'这样表达中的用法。这种用法不会出现在本《重述》中。当希望表示法律关系存在于其上的物时,既可以特指'土地''汽车''股份',或者一般地,也可以作为'财产的主题'或者'物'。本《重述》中,'财产'这个词用以表示人与人之间关于物的法律关系。物可以是一

---

① Bryan A. Garner as editor in chief, Black's Law Dictionary, 7th ed., West Group, 1999, p.1232.
② 〔英〕戴维·M.沃克:《牛津法律大辞典》,光明日报出版社 1988 年版,第 729 页。
③ 同上。
④ 薛波主编:《元照英美法词典》,法律出版社 2003 年版,第 1107 页。

个具有物理实体的对象,也可以是任何种类的无形物,如一个专利权或者一个诉体物(a chose in action)。包括任何具有交换价值关系的'财产'一词并不在包括任何具有交换价值关系的更广的含义上使用。"①

由此可见,在英语世界里,财产(property)概念长期以来一直在权利本体与权利客体两个层面上不加区分地使用。作为权利客体,财产是原始性事实;作为权利本体,财产是制度性事实。用哲学的语言来表述,原始性事实是一个"是"的问题,而制度性事实则是一个"应当"的问题。

对于财产概念,由于其涵摄之广,使得我们不可能只在一个层次上去理解:(1) 作为客体意义上的财产,是自在或人为的客观性资源,是具有客观使用价值和主观交换价值的调整对象,是人们赖以生存与发展的物质基础,如土地、房屋,又如专利技术、文学作品;(2) 作为权利本体意义上的财产,是人为设定的对前者的利用与处分的权能,如所有权、债权,又如专利权、版权。当然,就法律意义而言,没有主体或者说没有归属的财产概念是没有意义的,因为人们利用与交换的应该是主体确定、归属明确外界对象。②

就财产权的类型而言,普通法系的地产权(estate)制度最具特色,也是传统财产制度精髓之所在。"英美财产法不仅古老、复杂,而且与大陆法系的财产法区别甚大。这种区别主要在有关土地的财产法律方面,这是英国封建土地制度不同于其他欧洲大陆国家发展的结果。这种土地制度的区别也是英美法学家自豪的地方。"③

普通法系以地产权概念取代了所有权概念,地产权(estate)是指人对于土地所享有的权利和承担的义务。英美法系中的地产权制度,是在传统的日耳曼马尔克公社土地制度和中世纪的英格兰封建保有制相结合的基础上产生的。换言之,这种地产权就是马尔克公社的土地权利制度与英格兰的土地分封制度结合在一起的产物。

具体而言,马尔克的土地权利制度是公社与公社的社员对同一块土地,分享不同的权利,但都不享有类似大陆法系的所有权那样的绝对权;而土地分封制度则是将土地按照国王、大领主、中间领主和封臣的顺序一直往下分。这两者的结合,就形成了以国王与各级领主代替公社,以最后的封臣代替社员;"领主和封臣可以同时对同一块土地享有权利,但没有哪一方的权利是绝

---

① The American Law Institute, Restatement of the Law of Property, Chapter 1-Definition of Certain General Terms,1936.
② 然则,无主的客观资源(即大陆法系所称的无主物)是否就一定不是财产呢? 如果按照法学通说来回答,答案应该是"否"。那么,无主物的归属是否需要法律调整,又由什么法来调整呢?
③ 李进之、王之华、李克宁、蒋丹宁:《美国财产法》,法律出版社1999年版,前言,第1页。

对的。"①这样就产生了地产权区别于所有权的最显著特征:不同的人在同一地产上可同时享有独立的地产权,而且对土地的最高层次的权利则象征性地握在抽象的国王或者国家手中。实际上,即使"国王也不享有完整的所有权,因为他没有占有土地"②。

从普通法系的地产权的性质,就引出了"大陆法系的物权概念与英美法系财产权概念有一个重大的不同,即关于物权或所有权的绝对性。大陆法系强调物权的绝对性,英美法系的财产权里只有少数权利是绝对的,多数权利都是相对的,财产的非所有者也可能有一定的财产权,财产的所有者还有现实和未来利益之分。"③普通法系甚至"对所有权没有一个完整的定义。"④因为他们完全"可以不提到所有权而讨论财产权的法律问题"⑤。这是因为,大陆法系的占有(possesion)和所有权(ownership),在普通法系中都可以用占有(seisin)来表达。⑥ 而占有(seisin)则是地产权的基础:"其含义是当你'占有'土地时,你就享有对于土地的地产权"⑦。并且,普通法上的"ownership"的概念并不等同于大陆法系中的所有权概念,"可以说,英美土地法在其发展历史中并没有形成如同罗马法上的绝对所有权的概念,但是,在普通法的诉讼制度中却可以发现所有权理念的萌芽。"⑧

正是由于普通法系没有一个完整、统一、绝对的所有权概念,因而也可以对无法事实占有的无形财产进行"所有",并享有所有权;而且也不存在大陆法系"一物一权"意义上的所有权,对于"一物(如土地)可能存在着几种不同的所有权"⑨。这样,财产所有权既可以存在于有形财产(例如建筑物、动物)之上,也可以存在于无形财产(例如版权、专利)之上,还可以存在于债权、损害赔偿请求权之上。

进一步地,有形财产和无形财产还可以交叉地被划分为不动产(例如土地)和动产(例如动物、诉讼请求权)。英格兰法律规则还根据诉讼请求的结果而把财产分为实产(real property)和属人财产(personal property),前者是可以请求返还特定物的财产,后者则是可请求给予损害赔偿的财产。属人财产则又被进一步划分为诉讼上的财产和占有上的财产,前者是指只能通过诉

---

① 李红海:《普通法的历史解读——从梅特兰开始》,清华大学出版社2003年版,第175页。
② 李进之、王之华、李克宁、蒋丹宁:《美国财产法》,法律出版社1999年版,第18页。
③ 同上书,第4页。
④ 同上书,第8页。
⑤ 同上。
⑥ 李红海:《普通法的历史解读——从梅特兰开始》,清华大学出版社2003年版,第191页。
⑦ 同上书,第189页。
⑧ 王涌:《私权的分析与建构——民法的分析法学基础》,中国政法大学1999年博士论文。
⑨ 李进之、王之华、李克宁、蒋丹宁:《美国财产法》,法律出版社1999年版,第1页。

讼来请求才能予以强制执行的财产；后者则是指可以通过占有而取得的财产。知识产权属于诉讼上的财产或无形财产。①

另外，英美法系国家一般只有财产的说法，较少使用物的概念。动产和不动产是财产的基本分类，动产中又含有形动产与无形动产之分，以物言之，有形动产与无形动产分别对应占有物和诉体物。知识产权就属于涉及诉体物的无形动产的范畴。诉体物又称为"权利动产"或"诉讼中的动产"（choses in action），这是因为，这种财产不以物质实体为其存在形式，因此通过诉讼才能充分体现出来，并且其价值取决于作为精神产品的信息及其权利，而非信息的物化载体。卓豪斯认为："知识财产何以被称作权利动产呢？其原因关涉偶然机缘、历史变迁以及英国法律制度的内在运动，而非逻辑的直接运用"②。

二、具体物与抽象物的界说

事实上，普通法系也有物的概念，只是与大陆法系的物相比，此"物"非彼"物"而已。因为普通法系没有类似大陆法系那样严谨的物权制度，其物的含义与大陆法系自然不可相提并论。

在普通法系，财产权与其客体不作区分，财产及其权利与物不加区别，"财产法在范畴上调整的是物的关系"③。而法律对物的分类如同对人的分类：人有自然与拟制之分，物也有具体与抽象之别。"与诸如牛、轮船、房屋和汽车之类的具体物相对称，法律也规定了抽象物。这种物不能被感官观察到，只能通过思维去想象。这种物通常认为包括债务、公司的股份、专利和版权之类的知识产权"④。在具体物与抽象物的关系上，"正如可将法人落实为自然人一样，如果付出类似的代价，这些抽象物也同样可以落实到具体物"⑤。基于哲学的考量，澳大利亚学者卓豪斯指出："将知识产权归入无形权利的法学分类方法，会直接引出抽象物这一哲学概念"⑥。

抽象物的概念如此普遍，以至于"法律常常倾向于像抽象物那样对待有

---

① 〔英〕戴维·M. 沃克：《牛津法律大辞典》，光明日报出版社1988年版，第729页。
② Peter Drahos, A Philosophy of Intellectual Propety, Ashgate Publishing Company, 1996, p. 20.
③ 〔英〕F. H. 劳森 B. 拉登：《财产法》，施天涛等译，中国大百科全书出版社1998年版，第3页。
④ 同上书，第5页。
⑤ 同上。
⑥ Peter Drahos, A Philosophy of Intellectual Propety, Ashgate Publishing Company, 1996, p. 14.

体物。"①但是,卓豪斯提醒道:作为一种"固有的独立的存在物",抽象物只是"一种法律上的虚构",其存在目的就是提供"许多真实权力得以存在的依据"。② 因为,"在现代经济体制下,对抽象物的控制是权力得以存在的基础"③。

事实上,虽然卓豪斯以"抽象物"为基点,提出其"知识产权哲学",但他本人并不愿意承认"抽象物"的真实存在,为此,他特别提出了一个"至关紧要的"(crucial)说明:"在知识产权意义下使用'抽象物',并不意味着承认该物是一个实体存在。那种相信抽象物存在的观点,也许很容易被证明是错的"④。

综观卓豪斯的抽象物概念,它具有这样几个特征:(1) 虚构性,"'抽象物'属于假设的范畴,并非法律的用语"⑤;(2) 对应性,抽象物"是其具体有形的客观对应物的精制翻版"⑥;(3) 结构性,"抽象物是具体有形物的基本的结构"⑦;(4) 基准性,"是评价物体'相同'的标准"⑧;(4) 客体性,"是知识财产关系的客体"⑨;(5) 资本性,"以其自身的特性而成为资本实体,还可以作为资本来使用与交易"⑩;(6) 模糊性,"是模糊不清、难以确定的物"⑪。

可见,卓豪斯眼中的"抽象物",已经极具个性,不再是劳森与拉登书中传统意义上的"抽象物":它虚构,亦模糊,但却有自己特定的结构、具体的对应物,并且可以充任判断特定事物同一性的标准,尤其是它已经不再是权利的本体,而成为权利的客体。

那么,卓豪斯视域中的抽象物,究竟是个什么物?本书第二章将运用信息哲学的理论,解开这个"卓豪斯抽象物之谜"。

三、"新财产"的涌现与传统财产观念的转变

英国近代著名法学家威廉·布莱克斯通(William Blackstone),在《英国法释义》的第二卷称:"物权"亦即"财产权"(the rights of things, jura re rum)。

---

① 〔英〕F. H. 劳森 B. 拉登:《财产法》,施天涛等译,中国大百科全书出版社1998年版,第15页。
② Peter Drahos, A Philosophy of Intellectual Property, Ashgate Publishing Company, 1996, p. 151.
③ Ibid., p. 14.
④ Ibid., p. 153.
⑤ Ibid.
⑥ Ibid.
⑦ Ibid.
⑧ Ibid.
⑨ Ibid., p. 155.
⑩ Ibid., p. 157.
⑪ Ibid., p. 158.

采用"财产权"这种表述的意思是指:一个人能够取得的存在于某个与其人身没有关联的外在物上的各种权利,并认为财产权是"独有的和专断的支配权(sole and despotic dominion)"。自从他那个时代以来,他这一关于财产权是作为"独有的和专断的支配权"的定义就一遍一遍地被引用。① 他充满激情地描述道:"独一无二的、专制的控制权,没有什么东西能像它一样如此广泛地激发人类的想象,引起人们的喜爱!"② 在这种观念的指导下,"财产被理想化地定义为对物的绝对的支配"③。

然而,人类的经济生活不可能永远被理想化的财产定义所制约。"与这个概念不相符的'例外'却充斥了整个财产法。在许多案例中法律所宣称的财产并不包含着'物',或者所有者对物的支配并不是绝对的。每一种这样的例外,都会被设法解释过去,当不存在什么'物'时,就虚拟一个;当支配不是绝对的时,就通过虚构把所受的限制隐瞒起来,或者用物或所有者固有的一些性质来解释。"④ 形象思维的持续积累必然要向概象思维过渡,当法庭不断发现"保护当事人的无形财富要比保护有形的物更重要"⑤,当法官深刻认识到"只保护有形的物,而不保护无形财富对促进生产不利,在许多场合,要保护的根本不是什么'物'"⑥时,财产的定义就开始从对物的权利过渡到对价值的权利了。由此,布莱克斯通(Balckstone)式的"财产必有体、权利与客体不分、所有者中心"的财产权结构模式已然开始动摇。

到了19世纪末,布莱克斯通的财产概念已经彻底过时,它被一种新的财产概念所取代。"这种新财产是非物质的,不是由支配物的权利所组成,而是由有价值的权利所组成"⑦。在这种财产观念的支配下,商业信誉、商标、商业秘密、著作权、经营利益、特许权以及公平的便利权都成为"具有重大价值的新型财产"⑧。另外,使用邮政的权利、雇主自由地增减劳工的权利、雇佣者自由就业的权利、股东选举公司所有董事的权利、免税的权利、禁止他人出卖自己采制的新闻的权利、建筑物的主人使用电梯的权利、成为证券交易所会员的权利、使用教堂里座位的权利以及决定处置死者遗体的权利,未公开的私人信件以及隐私权等等都成了"新形成的产权"。"法学评论家们越来

---

① 参见王铁雄:《美国财产法的自然法基础》,辽宁大学出版社2007年版,第159页。
② 〔美〕布莱克斯通:《英格兰法律评论》,Book H,Chap. 1, p.2(15th ed. 1809)
③ 〔美〕肯尼斯·万德威尔德:《19世纪的新财产:现代财产概念的发展》,王战强译,载《经济社会体制比较》1995年第1期。
④ 同上。
⑤ 同上。
⑥ 同上。
⑦ 同上。
⑧ 同上。

意识到,与布莱克斯通的物质属性和绝对支配的财产概念不相符的新的产权大量涌现。'例外'吞没了原则"①。

立法与司法背景的转变,对非物质财产形式的创造也起到了重要作用:这涉及"两个法律条文"与"三类非物质财产案件"。这"两个法律条文",(1) 在 1818 年审理的 Gee v. Pritchard 一案中确立的一项衡平法格言,即"衡平法只保护财产权,不保护人身权"②。(2) 在 1868 年通过的美国宪法第 14 修正案中涉及的两个著名条款,即"正当程序条款"(Due Process Clause) 和"平等保护条款"(Equal Protection Clause)。③ 这两者结合的结果就是:"在保护人身权利和政治权利的要求日益增多时,它就把'财产'这个概念扩大从而超出了公认的范围。相应地,那些开始是为了使财产免于侵害的强制性方法,也被用到了实际上是保护个人人身的舒适、健康以及安全的场合。"④这里所指的"三类非物质财产案件":(1) 在关于商业信誉的案例中,抛弃了用有形物支持无形财产权的理念;(2) 在有关"财产增益"的归属方面,物的属性不再影响纠纷的结果;(3) 在商标和商业秘密方面,法院正式确立了不存在有形物的财产。⑤

从而,在立法与司法方面,最终实现了财产的非物质化转变,即"财产不再只是支配物的权利,而是支配有价值的利益的权利"⑥。而随着日益向福利国家迈进,政府供给愈发重要,源于"与政府的关系"的有价值的财物越来越多,"政府已成为财富的最主要的来源(the emergence of government as a major source of wealth),政府就像一个巨大的吸管(a gigantic syphon),它吸进税收和权力,然后吐出财富"⑦。这些财富包括"薪水与福利(income and benefits)、补贴(subsidies)、职业许可(occupational licenses)、专营特许(franchise)、政府合同(contract)、政府服务(service)、公共资源的使用权(use of public resources)"。⑧ 这方面的发展,也使得财产的非物质化现象更加普遍。

---

① 〔美〕肯尼斯·万德威尔德:《19 世纪的新财产:现代财产概念的发展》,王战强译,载《经济社会体制比较》1995 年第 1 期。
② "maxim that equity will protect property rights but not personal rights." Gee v. Pritchard, 2 Swanst. 402, 413 (1818).
③ 这两个条款规定:"无论何州,均不得制定或实施任何剥夺合众国公民的特权或豁免权的法律;无论何州,未经正当法律程序不得剥夺任何人的生命、自由或财产,亦不得拒绝给予在其管辖下的任何人以同等的法律保护。"参见〔美〕迈克尔·特拉赫曼:《34 座里程碑:造就美国的 34 次经典判决》,陈强译,法律出版社 2008 年版,第 50 页。
④ 〔美〕肯尼斯·万德威尔德:《19 世纪的新财产:现代财产概念的发展》,王战强译,载《经济社会体制比较》1995 年第 1 期。
⑤ 同上。
⑥ 同上。
⑦ Charles A. Reich, The New Property, The Yale Law Journal, Vol. 73 (1964), pp. 733—787.
⑧ Ibid.

财产法"保护价值而不是保护物的做法,即财产的非物质化,极大地拓宽了财产法适用的范围,使任何有价值的利益都潜在地可能成为财产权的对象"①。

然而,促使财产理念向非物质化彻底转变的还是霍费尔德的权利分析理论。

四、霍菲尔德权利分析理论对财产概念的影响

谈到普通法财产权概念的发展,就无法绕开德裔美籍法学家卫斯理·纽考穆·霍费尔德(Wesley Newcomb Hohfeld)。1913年与1917年,在《耶鲁法学季刊》发表的同名论文《司法推理中应用的基本法律概念》②中,霍菲尔德从信托和衡平利益的性质出发,认为当时的法学家和法官对于信托和衡平利益的分析与讨论很不充分,甚至有时误入歧途,其原因在于这些分析与讨论不是建立在对基本法律关系和法律概念的充分全面的辨析与区分的基础之上。他同时指出,正确的简单化只能源于见微知著地明辨区分的分析;反之,将本来复杂的问题简单化的做法,带来的后果常常是给法律问题的清晰理解、系统表达和正确解决设置严重的障碍。

因此,霍菲尔德从广义的权利、义务概念入手对基本法律概念作了一次系统的逻辑分析。他将所有的法律关系解析为8个基本法律概念,并称之为"法律的最小公分母"(the Lowest Common Denominators),并认为所谓复杂的法律概念和关系只不过是这8个基本概念的不同组合而已。

霍费尔德指出:严格意义上的法律概念与法律关系应当是独具特质自成一格的(Sui Generi)。在一个由"相反关系"和"相应关系"组成的表格(表1.1)中,霍菲尔德展示了他所分解、提炼出的基本法律概念和法律关系:

表 1.1 霍菲尔德权利关系解析表

法律上的相反关系 (jural opposite)	权利 (right)	特权 (privilege)	权力 (power)	豁免 (immunity)
	无权利 (no-right)	义务 (duty)	无资格 (disability)	责任 (liability)
法律上的相应关系 (jural correlative)	权利 (right)	特权 (privilege)	权力 (power)	豁免 (immunity)
	义务 (duty)	无资格 (disability)	责任 (liability)	无资格 (disability)

---

① 〔美〕肯尼斯·万德威尔德:《19世纪的新财产:现代财产概念的发展》,载王战强译,《经济社会体制比较》1995年第1期。
② W. N. Hohfeld, Some Fundamental Legal Conceptions as Applied in Judicial Reasoning (1913), 23 Yale Law Journal, 16; (1917) 26 ibid. ,710.

在上面表格中,相反关系的双方永远不能由同一个主体享有与承担;相应关系的双方,一个主体享有则意味着另一个主体承担。需要指出的是,在相应关系中,一方享有的利益的范围也仅限于另一主体所承受的负担的范围。而表格中的"权利"概念不同于一般意义上的"权利"概念,在一般的法律用法中,"'权利'概念容易被不加区别地使用、涵盖特定情形中的特权、权力或者豁免权,而不是最严格意义上的权利"[①]。这里,"最严格意义上的权利"相当于霍菲尔德意义上的"claim",即请求权或主张权。

霍菲尔德的法律概念分析思想不但极大地冲击了当时美国沉闷保守的法学理论界,而且立法实践上也产生了重大影响,1920年美国法学(American Law Institute)会专门召开会议研讨霍菲尔德的思想,并在其编纂的具有法律渊源性质的"法律重述"(The American Law Institute, Restatement of the Law)中全面地采用霍菲尔德的术语。而《财产法重述》(Restatement of the Law of Property)则更是在一开篇,就对各种法律概念进行了霍菲尔德式的术语界定,霍菲尔德的这套术语也为此后的美国法院在其判决中广泛引用。

从此,"一旦财产被认为包含任何潜在的有价值利益,那么就没有逻辑上的停顿点了。财产可能包含所有的法律关系"[②]。而这八种法律关系则是构成所有法律关系的最基本单元,即"最小公分母"。霍费尔德对法律概念的精细"微分",不但为人们提供了更加精细的概念工具,来精确地认识与分析财产现象,也使人们"可以根据用途任意选择类型,其功能也可以相互结合。这些类型和结合可以被转换为一种用数学来微分的客体,这正好为法律家提供了适当的研究主题"[③]。

霍菲尔德的权利分析理论也提醒我们:对某些非传统的财产现象如股权和信托等,不应当笼统地将其界定为所有权或债权,正确的做法应该是具体地对其内在的要素进行"微分",然后运用基本概念作精确地定位,最后再从整体上来把握。

[①] W. N. Hohfeld, Some Fundamental Legal Conceptions as Applied in Judicial Reasoning (1913), 23 Yale Law Journal, 16;(1917) 26 ibid.,710.
[②] 〔美〕肯尼斯·万德威尔德:《19世纪的新财产:现代财产概念的发展》,王战强译,载《经济社会体制比较》1995年第1期。
[③] 〔英〕F. H. 劳森、B. 拉登:《财产法》,施天涛等译,中国大百科全书出版社1998年版,第16页。

第四节　无形财产概念的本真意蕴

财产的经济意义乃为资产,资产的法律意义则为财产。"经济学将资产表述为资本、财富,法学则将资产表述为财产权"①。就无形财产权的本质来看,权利本身无所谓有形与无形的问题,无形财产的提法只有在客体的层面上,才具实际意义。无形财产权的客体形态,表现为信息本体与信息活动两种形式,前者是与物质同处一个层面的概念,而后者则是人们利用物质与信息资源所进行的一种利他性活动。必须指出,财产权建立的前提是经济利益的存在。因此,欲探无形财产的本真蕴意,须明无形资产的经济意义。

一、无形资产的经济考量

有学者考察,无形资产的概念首先是由美国经济学家托尔斯·本德(1857—1929)于19世纪末提出。本德提出的无形资产概念并不包括商誉②,其含义有三:(1)无实物形态;(2)具超额获利价值;(3)能持续发挥作用。③值得一提的是,世界上率先对无形资产进行全面、深入专门研究的学者,当推我国留美博士杨汝梅先生④。1926年,杨汝梅先生在美国密执根大学撰写的博士论文,即以《商誉与其他无形资产》(Goodwill and Other Intangibles)为题⑤,"对于一切无形资产之性质及其会计处理之方法,分析至为详尽。……其立论之精审,无与伦比,欧美学者久已奉为圭臬"⑥。在该文中,杨汝梅先生以商誉为中心,将无形财产的性质、特点、分类以及如何确定其价值,作了精辟的分析与论述,其所确立的无形财产范围除商誉外,还包括商标、商号、营业特许权、专利权、版权和商业秘诀。关于无形资产之一般定义,杨汝梅先生在检讨"以物质之存在与否""以价值实现之难易""以资产之能否

---

① 蔡吉祥:《无形资产学》,海天出版社1996年版,第25页。
② 参见汤湘希:《企业核心竞争力会计控制研究》,中国财政经济出版社2006年版,第7页。
③ 参见谈维新:《企业的无形资产不容忽视》,载《广东科技》1998年第10期。
④ 杨汝梅,河北省磁县人。1921年毕业于北京铁路管理学院(北京交通大学前身),后赴美留学,1926年获密歇根大学经济学博士学位。1926年底回国后任北京交通大学教授,1927年夏调上海国立暨南大学,任教务长兼会计学教授;后历任光华、齐鲁、沪江等大学教授;1949年去香港,1950年在新亚书院先后任系主任、商学院院长及会计主任等职;香港中文大学成立后曾任大学商学院院长及系主任等职,后即转往浸会学院任教并担任商学院院长等职。
⑤ 该文于1926年在美国出版。后来,潘序伦先生安排施仁夫将该书翻译为中文,1936年由潘序伦先生亲自作序的该书中文版以《无形资产论》为名,作为立信会计丛书,由商务印书馆出版。
⑥ 杨汝梅:《无形资产论》,施仁夫译,商务印书馆1936年版,潘序伦序。

分属"这三种标准界定无形资产的缺陷之后,指出"在经济方面言之,无形资产乃某类价值之代表。此种价值,依据企业盈利之剩余(Surplus,即所得之利益,超过其资本应得之利息及企业家应得之报酬),将其超过之数,依照相当利率,化成资产之价值是也。"①在此基础上,他将上述"盈利之剩余"称为"余利",并在具体阐述这些余利产生的原因后,指出"以生产上之余利化成资产,即成为'制造上之商誉';以理财上之余利化成资产,即成为'理财上之商誉';以销售上之余利化成资产,即成为'销售上之商誉'"。另外,"对于某种物品之产销,握有专利之权,其他同业不得竞争,对于所经营之企业,有独占之权,并无同业为之竞争等是。前者所生之余利化成资产,则为专利权,版权等项无形资产,后者所生之余利化成资产,则为营业特许权等无形资产"②。杨汝梅先生因该文对无形资产理论作出的卓越贡献,而蜚声欧美会计学界,"他所建立的一整套无形资产理论和核算方法,至今仍是指导着无形资产会计的基本思想;他所揭示的商誉会计内涵,为当代会计学者的无形资产研究奠定了坚实的基础。"③

20世纪70年代以来,随着信息技术及其产业的迅猛发展,新技术革命在世界范围内掀起,一种新型的经济即主要取决于智力资源的知识经济应运而生。如今,无形资产在经济社会中的作用日益凸显,无形资产在生产函数中的比重不断提高,无论是理论界还是企业界,知识经济这一概念已被广为传播与接收。作为知识经济的核心资源,无形资产已被理论与企业界"视为甚至可大大超过流动资产、固定资产的企业第三大资产"④。目前,无形资产学作为"研究无形资产规律的知识体系的一门边缘性的管理科学"⑤,已经从管理学科的前沿理论,变为高等学校的基础课程。与此同时,中外理论界对无形资产概念的探讨仍在继续,实践领域对无形资产概念的界定也不尽一致。

无形资产的辞典解释,经历了一个由特征描述到概念界定的逐渐详细的过程。1986年,日本一桥大学名誉教授番场嘉一郎(Emeritus Kaichiro Bamba)主编的《新版会计学大辞典》指出:"无形固定资产是同有形固定资产相对

---

① 杨汝梅:《无形资产论》,施仁夫译,商务印书馆1936年版,第8页。
② 同上书,第9页。
③ 于长春:《无形资产会计的回顾与展望》,载《无形资产研究论文集》编委会编:《无形资产研究——第二届无形资产理论与实务研讨会论文集》,中国财政经济出版社2001年版,第16—30页。
④ 谈维新:《企业的无形资产不容忽视》,载《广东科技》1998年第10期。
⑤ 于玉林:《建立〈现代无形资产学〉的几个理论问题》,载《无形资产研究论文集》编委会编:《无形资产研究——第二届无形资产理论与实务研讨会论文集》,中国财政经济出版社2001年版,第3—15页。

立的概念,其定义不大明确。然而,作为一般会计惯例所承认的概念,无形固定资产可以说是具有下列三种属性的虚拟资产:(1) 没有实体的资产;(2) 有超过一般同行业企业的收益能力的资产价值;(3) 有偿取得。"[①]1988 年 9 月出版的《中国大百科全书》"经济学卷"把无形资产定义为"不具有实际形体的能为企业提供未来权益的资产。通常包括:商誉、商标、专利权、特许权、租赁权、版权、开办费等"[②]。1992 年,在我国著名经济学家于光远先生主编的《经济大辞典》中,将无形资产阐述为:"无形资产,亦称'无形固定资产'。指不具有实物形态而能为企业较长期地提供某种特殊权利或有助于企业取得较高收益的资产。在资本主义企业中,列为无形资产的有商标、商誉、版权、专利权、特许经营权等"[③]。1993 年 8 月出版的《中国大百科全书》"财政税收金融价格卷"把无形资产定义为"不具有物质实体却能使企业在生产经营中长期受益的非流动性资产。又称无形固定资产"[④]。而 20 世纪 90 年代末出版的《辞海》不但对无形资产的概念作了界定,还给出了它的范围、特征以及会计处理方法。无形资产是指"企业能长期或在规定有效时期内使用而无实物形态的资产"。无形资产的范围是:"包括专利权、专有技术、商标权、著作权、土地使用权、商誉等"。其特征有:"(1) 无实体存在;(2) 能给企业带来经济利益,但这些经济利益却难以单独计量;(3) 除法律和使用协议规定者外,有效期难以确定;(4) 既可内部开发又可自外部取得,但都是用于营业目的;(5) 多数不能与企业或企业的有形资产相分离。"[⑤]

在学术界,进入 20 世纪 90 年代,我国一些学者开始系统地研究无形资产问题,出现了大量关于无形资产的定义。于长春教授认为:"无形资产,亦称无形固定资产,是有形固定资产的对称,指企业中不具备物质实体,而以某种特有权利和技术知识形态等经济资源存在并发挥作用的固定资产,尽管其价值形态缺乏横向比较的可能,但它的存在和应用能使特定企业获取高于一般水平的盈利,在不确定的未来期间内为企业整体的生产经营服务。"[⑥]我国

[①] 〔日〕番场嘉一郎主编:《新版会计学大辞典》,司徒淳选择,王文元校审,中国展望出版社 1986 年版,第 416 页。
[②] 《中国大百科全书·经济学》,中国大百科全书出版社 1988 年版,"无形资产"条。
[③] 于光远主编:《经济大辞典》,上海辞书出版社 1992 年版,第 179 页。
[④] 《中国大百科全书·财政税收金融价格》,中国大百科全书出版社 1993 年版,"无形资产"条。
[⑤] 《辞海》,上海辞书出版社 2000 年版,第 1873 页。
[⑥] 于长春:《无形资产会计管理》,中国对外经济贸易出版社 1990 年版,第 29 页。

无形资产学创始人蔡吉祥先生①认为:"无形资产是无形固定资产的简称,是指不具有实物形态而以知识形态存在的重要经济资源,它是为企业的生产经营提供某种权利、特权或优势的固定资产。这种固定资产应用于企业中可创造巨大的收益。"②其他学者也对无形资产的概念给出了自己的认识,如王子林先生认为:"无形资产是指特定主体控制的不具有独立实体,而对生产经营较长期持续发挥作用的经济资源"③。汤湘希认为:"所谓无形资产应是不具有实物形态,却能为企业长期带来收益的法律或契约所赋予的特殊权利、超收益能力的资本化价值以及有关特殊经济资源的集合"④。张占耕将国内外比较流行的无形资产的定义分"权利资产说""超额收益能力说""物质存在说""价值实现难易说"和"资产能否分属说"这五种类型,并指出这些定义各自不足之处后,认为"无形资产作为生产经营要素,是以创新为特征的智力形态的非实物性资产"。⑤

在规范层面,国际有关组织对无形财产概念的界定不尽相同,西方主要国家对无形资产的认识也并不一致。

国际会计准则委员会 1998 年 10 月 1 日发布的《国际会计准则第 38 号——无形资产》将无形资产定义为:"无形资产,指为用于商品或劳务的生产或供应、出租给其他单位、或管理目的而持有的、没有实物形态的、可辨认的非货币资产。"并且列举了无形资产包括的具体内容:"企业在科学或技术知识、新工序或系统的设计和推广、许可证、知识产权、市场知识和商标(包括商标名称和报刊名)等无形资源的获得、开发、维护和提高方面,经常会消耗资源或承担负债。这些大的类别中包括的项目通常有:计算机软件、专利、版权、电影、客户名单、抵押服务权、捕捞许可证、进口配额、特许权、客户或供货商的关系、客户的信赖、市场份额和销售权。"国际评估准则委员会根据发展的需要,在 2000 年版《国际评估准则》中新增加了《评估指南四——无形资产评估》,第一次将无形资产评估的规范纳入国际评估准则中,这是国际评估准则体系的一个重大变化。其中的无形资产定义为:"无形资产是以其经济特性而显示其存在的一种资产,无形资产无具体的物理形态,但为其拥有者获

---

① 参见玄江:《无形资产谁来经营:访无形资产理论创始人蔡吉祥》,载《中国财经报》2001 年 5 月 15 日;国家林业局野生动植物保护司、国家林业局政策法规司编:《中国自然保护区立法研究》,中国林业出版社 2007 年版,第 249 页;蔡吉祥:《无形资产 36 忌:无形资产失败案例分析与研究》,海天出版社 2004 年版,第 358、367 页。
② 蔡吉祥:《无形资产学》,海天出版社 1996 年版,第 12 页。
③ 王子林:《资产评估:原理、实务、管理》,中国财政经济出版社 1992 年版,第 321 页。
④ 汤湘希:《关于无形财产定义的探讨》,载于玉林等:《无形资产理论研究——全国首届无形资产理论与实务研讨会论文集》,天津科技出版社 1998 年版,第 54—55 页。
⑤ 张占耕:《无形资产管理》,立信会计出版社 1998 年版,第 18 页。

取了权益和特权,而且通常为其拥有者带来收益"①。根据其产生的来源,无形资产可分为四大类:(1) 权利类(rights),由书面或非书面契约的条款产生的,对于契约方具有经济利益,如供货合同、销售合同以及其他特许授权;(2) 关系类(relationships),通常是非契约性的,能短期存在但对于关系方具有巨大的价值,如工作人员的组合、与顾客的关系、与供应商的关系、与分销商的关系等;(3) 组合类(Grouped intangibles),通常被称为商誉,是指从无形资产总体价值中减去可确指无形资产的评估价值后所剩余的价值;(4) 知识产权类(intellectual property),如品牌名称和商号、著作权、专利权、商标、商业秘密或专有技术等。

美国财务会计准则委员会(the Financial Accounting Standards Board,FASB)认为:"无形资产是非实物的经济资源,其价值是依据被授予的权益和其他将要得到的预期收益来确定的。然而,不把货币性资产(现金、应收款和投资)视为无形资产。一种特殊种类的递延费用可以作为无形资产,例如开办成本,装修成本,开业成本。"②美国税法则明确指出:无形资产包括"(1) 专利、发明、公式、工艺、设计、式样图案、专有技术;(2) 版权、文学、音乐或美术作品;(3) 商标、商号或牌名;(4) 特许权、许可证或合同;(5) 方法、编码指令、系统、程序、战略或竞争方案、概览、论文、预测、估计、顾客清单或技术资料;(6) 其他类似的有实际价值的任何可分离于其载体的创造物。"③英国会计准则委员会(ASB)在其《商誉和无形资产(讨论稿)》中将无形资产定义为:"无形资产指无实物形态、性质上属于非货币性的固定资产。而固定资产指符合下列条件的资产:(1) 企业持有的,能用于生产、提供商品和劳务、租给他人,或用于管理目的;(2) 已取得或开发成功,预期在将来持续使用;(3) 不准备在正常经营过程中销售。"④

我国具有立法性质的文件,对无形资产的认识也经历了一个认识变化的过程。1995年5月,我国财政部会计司发布了无形资产准则征求意见稿,对我国无形资产会计的规范进行了详细的阐述,并广泛征求意见。财政部在《企业会计准则第X号——无形资产(征求意见稿)》中规定:"无形资产,指无实物形态的、企业用于生产商品或提供劳务、出租给他人,或为了行政管理

---

① 转引自中国注册会计师协会编:《〈资产评估准则:无形资产〉释义》,经济科学出版社2002年版,第114页。
② 见《美国会计手册》第23章.转引自蔡吉祥:《神奇的财富:无形资产》,海天出版社1996年版,第1页。
③ I.R.C§936(h)(3)(B).转引自杨斌:《国际税收》,复旦大学出版社2003年版,第188—189页。
④ 转引自财政部会计司:《具体会计准则(征求意见稿)》(第1辑),1995年版,第29—30页。

目的而持有的,使用年限超过1年的非货币性资产。"①

目前,国内颁布的法律和规章中,对于无形资产的概念明确定义的主要有《资产评估准则》和《企业会计准则》。2001年9月1日起施行的《资产评估准则——无形资产》规定:"本准则所称无形资产,是指特定主体所控制的,不具有实物形态,对生产经营长期发挥作用且能带来经济利益的资源"。同时,将无形资产分为"可辨认无形资产和不可辨认无形资产。可辨认无形资产包括专利权、专有技术、商标权、著作权、土地使用权、特许权等;不可辨认无形资产是指商誉"②。这个定义主要出于评估计量的考虑,将无形资产限定在"长期发挥作用且能带来经济利益"这一条件之内,且将商誉与其他无形资产权区别开来,作为不可辨认无形资产加以规定。另外,将土地使用权收于可辨认的无形资产范围之内,显示了其基于价值计量的视角。2001年1月1日起施行的《企业会计准则——无形资产》第3条规定:"无形资产,指企业为生产商品、提供劳务、出租给他人,或为管理目的而持有的、没有实物形态的非货币性长期资产"③。"会计准则"其对无形资产的分类与"评估准则"相同。同时,从会计确认的角度,在其第7条限定:"企业自创商誉不能加以确认"。2006年2月15日,财政部对上述"会计准则"修订后颁布了《企业会计准则第6号——无形资产》,其第3条将无形资产的范围作了进一步的限定:无形资产"是指企业拥有或者控制的没有实物形态的可辨认非货币性资产"④。该准则通过确立无形资产的可辨认性、独立性,以及与企业整体的可分离性,将商誉从其所规范的无形资产概念中排除出去:因为"商誉是企业合并成本大于合并取得被购买方各项可辨认资产、负债公允价值份额的差额,其存在无法与企业自身分离,不具有可辨认性,不属于本准则所规范的无形资产"⑤。

在无形资产的类型上,学界根据不同的标准有不同的划分,主要有两分法、三分法和四分法:

1. 两分法。(1)可辨认无形资产,亦称可确指无形资产;(2)不可辨认无形资产,亦称不可确指无形资产。另外,也有学者将无形资产分为主观形成的无形资产和客观形成的无形资产两大类别,并认为前者包括企业自创的、培育和利用的无形资产等三类,而后者则包括自然形成的无形资产和国

---

① 《企业会计准则第X号——无形资产(征求意见稿)》(第1辑),1995年版,第29页。
② 《财政部关于印发〈资产评估准则——无形资产〉的通知》(财会[2001]1051号)。
③ 《财政部关于印发〈企业会计准则——无形资产〉等8项准则的通知》(财会[2001]7号)。
④ 《企业会计准则第6号——无形资产》(财会[2006]3号)。
⑤ 曹阳、支春红主编:《新企业会计准则解读》,复旦大学出版社2007年版,第50页。

家政策形成等两类。①

2. 三分法。(1) 知识型无形资产,主要指知识产权的客体;(2) 权力型无形资产,是依靠特许权和可盈利条件的关系形成的;(3) 资源型无形资产,有商誉和人力资源等。②

3. 四分法。除前面提到的《国际评估准则:评估指南四——无形资产评估》将无形资产分为权利类、关系类、组合类与知识类外,还有其他的四分法。如汤湘希利用斯堪地亚导航者(Navigator)会计模式理论,将无形资产分为:(1) 经典无形资产,包括专利权、非专利技术、商标权、著作权、特许权,这类无形资产的表现形态主要是知识产权;(2) 边缘无形资产,即土地使用权,这项无形资产的表现形态更类似于固定资产;(3) 组合无形资产,即商誉,其表现形态,按照目前一般公认的理论,应是超额利润的价值表示;(4) 合力无形资产,即企业核心竞争力,其表现形态是企业通过各种技术、技能和知识进行整合而获得的能力。③ 另外,还有学者将无形资产分为治理型无形资产、人力型无形资产、管理型无形资产、市场型无形资产四类。④

除此之外,还有其他分类,如有学者将无形资产的构成归纳为:市场型资产、智力成果型资产、应用型资产、方法型资产、基础型资产、商誉和其他无形资产七类。⑤

就无形资产的经济性质而言,一般具有无形性、非货币性,以及资源性、可持续性、实用性等。而无形性作为无形资产的显著特征,包括两层含义:"一是存在形态的无形性,即没有实物形态;二是在生产经营过程中发挥功能作用的无形性",同时也应注意到其客观性的一面,即"即无形资产是企业生产经营过程中的重要物质技术基础,是以知识形态的特殊资源,是客观存在的,它只是相对于人类的直接感官而言是无形的"⑥。

可以看出,无形资产在经济领域的地位是与固定资产、流动资产并列的第三大类资产,是企业总资产减去固定资产、流动资产后的所有资产,具有非常宽广的范围。从本质上讲,无形资产对竞争对手而言,是"进入市场的障碍物"⑦;对拥有者而言,"虽不像土地、建筑物和机械等有形资产那样有具体的

---

① 参见朱太华:《关于无形资产的几点思考》,载《湖南商学院学报》2002年第3期。
② 参见于玉林主编:《现代无形资产学》,经济科学出版社2001年版,第33页。
③ 汤湘希:《无形资产会计的两大误区及其相关概念的研究》,载《财会通讯》2004年第7期。
④ 蒋衔武:《知识经济下企业无形资产基本特征的哲学思索》,载《山东社会科学》2002年第2期。
⑤ 秦江萍、段兴民:《试论无形资产会计创新》,载《财会通讯》2003年第5期。
⑥ 崔也光:《无形资产的特征与计价方法的选择》,载《会计研究》1999年第2期。
⑦ Coopers&Lybrand, International Transfer Pricing 1997 — 1998, CCH editions Limited 1997, p. 206.

形象,但却对经营有用的资产"①,是企业"盈利之剩余"。但是,"企业到底存在多少无形资产,则是莫衷一是。多数学者认为,无形资产包括的内容并不是固定不变的,而是随着经济发展、科技水平和经济管理要求的变化而发生变化的。"②因此,上述对无形资产的不同界定,既反映了对无形资产的不同认识,也反映了学界对当代经济发展、科技水平和经济管理要求的不同认识。

总的看来,经济领域对无形资产概念的认识,虽然存在多种观点,但在大多数问题上能够达成基本共识,如都认为无形资产应当首先符合资产的一般定义,即能够为企业带来经济利益,且具有非实物形态的外部特征等。在此基础上,根据具体学科领域研究对象的不同,一般又将无形资产概念分为广狭二义:广义的无形资产概念是一定主体拥有或控制的,可长期使用但不具实物形态,并预期会给企业带来经济利益的财产;狭义的无形资产概念是广义无形资产概念范围内,能够用货币计量的那部分资产。从实际内容组成看,广狭二义的区别仅在于是否包含商誉,因为商誉在会计与资产评估实务中是不可计量、不可辨认的项目。从适用的学科特征来看,广义的无形资产概念适用于研究领域较宽的无形资产学;狭义的无形资产概念适用于研究领域为具有可辨认与可量性无形资产项目的无形资产会计学。

值得注意的是,根据美国财务会计准则委员会(FASB)对资产所作出的定义,即"资产是指某一特定主体由于过去的交易或事项而获得或控制的可预期的未来经济利益",有学者提出:"人力资源是企业的一项重要资产"③,"应被确定为企业的一项无形资产"④,其前提是"必须把人力资源与其载体——人区别开来"⑤。也有学者认为:人力资源无法与其载体相分离,且"人力资源是可变资本而不是不变资本"⑥,因而不能属于企业的一项资产。

---

① 〔韩〕李必宰:《企业要提高对无形资产的认识》,载《经济人周刊》1997年12月24日。
② 汤湘希:《无形资产会计的两大误区及其相关概念的研究》,载《财会通讯》2004年第7期。
③ 张惠中:《浅谈人力资源会计假设》,载《财税与会计》1997年第3期;李鸿雁:《浅谈人力资源会计的理论结构》,载《山东财政学院学报》1999年第3期;张惠忠:《论略论人力资产折旧》,载《有色金属工业》2001年第3期;姚艳虹主编:《人力资源管理》,湖南大学出版社2003年版,第289页;谢云天:《商业银行的信贷风险及对策》,载《会计之友》2006年第8期。
④ 张鸣主编:《股份制企业管理会计》,东北财经大学出版社1998年版,第430页;韩伟模:《人力资产与无形资产》,载《无形资产理论研究》,天津科技出版社1998年版,第87—93页;乐艳芬主编:《成本会计》,上海财经大学出版社2002年版,第416、434页;王玲:《试论知识经济条件下的人力资源会计》,中南财经政法大学会计学院2002年硕士论文;郭继秋、唐慧哲主编:《工程项目成本管理》,化学工业出版社2005年版,第156页。
⑤ 李鸿雁:《浅谈人力资源会计的理论结构》,载《山东财政学院学报》1999年第3期。
⑥ 唐本佑:《关于人力资源是企业无形资产的质疑——与李鸿雁、王玲同志商榷》,载中南财经政法大学会计学院编:《无形资产理论与实务研究——第三届全国无形资产理论与实务研讨会论文集》,湖北科学技术出版社1998年版,第41—44页。

二、无形财产的法理辨析

大陆法系与英美法系的发展沿着不同的路径,造就了各自不同的特点。一般认为,大陆法系是在对罗马法的直接传承的基础上,经过体系化发展而成的;英美法系的发展历程则存在较多的历史偶然因素,受罗马法体系的影响较小。然而人类的思维发展具有本质上的相通性,这一点反映在罗马法与英美法的特点上就是:都十分重视对实际问题的处理。因而它们的概念体系在很大程度上都来源于对纷争的处理,即诉讼。

就财产制度而言,两大法系的财产概念也都经历了一个从财产就是实在的物到财产是价值,再到财产是权利(法律关系)的发展过程。[①] 当两大法系都在价值或权利的概念上认识财产时,财产的概念已经抽象到它所能达到的最高位阶;这同时也意味着它脱离了对众生百态的具体财产的关切,能够与之对话的就只有人身权了。值得注意的是,从财产是物到财产是价值,都是在客体的层面上来讨论财产的,而由价值到法律关系的发展,财产概念就已经从权利客体转换到了权利本体了。

与无形财产相同或相近的概念主要有:无形物、抽象物、无形财产、非物质财产、无形财产权、知识产权、无形产权等,也有无体物、无体财产、无体财产权的提法。目前在理论上,学术界对于这些"概念的使用极不稳定,在多种场合和多种意义上使用,在论述时无形财产并无固定的内涵和外延"[②]。首先应该明确的是,在目前的用法中,财产权概念中的"形"与"体"的含义一般不加区分,都是"形状""形体"的意思,都表示客体意义上的财产是否具有物理实体,是否可以被事实占有。

具体考察上述与无形财产相关的概念表明,它们产生的历史不尽一致,它们的内涵也不尽相同。至少可以清楚的是:(1) 无体物的出现历史最早,它是在财产概念与物的概念还没有完全分离的背景下产生的。还应注意的是,无体物与有体物一样是罗马法学家在寻求财产制度体系化过程中,在"物"的概念之下进行类型化思维的产物。作为一种权利,"'无体物',是作为分配资源的社会工具的一种制度产品"[③],也是后世财产概念价值化的滥觞。(2) 无形财产权作为一种学说,是德国学者科拉于 1875 年提出的。应当指

---

① 以至于目前,大陆法系与英美法系的法学家同时在权利本体与客体两层意义上使用财产概念。
② 马俊驹、梅夏英:《无形财产的理论和立法问题》,载《中国法学》2001 年第 2 期。
③ 吴汉东:《财产权客体制度论——以无形财产权客体为主要研究对象》,载《法商研究》2000 年第 4 期。

出的是,科拉主张无形财产权学说并非是就权利来谈无形,如果是那样的话,所谓的无形财产权不过是无体物的换一种说法而已。这从科拉所主张的无形财产权与所有权的四点不同之处可以看出:① 无形财产权从时间上说是有限的;② 无形财产权的取得具有国别性;③ 无形财产权的存在没有看得见的所在地;④ 无形财产权的控制不能通过占有达到。由此科拉指出,以往的学说把无形物品的权利说成是所有权之一的观点是错误的,应把它看成是另外一种权利,即"无形财产权"(Immaterialgüterrecht)。此学说发表后曾风靡欧洲大陆,成为权威性的学说。① 可以看出,无形财产与无体物即使同样放在在财产概念的层面上,也是根本不同的。无体物中的"无体"所指向的是具有金钱价值的权利,是权利作为客体时的无形;无形财产中的"无形"指的则是权利以外的"物品"作为客体时的无形。(3) 关于知识产权概念的产生,学界存在不同的见解:有的学者认为,这一术语产生于18世纪的德国[2];也有学者认为"'知识产权'一词,是1738年由瑞士人杜纳而森(Johan Rudoolf Thuineisen)提出。他用这个词表示'智力创造的财产'"[3]。还有学者认为,知识产权概念的形成,是一个思想与认识的积累与发展过程:"将一切来自知识活动领域的权利概括为'知识产权',最早见之于17世纪法国学者卡普佐夫的著作,后来比利时法学家皮卡弟发展了这一理论,将知识产权视为一种特殊的权利范畴,以此区别于物的所有权。"[4]皮卡弟认为,文学、艺术、发明创造等成果权利的产生,是由于这些成果产生的事实本身,而不是由于法律关系。他同时强调,知识产权是"一种特殊的权利范畴",此范畴已经不是传统的物权、债权和人身权这三种民法关系能够涵盖的。他还将知识产权与物权进行了对比,认为知识产权根本不同于对物的所有权。(1) 对物的所有权原则上是永恒的,随着物的产生与毁灭而发生与终止,但知识产权却有时间限制;(2) 对物的所有权在每一瞬间只能属于一个人(或一定范围的人——共有财产),但使用知识产品的权利则不限人数,因为它可以无限地再生。尤其值得一提的是,皮卡弟首次明确地将知识产权的客体界定为"知识产品",而知识产权就是"使用知识产品的权利"。[5] 皮卡弟提出的"知识产品"理论

---

[1] 〔日〕吉藤幸朔:《专利法概论》,宋永林、魏启学译,专利文献出版社1990年版,第405页。
[2] Geller 主编:《国际版权的法律与实践》,由 Matthew Bender 出版社1996年版,瑞士篇(英文)。参见郑成思:《知识产权法》,法律出版社1997年版,第3页。
[3] 郭寿康主编:《知识产权法》,中央党校出版社2002年版,第1页。
[4] 吴汉东:《关于知识产权本质的多维度解读》,载《中国法学》2006年第5期。
[5] 〔苏〕Е. А. 鲍加特赫、В. И. 列夫琴柯:《资本主义国家和发展中国家的专利法》,载《国外专利法介绍》,知识出版社1980年版,第11—12页。

范畴,也为我国知识产权学者所极力主张并进一步阐明。①

一般认为,无形财产权是"有形财产权"的对称,"指具有经济利益而表现于非实体物之上的权利"②。在目前的理论与实践中,无形财产权概念通常在三种不同的层次上被运用:

1. 能源无形,即无形财产权指以电、热、光、磁等能源为客体的财产权。例如有学者认为电流、热能、声波等不是物,而是和"商号的营业价值等"一样属于无形的权利客体。③ 然而,能源虽然不具有空间形体,但它也是独立于民事主体之外的客观事物,现代物理学已经证明,质量和能量能够相互转换而且守恒④。能量和质量一样不但能为人力所实际控制,而且可以采用现代技术手段对其进行度、量、衡,因而从法律的角度观之,能量虽为无形但也可以像有形物一样作为物权的客体,成为物权法的调整对象。基于此,我国台湾地区学者郑玉波先生也指出:"所谓'有体'据日学者解释本系指物质上占有一定之空间,而有形的存在者而言,例如固体、液体、气体是,惟时至今日,科学发达,物之范围扩张,如自然力(水力、电力),亦应列入物之范畴,因而吾人对于'有体'二字之解释,固不必再斤斤于'有形'矣。"⑤概而言之,法律对待外界事物的态度不是描述而是规范,无形财产权的这个层次上的含义,目前已经不再具有法律上的现实意义。

2. 知识无形,即无形财产权专指知识产权。"'知识'本身是一种极有价值的财富,但因其是无形体的,所以称为'无形财产'或'精神财富',故关于知识产品的权利,也称为'无形财产权'或'智力成果权'。"⑥在日本著名法学家北川善太郎和齐藤博监修的《三省堂知的财产权辞典》中,将知识产权的客体

---

① 参见吴汉东、闵峰:《知识产权法概论》,中国政法大学出版社1987年版,第34页;吴汉东、胡开忠:《无形财产权制度研究》,法律出版社2005年版,第32—33页。
② 江平、王家福总主编:《民商法学大辞书》,南京大学出版社1998年版,第770页。
③ 陈卫佐译注:《德国民法典》,法律出版社2006年版,第27页。
④ 1905年,爱因斯坦在创立相对论力学时,提出了一个著名的质能公式,即物质的质量可以转换成巨大的能量,其大小为质量乘以光速的平方,即 $E=mc^2$。这个初看起来近乎荒诞的公式于27年后被英国物理学家卢瑟福的两位学生在使用高压发生器轰击原子核的实验中所证实。在牛顿力学中,质量和能量是相互独立的量,彼此间没有任何内在联系,因此质量守恒定律和能量守恒定律是两条独立的定律;而在狭义相对论中,质量和能量存在着"等价"关系,它们都是物质的存在形式,彼此有一定的比例关系,从而把质量守恒和能量守恒两个定律统一起来了。参见肖尚征、刘佳寿《从古代物理到现代物理》,四川教育出版社1987年版,第192—193页。
⑤ 郑玉波:《民法总则》,中国政法大学出版社2003年版,第265页。
⑥ 戴锹隆主编:《民事法律词典》,群众出版社1987年版,第253页。

与无体财产列为同义,认为知识产权保护的对象就是知识形态的财产。① 我国最早的一部专门以无形财产权制度为研究对象的专著也是在此意义上界定无形财产权的:"无形财产权是有别于传统财产权的一项新型民事权利,是近代商品经济和科学技术发展的产物","无形财产权的主体即为权利所有人,包括著作权人、专利权人、商标权人等","无形财产权的客体,是人们在科学、技术、文化等知识形态领域中所创造的精神产品。这是与物质产品(即民法意义上的有体物)并存的一种民事权利客体。"②这与无形财产权概念的创立者科拉的观点是一致的。

3. 权利无形,即无形财产权指以权利为客体的财产权。这是在罗马法无体物与英美法抽象物意义上,"将有形物的所有权之外的任何权利称为'无形财产'"③,因而这是最广义上的无形财产权。除有形物的所有权之外,任何财产权利,包括用益物权、担保物权、知识产权、债权、股权以及信托财产权等,都属于这层意义上的无形财产权。

细究无形财产权的上述三层含义不难发现,无形财产权只能在上述第二层含义,即"知识无形"的含义上成立。对于第一层含义,因为基于自然力即能量意义的无形财产权,作为法律调整的对象,与有形事物相比不具有特殊性,根据上文的论述,可以归入物权的范畴,由物权法来调整。而无形财产权第三层次的含义也是不能成立的,具体论证如下:

主张无形财产权第三层次的含义,即权利无形意义上的无形财产权的理由主要是:"无形财产的'无形'性表现为主观权利的无形,其已脱离了感官的感知范畴。虽然权利客体如知识产品也有无形的特点,但仍属于权利附着的对象,而不能直接体现为一种财产。因为若法律不于客体之上赋予权利,自然客体其本身并不能体现财产价值。"④按照这种论证思路,知识产权不能成为无形财产是因为:对知识产权而言无形的是权利客体即知识产品,而权利客体不是财产,所以不能因其无形而将知识产权称为无形财产。

为了澄清无形财产的本质,有必要研究无形财产这一概念的性质。从逻辑学上看,无形财产属于负概念,所谓"负概念就是反映不具有某种属性的事物的概念"⑤。也就是"表示对象不具有某种本质属性的概念"⑥。因此,"在

---

① 参见〔日〕北川善太郎、齐藤博监修:《三省堂知的财产权辞典》,日本三省堂2002年版,"知的财产"条。
② 吴汉东、胡开忠:《无形财产权制度研究》,法律出版社2005年版,第41、54、60页。
③ 马俊驹、梅夏英:《无形财产的理论和立法问题》,载《中国法学》2001年第2期。
④ 同上。
⑤ 金岳霖主编:《形式逻辑》,人民出版社1979年版,第31页。
⑥ 中国人民大学哲学系逻辑教研室编:《逻辑学》,中国人民大学出版社2002年版,第12页。

表达负概念的词组中总是包含'不'与'非'这些语词"①。同时,负概念总是相对于某个特定的对象类,即一个特定的范围而言的,这个范围就是逻辑学所称的"论域"。换言之,负概念"是相对于某一概念的上位概念(属概念)"②而言的。根据上述关于负概念的逻辑学理论,可以得出如下几点启示:(1)负概念是就事物或对象的某一属性而言的,而不是就事物本身而言的;(2)负概念是相对于某一论域,即属概念而言的;(3)某一论域中,负概念与正概念作为种概念,共同构成属概念,只有负概念没有正概念的论域是没有意义的,同样只有正概念没有负概念的论域也是没有意义的。

可见,属性虽然并非事物本身,但负概念是就某事物不具有该属性而言的;而正概念则是就某事物具有该属性而言的。譬如,"非法收入"的论域或属概念是"收入",而这里的"非法"指的是就"收入"这一对象的来源而言的,也就是说"非法收入"中的"法"是就"收入"的来源这一属性而言的,不能因为来源本身不是收入,就不能因其非法,而将一些收入称为"非法收入"。类似地,也不能因为客体本身不是财产,就不能因其无形,将知识产权称为无形财产。再如,李白有名句"五花马,千金裘,呼儿将出换美酒,与尔同销万古愁"③。五花马,指的是马的"毛色斑驳,成五瓣花纹"④,而"千金裘"显然指的是价值千金(昂贵)的皮衣。可见,不能因为"五花"只是马的毛的属性,而毛本身不是马,就不能因其"五花"称马为五花马;当然,"千金"只是就"裘"的价值属性而言的,也不能因为价值本身不是"裘",就不能因其"千金"而称具有该价值的皮衣为"千金裘"。同样,也不能根据客体本身不是财产,就不能因其有形,将物权称为有形财产。

可见,从逻辑学上看,作为负概念的无形财产,反映的是其客体不具有"形状""形体"这一属性的财产;相反,作为正概念的有形财产,反映的是其客体具有"形状""形体"这一属性的财产。概言之,二者都是符合语言习惯与逻辑规律的。

反之,如果按照"权利客体不是财产,所以不能因其无形而将知识产权称为无形财产"的观点,所有权的客体即具有物理结构的有形实物,也"属于权利附着的对象,而不能直接体现为一种财产",但是如果具有物理结构的有形实物"脱离了感官的感知范畴",法律于其上"赋予权利",作为所有权岂不也

---

① 金岳霖主编:《形式逻辑》,人民出版社1979年版,第32页。
② 中国人民大学哲学系逻辑教研室编:《逻辑学》,中国人民大学出版社2002年版,第12页。
③ 李白:《将进酒》。
④ "五花马,毛色斑驳,成五瓣花纹的马,一说唐代时,把名马的鬃毛剪成花瓣形状,剪成五瓣的叫五花马,总之是一种名贵的马"。见刘兰英等:《中国古代文学词典》(第5卷),广西教育出版社1986年版,第103页。

"表现为主观权利的无形,其已脱离了感官的感知范畴"? 也就是说,"脱离了感官的感知范畴"仅就主观权利而言,有形实物的所有权与知识产权之间,如何还存在"有形"与"无形"之分。进而言之,如果所有权与知识产权之间都无法存在"有形"与"无形"之分,那么,与"无形财产权"相对应的"有形财产权"又在什么地方呢?既然"脱离了感官的感知范畴"仅就主观权利而言,"知识产权和其他权利均是无形的权利利益,并不因具体客体的不同而导致权利性质上的任何差别"①,那么,所有的财产权包括所有权也都是"无形"的了。正是基于此,持"权利无形"观点的学者也喟叹曰:"从某种意义上说,一切财产都是无形的"②。而卓豪斯则更是形象化地指出:一切权利似乎都应当看作无形的,因为"很难想象用一把刀去切割一项权利"③。问题是,没有了正概念,作为负概念,"权利意义上的无形财产权"还有其存在的实际意义吗?

只是目前,还有一些学者还是将知识产权作为与债权类似的"抽象的财产概念",而纳入"无形财产"的范畴,如美国学者米勒和戴维斯所在其著的《知识产权法概要》在导论部分指出,"也许有人要问,为什么一本书要包括(专利、商标、版权)三个性质不同的科目。它们的共同之处是,它们都具有一种无形的特点,而且都出自一种非常抽象的财产概念"④。这是一种基于表象无形的认知结果,按照这种思路就难以分辨知识产权与债权、用益物权等的区别之所在,因为后者也属于"非常抽象的财产概念"。正因如此,一些较有影响的英美法词典,也是令人遗憾地将知识产权与继承权、损害求偿权等不加区分地同置于一类。⑤

另外,人们还常常在以下两种情况下使用无形财产这一概念:(1) 在财富的比喻意义上而非财产的法律意义上使用。譬如,"这将是奥运会留给北京人民的宝贵的无形财产,也是红十字运动与奥林匹克运动相结合的宝贵产物。"⑥又如,"高尚的道德品质是一个人通往成功的第一张通行证,高贵的人格是一个人最宝贵的无形财产。"⑦(2) 无形财产权所指的对象往往已经超出了私法调整的范围。康芒斯就说过:"在封建和农业时代,财产主要是有形体

---

① 马俊驹、梅夏英:《无形财产的理论和立法问题》,载《中国法学》2001 年第 2 期。
② 同上。
③ Peter Drahos, A Philosophy of Intellectual Propety, Ashgate Publishing Company, 1996, p. 16.
④ 〔美〕米勒、戴维斯:《知识产权法概要》,周林等译,中国社会科学出版社 1998 年版,导论部分。
⑤ 参见薛波主编:《元照英美法词典》,法律出版社 2003 年版,第 1107 页。
⑥ 《中国红十字年鉴》编辑部编:《中国红十字年鉴 2005—2006》,台海出版社 2007 年版,第 748 页。
⑦ 刘海峰、夏莉:《你不笨,为什么没有野心》,中国城市出版社 2005 年版,第 141 页。

的。在重商主义时期(在英国是 17 世纪),财产成为可以转让的债务那种无形体财产。在资本主义阶段最近四十年中,财产又成为卖者或买者可以自己规定价格的自由那种无形的财产。"①在这段话里,康芒斯分别谈到了"债务那种无形体财产"和"自己规定价格的自由那种无形的财产",前者提到的"无形体财产"是上文已经分析过的第三层含义上的无形财产;后者所指的"无形的财产"实际上已经超越了私法调整的范围,不属于私法意义上的财产权了,而是属于美国联邦最高法院在解释宪法第 14 条修正案中的财产概念时,对财产意义的扩充,无论如何它已经是宪法意义上的财产概念了。② 康芒斯也指出:"扩充了财产的意义,包括法人组织、交易甚至没有成为法人组织的组合以及按照当事人在交易中所规定的价格进行买卖的权利。这种意义上的扩充是无形财产的基础,无形财产又是'运行中的机构'的观念的基础,一个运行中的机构的最重要的事情是有利的买卖的预期。我们可以说这是美国目前宪法上的财产的意义,1890 年以后才达到这个程度"③。

  基于上文阐述的现象可见,在中外学术与生活实践中,无形财产概念在多个层面、多个角度被任意运用,这客观上对无形财产概念的明晰与理论的建构产生了极大的困扰。对此,杨汝梅先生在八十多年前撰于美国密执根大学的博士论文,就有精辟分析:"夫关于无形资产之理论,所以未见有若何之进展者,推本溯源,大都受其名辞之牵累所致。论者多自其名辞之意义,以推想其实际之内容,殊不知'无形资产'一词,并非确切之名辞,其实际上所包之范围,并不若其名义上所示之广泛……是故吾人研究无形资产,应自其实质方面加以分析,不能但就名词上之含义而为之臆断"④。在此基础上,杨汝梅先生重点指出非物质性仅为无形资产的一个特性,而不是无形资产的唯一特性:"以物质存在与否为标准,以区别资产,当有'物质的'与'非物质的'二类,应收款项,有价证券,契约权利,预付费用及开办费用等,皆为'非物质的'资产,与无形财产相同,但均非会计上之所谓无形资产。由此可知'物质缺乏性'仅系无形资产所具特性之一种,此项特性,为几种资产所同具,并不能为

---

① 〔美〕康芒斯:《制度经济学》(上册),于树生译,商务印书馆 1997 年版,第 95 页。
② 与康芒斯所论述的财产问题有关的美国宪法《第十四条修正案》(1868)第 1 款:"凡在合众国出生或旧化合众国并受其管辖的人,均为合众国的和他们居住州的公民。任何一州,都不得制定或实施限制合众国公民的特权或豁免权的任何法律;不经正当法律程序,不得剥夺任何人的生命、自由或财产;对于在其管辖下的任何人,亦不得拒绝给予平等法律保护"。〔美〕米歇尔·W.拉莫特:《学校法学:案例和观念》,许庆豫主译,江苏教育出版社 2006 年版,第 350—251 页。
③ 〔美〕康芒斯:《制度经济学》(上册),于树生译,商务印书馆 1997 年版,第 201—202 页。
④ 杨汝梅:《无形资产论》,施仁夫译,商务印书馆 1936 年版,第 1 页。

其无形资产别于他种资产之唯一条件"①。反观前文述及的"权利无形"意义上的无形财产理论,正是用八十多年前就被杨汝梅先生否定的"以物质存在与否为标准"来对无形财产进行界定的。

总结上面的论述可知,作为一个法学术语,无形财产权只能在上述第二层含义,即"知识无形"的含义上才能成立。实际上,这也正是无形财产权学术的创立者科拉所主张的含义。易言之,无形财产权概念本来就是特指知识产权的。知识产权因其客体无形,即知识产品的无形,而被科拉称为与有形财产权,亦即所有权相对应的无形财产权。

毋庸讳言,如果无形财产权概念的发展仅仅到此为止,那么本书专以之为类型化与体系化的对象,其意义未免值得怀疑。正如有学者所指出的那样:"现在知识产权的概念的含义已经为业界所普遍接受,不会因其名称而产生任何误解,完全没有必要代之以一个在国际上已经被'知识产权'所取代的'无形财产权'的概念"②。

三、无形财产的信息解读

财产是历史发展的产物而非逻辑推演的必然。"每当工业和商业的发展创造出新的交往方式,……法便不得不承认它们是获得财产的新方式"③。有学者对人类社会生产与流通方式变革作了图画式的描述,"农业社会生产模式是一幅自然图画:耕牛田上走,牧童夕阳归,稻谷千重浪,农家鸡犬图";"工业社会生产模式是一幅人工景观:工厂机器鸣,工人工作苦,汽车路上开,产品四方销";"知识社会生产模式是一幅正在描绘的图画:天天忙电脑,人人想创新,鼠标轻一点,全球大流通。"④

美国未来学家阿尔文·托夫勒(Alvin Toffler)在20世纪80年代初指出:人类文明发展过去经历了渔猎社会到农业社会和由农业社会到工业社会两次浪潮⑤,世界上正进行着的新技术革命是人类社会变革的"第三次浪潮"。他还从财产及产权法的角度,对三次浪潮所在社会的财产形式进行了深刻的总结:"在第一次浪潮的社会,要紧的财产只有一件,就是土地";"在第二次浪潮的社会,主要财产已经不是土地,而是'生产资料'——机器、通用汽

---

① 杨汝梅:《无形资产论》,施仁夫译,商务印书馆1936年版,第6页。
② 宋红松:《知识产权法的体系化与法典化》,载《中华商标》2003年第1期。
③ 〔德〕马克思、恩格斯:《马克思恩格斯全集》(第3卷),中共中央马克思恩格斯列宁斯大林著作编译局译,人民出版社1972年版,第72页。
④ 何传启、张凤:《知识创新:竞争新焦点》,经济管理出版社2001版,第16、29、41页。
⑤ 参见〔美〕阿尔温·托夫勒:《第三次浪潮》,生活、读书、新知三联书店1983年版,第55—56页。

车公司的转配线、工厂等等——的所有权";"在第三次浪潮的社会,我们还需要有土地和硬件,但是主要财产是信息"。同时指出:从土地、机器等实物财产到信息财产,"这是革命性的变化,因为它是第一种非物质的、无形的、却有无限潜力的财产形式"①。托夫勒在这段话里所指出的信息意义上的"非物质的、无形的"财产形式,与康芒斯所谈到的重商主义时期的"债务那种无形体财产"以及"资本主义阶段最近四十年中……自己规定价格的自由那种无形的财产"②都不是一个层次的:康芒斯所说的这两种无形财产总体上都属于"权利无形"意义上的无形财产,是"制度产品"③;托夫勒所提出的第三次浪潮的社会中"信息无形"意义上的无形财产,与"知识无形"意义上的无形财产在本质上是一致的,所不同的是,信息概念比知识概念更本源、更基础。

关于信息与知识的区别,英国哲学家埃文斯(Gareth Evans)较早就注意到:"有一个概念比哲学家们一直关注的知识概念更为自然,也更为基本,这就是信息概念"④。英国当代分析哲学的领军人物米歇尔·杜米特爵士(Michael Dummett),在其 1993 年出版的《分析哲学起源》一书中表达了对埃文斯上述观点的赞同,并指出:"信息由感知传递,由记忆储存,尽管也借助语言传播。在接触专门意义上的知识概念之前,有必要集中研究信息概念。例如,人们获取信息,不一定要以对其理解为前提;信息的流动比知识的获取与传递在更为基本的层面上运行。埃文斯的观点是我所未曾想到的,值得发掘与研究。"⑤埃文斯与杜米特以哲学家的深邃洞察力,从信息概念的基础性、信息存在的客观性、信息获取与传递的非理解性等方面揭示了信息与知识的区别,同时也阐述了信息在人体内传递的知觉性与存储的记忆性等特点。就知识与信息的关系而言,我国著名经济学家汪丁丁指出:"知识是理解了的信息"⑥。这也反映了"信息比知识更基本,知识从属于信息"这样的概念层次。

美国数学家、控制论创始人维纳(Norbert Wiener)的著名论断:"信息就是信息,不是物质也不是能量。不承认这一点的唯物论,在今天就不能存在

---

① 〔美〕阿尔温·托夫勒:《预测与前提——托夫勒未来对话录》,国际文化出版公司 1984 年版,第 107 页。
② 吴汉东:《罗马法的"无体物"理论与知识产权制度的学理基础》,载《江西社会科学》2005 年第 7 期。
③ 吴汉东:《财产权客体制度论——以无形财产权客体为主要研究对象》,载《法商研究》2000 年第 4 期。
④ See Michael Dummett, Origins of Analytical Philosophy, London: Duckworth, 1993, p.186.
⑤ Ibid.
⑥ 汪丁丁:《制度分析基础讲义 II》,上海人民出版社 2005 年版,第 178 页。转引自吴汉东:《关于遗传资源客体属性与权利性态的民法学思考》,载台湾《月旦民商法学杂志》第十三卷(2006 年 7 月)。

下去。"①是论则更是高屋建瓴,将信息放在与物质并列的层次,从根本上强调了信息的本源性,从而奠定了信息的存在论基础。总之,信息概念是对知识概念的更高层次的抽象,比知识更本源、更基础,因此,信息概念所涵摄的范围更加宽广。

概而言之,在以信息为重要资源的新技术革命形势下,财产的获取方式越来越信息化,知识的本质是信息,信息是一个与物质相对的基础概念,其外延大于知识。无形财产权的客体只有建立在信息的层面上,才能阐释其"无形"的真正内涵,从知识财产到信息财产的扩展,体现了人们对无形财产权本质的深刻把握,也从根本上回应了当代新技术革命对财产及其获取形式提出的新要求。

四、无形财产的行为探究

以人的行为作为财产权的客体,最为常见的当属债权。有鉴于经公示的债权也应具有对世性,有学者认为对世性不应为物权的独有特征,因而提出"物权与债权的根本区别在于客体不同"②。就客体的形态而言,传统民法理论认为"物权的客体为物,债权的客体为行为"③。就债的关系而言,通说认为"债权人的权利就是能够要求债务人为一定行为或不为一定行为,债务人的义务就是满足相应要求而为或不为一定行为,所以,债的关系中权利义务所指向的对象就是为一定行为或不为一定行为,即给付,债的客体也就是行为"④。

可见,有形的物与无形的行为,是传统物债二元体系的重要依据。然而,也有学者认为"债权的客体可以是物,也可以是行为"⑤;还有学者认为"债权客体是物、行为和智力成果"⑥。那么,当债权的客体是物或智力成果时,如何使得债权与物权或知识产权区分开来呢?有学者又指出"即使客体同为

---

① 〔美〕N. 维纳:《控制论(或关于在动物和机器中控制和通讯的科学)》,郝季仁译,科学出版社1963年版,第133页。
② 陈光华:《物权变动要件论》,知识产权出版社2009年版,第262页。
③ 钱明星:《物权法原理》,北京大学出版社1994年版,第14页。
④ 参见史际春:《关于债的概念和客体的若干问题》,载《法学研究》1985年第3期;张广兴:《债法总论》,法律出版社1997年版,第113页;张俊浩主编:《民法学原理》,中国政法大学出版社1997年版,第541页;魏振瀛主编:《民法》,北京大学出版社、高等教育出版社2000年版,第305页等。
⑤ 刘文华主编:《1998年法学法律硕士研究生入学考试复习指南》,中国人民大学出版社1997年版,第133页。
⑥ 孟勤国:《物权二元结构论——中国物权制度的理论重构》,人民法院出版社2002年版,第38页。

物,债权人也不能像物权人那样直接支配物"①。如此,"物权与债权的根本区别在于客体不同"又当何解呢?换言之,"物权与债权的根本区别"到底在哪里?

从本质上看,所谓债权客体的行为,与物和智力成果并非一个层次的概念,前者属于主体之外的客观资源,而后者则属于主体自身的人身范畴,李锡鹤就曾指出:"有些财产权的客体也只有人身,没有财产,如:债权的客体通常是债权人的受领行为和请求行为"②。并且,物权与知识产权的客体是事实处分行为的对象,而债权的"客体"则是事实处分行为本身。可见,传统民法理论关于债权的客体是无形的行为这一观点存在重大缺陷。③ 必须指出,从理论角度而言,人的行为或活动作为法律关系的客体,并非债权特有。苏联学者玛·巴·卡列娃认为:"一切法律关系(包括财产法律关系)的客体,都是一定的作为(或对作为的抑制)、一定种类的活动"④。坚金与布拉图斯则明确指出:"民事法律关系以人的行为作为它的客体"⑤。诚然,这与权利特别是民事甚至财产权利客体的内涵并不一致,但法律关系客体毕竟属于上位概念,它涵盖财产权客体。⑥

实际上,在物与智力成果(信息)的层次上,真正适格作为财产权客体的行为是服务。服务活动在本质上是人们为他人利益而为的一种行为。服务作为一种应为民法调整的财产权客体,在经济社会发展中的作用日益凸显。

服务活动自古有之,只是在社会经济生活中的地位并不彰显。随着社会的持续进步,人类需求的不断提高,人们逐渐超越了对物质财富的单一迷恋与依赖,表现为在继续创造与利用物质财富的同时,越来越重视对非物质财富的创造与利用,包括以人类自身的身体与精神为直接对象的服务的创造与

---

① 刘文华主编:《1998年法学法律硕士研究生入学考试复习指南》,中国人民大学出版社1997年版,第133页。
② 李锡鹤:《论一般人格权》,载华东政法学院法律系编:《'2000法学新问题探论》,上海社会科学院出版社2000年版,第62—79页。
③ 关于债权客体的具体论述,参见本书第六章第一节第二部分"'物'与'债'的理论隐喻"。
④ 〔苏联〕玛·巴·卡列娃等:《国家和法的理论》(下册),中国人民大学出版社1956年版,第449—452页。
⑤ 〔苏联〕坚金、布拉图斯:《苏维埃民法》,中国人民大学民法教研室译,法律出版社1956年版,第249页。
⑥ 关于法律关系客体与权利客体的关系,目前有两种认识:一是区别论,即认为法律关系的客体与权利的客体是有区别的,前者大于后者,这主要是法理学界一些学者的观点;二是一致论,即认为法律关系的客体与权利的客体都是主体的权利和义务所共同指向的对象,两者内涵一致,这主要是民法学界一些学者的观点。总之,无论何种认识,法律关系的客体都可涵盖财产权客体。

利用①。马克思在《资本论》开篇所描述的"表现为'庞大的商品堆积'"②的有形的物质商品形态,在现代社会只是"水面之上的冰山";而大量隐性存在的"冰山的水下部分"③,则为包括服务在内的无形商品。服务财产对物质与信息财产的创造和利用,特别是对人类自身的全面发展所起的作用,日益为人类所重视。

在现代社会中,服务业作为社会分工的一个产业部门,其重要意义不断提升;服务经济作为一种重要的经济形态,在国民经济中的地位越发突出;服务贸易作为一种新兴的贸易形式,在国际贸易中的份额持续扩大。服务活动作为人类的一种利他性行为,已经与信息一起成为无形财产权所涵摄的客体类型。

本 章 小 结

追求体系化是人类的本性,它不以科学为前提与假设,也无需科学的任何承诺。实际上,在不知科学为何物的时代,人类就踏上了探索体系化探寻的漫漫征程。一部人类文明发展史,就是一部人类认识不断体系化的探索史。虽然,概念法学孜孜以求的完备、自足的法律体系,在利益法学与价值法学的批判以及社会现实的冲击下,已被证明不过是一种超越理性的喃喃梦

---

① 美国乔治·梅森大学公共政策学教授弗朗西斯·福山在《大分裂:人类本性与社会秩序的重建》一书中就指出,20世纪下半叶以来,世界上经济先进国家逐步转入所谓的"信息社会"、"信息时代",或者"后工业化时代",在这一被托夫勒称为"第三次浪潮"的转变中,"在经济方面,服务业作为一种富源正日益取代生产业"。参见〔美〕弗朗西斯·福山:《大分裂:人类本性与社会秩序的重建》,刘榜离、五胜利译,中国社会科学出版社2002年版,第3页。
② 〔德〕马克思:《资本论》(第一卷),人民出版社1975年版,第47页。
③ 弗洛伊德(Sigmund Freud,1856—1939年)与海明威(Ernest Hemingway,1899—1961年)曾经在不同的领域里,分别提出过各自的"冰山理论":
1895年,在与J.布洛伊尔合作发表《歇斯底里研究》(又译《癔症研究》)中,弗洛伊德提出了著名的"冰山理论"。他认为人的心理分为超我、自我、本我三部分,超我往往是由道德判断、价值观等组成,本我是人的各种欲望,自我介于超我和本我之间,协调本我和超我,既不能违反社会道德约束又不能太压抑,与超我、自我、本我相对应的是他对人的心理结构的划分,基于这种划分他提出了人格的"三我",他认为人的人格就像海面上的冰山一样,露出来的仅仅只是一部分,即有意识的层面;剩下的绝大部分是处于无意识的,而这绝大部分在某种程度上决定着人的发展和行为,包括战争、法西斯以及人跟人之间的恶劣的争斗等等。正基于此,弗洛伊德把他的精力主要用于对人的无意识的研究。
1932年,海明威在他的纪实性作品《午后之死》中,以"冰山"为喻,认为作者只应描写"冰山"露出水面的部分,水下的部分应该通过文本的提示让读者去想象补充。他说:"冰山运动之雄伟壮观,是因为他只有1/8在水面上。"文学作品中,文字和形象是所谓的"1/8",而情感和思想是所谓的"7/8"。前两者是具体可见的,后两者是寓于前两者之中的。由于"1/8"的冰山之所以能浮在海面上,是因隐藏在水下的"7/8"的支撑。后来,人们在研究任何文学作品的时候,总是首先要搞清楚水下的"7/8",因为这一部分是冰山的基础。如今,在心理学界、文学界、管理学界、医学界,都会见到"冰山理论"的应用。

呓。但是,体系的封闭并非体系化之所倡,反为体系化之所弃。理性的光芒终不会因非理性的空想所遮蔽,体系化既是认识之所始,亦为认识之所求。

在主观权利的概念还没有形成的罗马法时代,财产与物同质同义,对物的有体与无体之分并不会引起体系上的抵牾。《法国民法典》对盖尤斯无体物理论的继承,使得权利本体与权利客体相混淆。《德国民法典》在将无体物与有体物进行理论剥离的基础上,实现了无形财产由权利本体向权利客体的初步转向,同时严谨的物权理论得以建构。

英美法系的财产概念,无所谓权利本体与客体。作为权利客体,财产是原始性事实;作为权利本体,财产是制度性事实。财产所有权既可以存在于有形财产,也可以存在于无形财产。并且,有形财产和无形财产还可以交叉地被划分为不动产和动产。19世纪以来,英美国家财产的非物质化现象发展到了无以复加的程度,无限广延的无形财产概念,不但无视权利的本体与客体区分,而且模糊了财产的公权与私权界限。在这样的背景下,无形财产权毋宁是对政府的一种财产宣誓。霍菲尔德的权利分析理论,作为权利定点分析的"核磁共振仪"[①],为财产权类型化提供了无限细分的理论工具。

权利本身无所谓有形与无形的问题,无形财产的提法只有在客体的层面上,才具有实际意义。易言之,无形财产权的客体形态,表现为信息本体与信息活动两种形式,前者是与物质同处一个层面的概念,而后者则是人们利用物质与信息资源所进行的一种利他性活动。

[①] 核磁共振(Nuclear Magnetic Resonance,NMR)的主要原理是:在强磁场的激励下,一些具有某种磁性的原子核的能量可以分裂为两个或更多的能级。此时,如果再加一个能量,它正好等于分裂后相邻两个能级之差,则该原子核就可能吸收此能量,而从低能级状态跃迁到高能级状态。这个现象称为共振吸收。因此,核磁共振主要是研究一些磁性原子核在共振吸收时,对射频的吸收特性,并以此探测物质或材料的结构。可见,核磁共振的检测精度远远高于CT,因为CT的精度只是在"断层"的级别,而核磁共振则是在"定点"的级别。参见周光湖编:《计算机断层摄影原理及应用 CT》,成都电讯工程学院出版社 1986 年版,第 258—260 页。

第二章　无形财产权类型化与体系化的信息哲学基础

重要的批评总是建设性的:没有一个更好的理论,就构不成反驳。

——〔英〕伊·拉普托斯①

第一节　信息概念的含义与信息哲学的范畴

从结绳记事,到烽火传讯,人类对信息的利用与传递自古有之。然而,人们对信息概念的认识,则经历了一个从日常用语,到科学概念,再到哲学范畴的过程。对信息概念的哲学认识,使人类获得了与物质、能量处于同一层次的,反映整个世界本质联系的另一个基本概念。

一、从日常用语到科学概念

"信息是人类生存发展须臾不可或缺的东西。有人类的活动,就有信息的获取、传送和利用。"②"信息"一词在西方主要语言如英、法、德文中,都写作"information",它来源于拉丁文的"informatio",日本与我国台湾地区分别将其译为"情报"(じょうほう)和"资讯"。

英国的《新牛津字典》认为:信息有两层含义:"(1)提供或了解到关于某事或某人的事实;如一条重要信息;(2)关于某事的特定安排或次序的传达或表现:如遗传信息。"③美国的《韦伯斯特字典》称信息是"用来通信的事实,在观察中得到的数据、新闻和知识"④。日本的《广辞苑》也认为:信息(情报)就是"为了或作出判决或使行动起来必要的知识"⑤。这些都是对信息概念

---

① 〔英〕伊·拉普托斯:《科学研究纲领方法论》,兰征译,上海译文出版社1986年版,第8页。
② 苗东升:《系统科学精要》,中国人民大学出版社1998年版,第240页。
③ 〔英〕皮埃素编:《新牛津英语词典》,上海外语教育出版社2001年版,第937页。
④ 参见王雨田主编:《控制论、信息论、系统科学与哲学》,中国人民大学出版社1986年版,第337页。
⑤ "判断を下したり行動を起したりするために必要な知識".新村出编:《広辞苑》(第四版),日本岩波书店1995年版,第1284页。

的通俗解释,人文社会科学一般也都是在这种意义上使用信息概念的。

在我国,至迟唐代已有信息这个用语。唐诗云:"梦断美人沈信息,目穿长路倚楼台"(李中)。"塞外音书无信息,道旁车马起尘埃"(许浑)。宋诗曰:"辰州更在武陵西,每望长安信息稀"(王庭圭)。"使君来暖东堂席,又见堂前花信息"(范成大)。"欲传春信息,不怕雪埋葬"(陈亮)。清代《儒林外史》第42回的回目为"家人苗疆报信息"。由这些包含信息一词的表述可知,我国古代的"信息"一词在很大程度上,是文人墨客对消息、音讯的一种雅称。

概言之,在漫长的历史长河中,无论中国还是西方,信息只是个一般用语,不是一个科学概念。"技术和经济的基础决定了,人们在理论上不可能将信息从它们的载体分离出来而作为一个独立的对象加以认识"①。因此,直到19世纪初,人们尚未产生区分信息和消息这两个概念的实际需要。

根据《辞海》解释,信息有两层含义:一是音讯,消息。所举之例就是南唐诗人李中《暮春怀故人》中的:"梦断美人沈信息,目穿长路倚楼台"。二是指通信系统传输和处理的对象,泛指消息和信号的具体内容和意义。② 信息的第二层含义,是科学意义上的概念。"按通信科学要求给信息下定义,首先要弄清信息与消息的区别。信息是由语言、文字、数字等符号组成的序列,信息是这些符号序列中包含的内容。消息是信息携带者,但并非任何消息都携带着信息"③。

信息作为一个科学概念,始于通信领域。19世纪人类发明了电报和电话,信息概念开始从日常用语扩展到科学领域。1928年,哈特莱在其发表的《信息传输》(Transmission of Information)一文中,首先提出了消息是代码、符号。他区分了信息与消息在概念上的差异:信息是包含在消息中的抽象量,消息是具体的,其中载荷着信息。④ 20世纪40年代末,美国科学家申农和维纳分别从信息论和控制论的角度,独立地推导出了信息量的公式。

此后,随着社会的发展和现代科学技术的进步,信息的概念逐步扩展、渗透和运用到自然科学和社会科学的几乎所有的学科领域。由于各个学科都有自身特殊性,因而产生了从各自不同的侧面对信息概念所作出的定义,并且至今尚未取得对信息概念的一致意见。"1973年有人统计,已经发表的信

---

① 李晓辉:《信息权利研究》,知识产权出版社2006年版,第9页。
② 《辞海》(1999年版缩印本),上海辞书出版社2000年版,第702页。
③ 苗东升:《系统科学精要》,中国人民大学出版社2006年版,第235页。
④ 参见王雨田主编:《控制论、信息论、系统科学与哲学》,中国人民大学出版社1986年版,第338页。

息定义约有 39 种之多"①。1986 年,我国一位学者在其专门研究信息概念的文章中,一一列举的信息概念竟达 85 种。②

信息概念的如此多样化,其原因主要在于三个方面:(1)信息内涵的复杂性。"它是一个多元化、多层次、多功能的复杂综合体"③。(2)信息应用的广泛性。信息应用从通讯领域开始,不断向其他学科领域扩展,几乎覆盖自然和社会科学的所有领域。(3)信息研究的局限性。各学科"出于不同的研究目的,从不同的角度出发,对信息做不同的理解与解释"④。如有学者把信息归为数据,即"信息是加工知识的原材料;信息就是数据"⑤。"信息是经组织化而加以传递的数据"⑥。而苏联大百科全书第 2 版则把信息看成是新闻业的一个概念:"信息确定为新闻界的一个概念,是报纸进行报道的一种特殊载体"⑦。

"按照信息科学描绘的世界图景,客观世界是由质料、能量、信息三者构成的"⑧。那么,信息与物质、能量之间具有什么关系呢?我们知道,维纳早在 1950 年就提出了信息就是信息,不是物质也不是能量的命题,但没有作进一步地探讨。后来,人们对这一命题进行了论证。关于物质与信息的区别:(1)任一具体物体当它被移到别处去以后,原来的地方就不会再有该物体了。但是,当某人把他所拥有的信息传递出去以后,他自己并未有因此失去该信息。(2)任一具体物体都有一定的质量,但是,虽然信息都离不开一定的物质载体,社会信息还需要通过文字、语言、图像等具体的物质形式表现出来,而信息本身则没有质量。信息与能量的关系主要在信息传递离不开能量,但信息的内容及其作用不取决于传递信息所消耗的能量。人类要生存发展就离不开物质、能量和信息,材料、能源、信息是人类赖以生存、发展的三大客观资源,是当今社会公认的现代文明的三大支柱。⑨ 正如一位美国科学家

---

① 王雨田主编:《控制论、信息论、系统科学与哲学》,中国人民大学出版社 1986 年版,第 337 页。
② 参见杨教:《信息定义纵横录——关于信息定义研究情况的剖析与评述》,载《情报杂志》1986 年第 4 期。
③ 乌家培:《信息与经济》,清华大学出版社 1993 年版,第 4 页。
④ 同上。
⑤ 钟义信:《信息科学原理》,北京邮电大学出版社 1996 年版,第 36 页。
⑥ 〔美〕马克·波拉特:《信息经济论》,李必祥等译,中国展望出版社 1987 年版,第 3 页。
⑦ 转引自王雨田主编:《控制论、信息论、系统科学与哲学》,中国人民大学出版社 1986 年版,第 337 页。
⑧ 苗升东:《系统科学与辩证法》,山东教育出版社 1998 年出版,第 64 页。
⑨ 参见吴人洁:《材料——现代文明的三大支柱之一》,载《光明日报》1984 年 4 月 13 日;林德宏、陈文林主编:《现代科学技术革命与马克思主义》,南京大学出版社 1988 年版,第 90 页;东北师范大学编:《结构化学》,高等教育出版社 2003 年版,293 页;王群善、曹秀吉:《工程物理:现代工程技术物理基础》,辽宁科学技术出版社 1993 年版,第 62 页;蔡少华等:《无机化学基本原理》,中山大学出版社 1999 年版,第 9 页;中国科学院金属研究所编:《李薰文集:纪念李薰院士诞辰九十周年逝世二十周年》,科学出版社 2003 年版,第 723 页。

在诗中描述的那样:"没有物质的世界是虚无的世界,没有能源的世界是死寂的世界,没有信息的世界是混乱的世界"①。

概言之,由于信息是一个自然界与人类社会普遍存在的现象,其覆盖范围遍及日常生活以及自然与社会科学的所有领域,因此只是从某一侧面、某一学科、某一领域来界定信息的内涵,是无法形成统一认识的,也不可能真正把握信息的本质。

二、从信息科学到信息哲学

1948年和1949年,申农分别发表著名的论文《通信的数学原理》(A Mathematical Theory of Communication)和《在噪声中的通信》(Communication in the Presence of Noise)。在这两篇论文中,申农把用于物理学研究的数学统计方法应用到通信领域,从而提出了信息熵的数学公式,从量的方面对信息的传输和提取问题进行了描述,并且提出了信息量的概念。同时,申农还提出了通信系统的模型以及编码定理等信息理论。申农的这两篇论文确立了现代通信的理论基础,申农本人也因此成为信息论的奠基人。

与申农同时,控制论的创始人维纳也于1948、1949和1950年分别发表了三篇著作《控制论》(Cybernetics)和《平稳时间序列的外推、内插和平滑化》(Extrapolation, Interpolation, and Smoothing of Stationary Time Series)和《人有人的用处:控制论与社会》(The Human Uses of Human Beings: Cybernetics and Society)。在上述著作中,维纳提出了信息量的概念、测量信息量的数学公式,并建立了自己的"滤波理论"。尤其值得一提的是,维纳站在一个更为一般化、更为概括的理论高度,给出了更为基本的信息概念,同时还提出了具有哲学意义的信息实质问题。

申农的信息理论,对信息所作的描述以概率论和数理统计为基础,使信息可以定量地进行计算,从而使信息论成为一门科学,这正是申农的功绩。信息论创立以后,随着近代科学技术的发展,信息论中的一些基本概念与基本理论已经越过通信领域而广泛渗入到其他学科。伴随着信息概念与理论在其他领域的推广和运用,信息理论所涉及的范围不仅是客观世界的一切领域,而且也进入了人的思维领域,对信息的概念和本质、语义信息、有效信息、模糊信息等问题的研究提出了现实要求,而这一切都是只从统计角度、局限于通信领域的申农信息理论所无能为力的。为了解决对上述问题,要求对信息问题有更确切的理解和更一般的理论,就必须超越申农的信息论,从而更

---

① 周光召主编:《当代世界科技》,中共中央党校出版社2003年版,第77页。

为一般意义上的信息科学就应运而生了。

信息科学以信息为研究对象,以信息运动的规律与信息应用的方法为主要内容。信息科学的主体是信息论、控制论和系统论。其中信息论研究信息认识问题,是信息科学的基础;控制论研究对信息利用问题,是信息科学为人类服务的主要体现;系统论研究信息系统优化问题,为有效地利用信息提供理论和方法。因此,信息科学研究的范围比申农理论所局限的通信领域广的多,要求更为一般化,可以适用于各个领域,所以信息科学是一门新兴的横断科学。①

最先对信息概念进行界定并对信息现象进行哲学思考的是维纳。在1948年出版的《控制论》一书中,维纳指出:"机械大脑不能像初期唯物论者所主张的'如同肝脏分泌胆汁'那样分泌出思想来,也不能像肌肉发出动作那样以能量的形式发出思想来。"②在此基础上,维纳进一步地提出了他的著名判断:"信息就是信息,不是物质也不是能量。不承认这一点的唯物论,在今天就不能存在下去"③。信息的普遍存在性以及信息论与信息科学研究的成果,在为马克思主义哲学提供新论证的同时,也使信息概念步入了哲学的范畴。

所谓哲学范畴,指的是反映整个物质世界的本质联系的最基本的概念。信息作为一个哲学范畴,其主要特点体现在两个方面:(1)由于是从各门具体科学中抽象与概括出来的,因此,哲学范畴的概括性最高、普遍性最大;(2)由于哲学本身是世界观、是方法论,对各门具体科学具有指导意义,因此,哲学范畴适用性最广,对各个领域都具有方法论意义。信息概念作为一个哲学范畴的主要原因体现在以下四个方面④:(1)信息概念所具有的内涵反映了物质世界的本质联系;(2)信息概念已经成为自然、社会、思维各个领域普遍应用的概念;(3)信息方法作为一种研究方法,已经在各门具体学科中得到广泛应用,在一些学科领域更是成为不可或缺的基本研究方法;(4)信息(负熵)与熵的概念具有作为辩证法范畴的对偶性特点,它们相互对立、相互联系、相互转化、相互补充,共同属于唯物辩证法的基本范畴。

---

① 参见王雨田主编:《控制论、信息论、系统科学与哲学》,中国人民大学出版社1986年版,第308页。
② 〔美〕N.维纳:《控制论(或关于在动物和机器中控制和通讯的科学)》,郝季仁译,科学出版社1963年版,第133页。
③ 同上。
④ 参见王雨田主编:《控制论、信息论、系统科学与哲学》,中国人民大学出版社1986年版,第348—362页。

第二节　信息概念的哲学规定与信息存在的三种性态

信息哲学基于存在理念,将信息纳入标志物质间接存在性的哲学范畴,并认为信息是物质存在方式与状态的自身显示。信息在自然界与人类社会以自在、自为、创生三种性态存在,并以信息场为中介,通过信息的同化与异化来实现其时空传输。

一、信息概念与事物的间接存在

信息哲学从以下四个层次上来把握信息的概念[①]:(1)信息是物质的存在方式,是物质的属性;(2)信息是显示物质存在方式、状态的物质的属性;(3)信息是物质间接存在性的标志;(4)信息是物质自身显示自身的属性。在此基础上,信息哲学给出了信息的本质性定义,即"信息是标志物质间接存在性的哲学范畴,是物质存在方式与状态的自身显示"。

这里的"物质的间接存在性"包括三个方面的内容:(1)关于物质自身历史的显示;(2)关于物质自身性质的显示;(3)关于物质自身变化发展可能性的显示。概言之,物质的间接存在性就是关于事物过去、现在和未来的三种间接存在,它们具体凝结在任何一个直接存在物中。任何事物的结构和状态都映射和规定着关于自身的历史、现状和未来的信息;任何事物的直接存在的结构和状态都由它所凝结着的间接存在所规定。概言之,任何物体都是一个直接存在与间接存在的统一体。而人们对事物直接存在的认识一般都是通过其间接存在,即信息来实现的。关于人类的认识与知识,柏拉图在《理想国》中曾提出过著名的"洞穴"理论,他将没有受过教育的人比喻为"从小就被锁禁在洞穴中的囚徒",他们的"脚和脖子都被铁链所束缚,双眼只能直视前方,看到洞底"。他们只能通过"由火光投射到洞底墙壁上的影子"来认识事物获取知识。[②] 这里,"由火光投射到洞底墙壁上的影子"正是事物的间接存在,即信息。信息哲学认为,从本质上看,人们认识世界、获取知识都是通过事物的间接存在,即事物的信息来实现的。没受过教育的人与受过教育的人在此问题上的区别,只是信息来源与获取信息手段的不同,并无本质的差别。

[①] 本节及以下两节关于信息哲学的内容,主要参考了西安交通大学邬焜教授主持的国家社会科学基金研究成果,即邬焜:《信息哲学——理论、体系、方法》,商务印书馆 2005 年版。应当指出:笔者在行文中,根据自己的理解与无形财产权的特点,对一些问题的阐述糅合了笔者自己的认识,对有些概念的表述也使用了自己的提法,如有不当,责任自然应由笔者来承担。此后不再一一标注。

[②] Plato, Republic, Cambridge University Press, 2000. p. 220.

对于信息的普遍存在性,刘春田教授曾有精彩描述:"物质永恒无限,它无始无终,无边无际。信息,蕴藏在宇宙间无限的物质之中,如日月经天,江河行地。不以尧存,不以桀亡"①。信息科学认为:"信息不是某种超越物质的东西,它归根结底还是一种物质的属性"②。而"要成为一种属性就要属于一个主体;属性不能独立存在"③。在信息哲学看来,信息作为物质属性的非独立性,并非物理意义上的,而是逻辑意义上的,是直接存在与间接存在关系意义上的。

澳大利亚学者卓豪斯,将"抽象物"作为其知识产权哲学的基石。然而,对于这个"抽象物"到底是个"什么物",他却一直游移不定。一方面,他明确宣布抽象物只是"一种法律上的虚构",另一方面,他又意犹未尽地指出,"如果抽象物确实存在,它们显然存在于有形物所占据的时空以外"④。可见,抽象物如此虚幻,以至于其究竟是"一种法律上的虚构"还是"确实的存在",实在令卓豪斯为难了。不唯如此,卓豪斯还出谜求解似地指出:"知识产权法律保护以核心结构形式表现出来的抽象物,而不是与其物质的对应物完全相同的抽象物"⑤。实际上,若将这个"卓豪斯抽象物之谜",放在信息哲学的"显微镜"下来观察,其谜底便立刻昭然若揭:这里的"核心结构"在本质上就是信息,而"其物质的对应物"则是信息所显示的直接存在。就发明专利而言,其"核心结构"是作为事物间接存在的技术方案;而"其物质的对应物"显然是作为事物直接存在的专利产品。专利权人所享有的权利,其客体是技术方案,而非专利产品。

二、信息传输与信息的三种性态

美国伯克莱加州大学迈克尔·巴克兰德(Michael Buckland)在1994年出版的《信息与信息系统》一书中,将信息分为三类,即"作为过程的信息"(Information-as-process)、"作为知识的信息"(Information-as-knowledge)以及"作为事物的信息"(Information-as-thing)。⑥ 这种基于实用的信息分类,相互交叉重叠,显然不能在本质上厘清信息的不同性质与存在状态。在信息哲

---

① 刘春田:《知识财产权解析》,载《中国社会科学》2003年第4期。
② 苗东升:《系统科学辩证法》,山东教育出版社1998年版,第64页。
③ 〔美〕戴维·林德伯格:《西方科学的起源》,王君等译,中国对外翻译出版公司2001年版,第51页。
④ Peter Drahos, A Philosophy of Intellectual Property, Ashgate Publishing Company, 1996, p.152.
⑤ Ibid.
⑥ 转引自王清印等:《预测与决策的不确定性数学模型》,冶金工业出版社2001年版,第56页。

学看来,信息与物质同在;信息在物质的相互作用中产生、交换和存储。因此,信息运动与发展的历史与逻辑就必然与物质运动与发展的历史与逻辑相一致。唯物辩证法揭示,客观物质世界经历了一个由低级到高级,从无机到有机,自物质到精神的进化与发展的历史进程;相应地,作为与物质同在并对物质存在方式与状态进行显示的信息,也必然经历了一个由低级到高级,从无意识到有意识,自客观到主观的进化与发展的历史进程。在这样的历史进程中,信息的运动与发展经历了三个层次不同的阶段,信息本身也明显地呈现出了三种性质不同的状态。这三种信息阶段分别是未被主体认识的阶段、被主体把握了的阶段和被思维改造了的阶段;相应的三种不同状态的信息分别称为:自在信息、自为信息和创生信息。

有学者认为,"信息无疑是先天的,是世界本源,万物始基。是不依人的意志为转移的永恒的'自在'之'物'"[①]。实际上,这种表述只是反映了信息三种性态中的第一态,即自在态。自在信息是处于原初状态,未被辨识、未被把握的纯自然状态的信息。信息哲学认为,信息是标志物质间接存在性的哲学范畴,而物质的间接存在又分为客观间接存在与主观间接存在两种形式。自在信息就是物质客观间接存在性的标志,是还处于未被认识、未被把握的物质间接存在性的标志。自在信息不依赖于任何具有感觉、认识、思维能力的智能动物,以其纯粹自然的方式进行自我造就、自我规定、自我演化,实现自身的产生、运动和发展。同时,自在信息以其自身的普遍存在,将信息与物质的客观存在直接相联系,使信息作为间接存在与物质作为直接存在相对应,这也就使得信息概念毋庸置疑地进入了哲学的范畴。

自在信息要进入人的认识视野,就必须以一定形式进行传输。信息的时空传输是以信息场为中介,通过信息的同化与异化来实现的。现代物理学的研究揭示:物体之间广泛存在各种形式的场,它们通过中介物质,即"粒子"的传递来实现事物之间的相互影响和普遍联系。任何事物都以直接与间接两种存在方式,实现其具体存在,同样,任何形式的场也同时具有两种不同的存在意义:(1)场本身的物质直接存在性,就此而言,场被称为物质场;(2)场作为显示另一个直接存在的间接存在性,就此而言,场就应该是信息场。信息场是信息空间传输的一种形式,它一旦在某物的基础上产生,就开始了信息的运动过程。当信息在这样的运动过程中与他物相互作用、相互影响,就发生了信息的同化与异化现象。信息的同化与异化是信息传递与接收所产生的结果,它们普遍存在于无机界与有机界,以及二者之间。必须认识到,人类

[①] 刘春田:《知识产权解析》,载《中国社会科学》2003年第4期。

的精神活动在本质上也是信息的同化与异化过程：人们的目视、耳闻、舌辨、鼻嗅、体触都是与外界进行信息同化的过程；而人们的说话、唱歌、书写、运动、劳动则是对外界进行信息异化的过程。

自为信息是自在信息的主观直接显示和把握，属于主观信息的一种状态。如果自在信息进入一个具有感知能力的信息控制系统，那么，就有可能在被同化的同时被辨识，这样，客观的自在信息就上升成为主观的自为信息。前文指出知识在本质上属于信息，可以认为，没有被理解的信息是自在信息，而知识则属于自为信息了。汪丁丁先生曾指出，"信息，如果你知道它包含着知识，但不能理解它，那么它就只能是信息，而不能是知识"①。在这段论述中，"你知道它包含着知识"中的知识是别人的知识，对"你"来说由于"不能理解它"，所以只能是信息。可见知识与信息具有相对性。同样，就具体认识主体而言，自在信息与自为信息也具有相对性，对某人而言是自在的信息，对另一人来说也许是其已经把握、理解了的自为信息。

自在信息还是标志物质客观间接存在性的哲学范畴，而自为信息则是已经进入到标志物质的主观间接存在性的范畴了。自为信息的最初起源，是对自在信息的直观辨识。从自在信息上升到自为信息的中介，是具有感知、辨识能力的信息控制系统。高等动物的神经系统是高度发达的信息控制系统，而人类的神经系统则是迄今为止地球上生命进化所达到的最为完善的信息控制系统。人脑作为人体神经系统的中枢，不仅使人类具有非凡的感知能力，而且使得人类具有了与其他动物相区别的抽象思维能力。人脑进化的最高成就是专司抽象思维的语言中枢，在语言中枢的转换下，自在的自然信息变为抽象的符号信息，低层次的符号信息通过抽象能动的逻辑推演等思维过程，进一步发展出更高层次的复合符号信息，最后将这些新信息反作用于自然界，从而完成主观间接存在到客观间接存在的回归。

自在信息的主观辨识是自为信息的第一种形式，而记忆中的信息存储则是自为信息的另外一种形式。被存储的自为信息有两个来源：(1) 被辨识的自为信息；(2) 思维创造的创生信息。自在信息的主观辨识和可回忆的信息存储作为自为信息的两种形式，是信息活动的第二层次。在这一层次中，信息从自在上升到了自为；易言之，物质的客观间接存在性进入了物质的主观间接存在性的领域。必须指出的是，信息的自为形态还只是物质主观间接存在性的初级阶段，还只是对自在信息的简单直观的辨识和把握，在此基础上，

---

① 汪丁丁：《制度分析基础讲义 II》，上海人民出版社 2005 年版，第 178—179 页。转引自吴汉东：《关于遗传资源客体属性与权利性态的民法学思考》，载台湾《月旦民商法学杂志》第十三卷，2006 年 7 月。

信息经过进一步的改造和创造,上升到它的更高层次,即"创生信息"的层次。

创生信息是以自为信息为原料,通过人脑的主观思维过程创造出来的新信息。虽然自在信息之间的同化与异化,自在信息向自为信息的升迁,都产生了新的信息,但是它们都没有摆脱直接对象性,即无论是客观的还是主观的,它们作为间接存在,都是与一个直接存在的物或者现象相对应,是作为这个直接存在的显示而存在的。因此,它们的内容与相应的直接存在的内容是一致的,从而也就不具有创新性的意义。然而,思维所产生的创生信息则不同,它是一种主观创造,并不存在直接的对象性。当然,说创生信息不存在直接的对象性,并不意味着创生信息就是绝对与直接的外界对象无关。通常创生信息与外界对象的关联,表现在两种情况下:(1)创生信息只要是符合客观规律的,就可以付诸实践,从而创造出一个与之对应的直接对象物来,专利法意义上的技术发明为其例;(2)有些创生信息作为思维逻辑推演的结论,也是具有直接对象物或现象的,专利法意义上的科学发现为其例。但是,在这两种情况下,创生信息都不是来源于相应的外界直接对象,因而,从广义上看,即使是在这两种情况下,创生信息也是具有创新性意义的。

思维是人脑对存储的自为信息,进行分析与综合的主观加工改造,并在此基础上创造出新信息的过程。人类的思维,不仅可以产生创生信息,而且可以将初级形象的创生信息提升到高级抽象的创生信息,进一步地,可以在各种创生信息的基础上推演出更高一级的创生信息。创生信息的不同层次对应着思维的不同阶段,而形象思维与抽象思维则是思维的两个性质不同的阶段。形象思维本身也有一个从具体表象思维到抽象概象思维的过程,即从某一特定、具体的事物表象的思维,到脱离个别具体表象,而以该类事物的共同本质为基础的概象思维过程。虽然概象思维已经属于抽象化的思维过程了,但还不属于真正的抽象思维,因为真正的抽象思维是以表征表象或概象的符号为基础的思维活动。形象思维所产生的新的形象信息为概象信息,抽象思维产生的词、句、符号等代示意义的信息为符号信息。概象信息是思维活动所产生的第一种创生信息,它已经不再是对认识对象的纯直观反映了。概象信息的创新形式有两种:(1)对诸多同类认识对象的共同本质特征进行综合反映,文学艺术形象与诸多具体原型之间的关系就是这样的事例;(2)对不同类认识对象的不同特征进行硬性组合,如龙、凤凰、悟空、八戒等形象。抽象思维是人类创造性思维的高级阶段,判断与推理是抽象思维中对符号信息进行逻辑推演的两种基本形式。判断是对符号信息的进一步揭示的认识过程;推理则是一个创造性的认识过程,通过判断推理可以产生出更加高度抽象的符号信息,即复合符号信息。"物质"与"精神"这两个符号信息就是人类抽象思维所抽象、概括出来的最高层次的复合符号信息,而信息哲学认为,"信息"也属于这个最高层次的复合符号信息。

第三节 波普尔的世界三分与物质间接存在的信息三界

人类是自然进化到一定阶段的产物,人的意识赋予人类改造自然的能力。在改造自然的过程中,人将自己创造的创生信息外化于自然,同时,也赋予原始自然以新的质,通过这样的改造,部分原始自然失去了其原初的性质,从而变成了人化自然。随着这种人化自然的不断扩大与进化,最终从原始自然中脱离出来,从而产生了人类社会。必须指出的是,自然在总体上仍然是一元的,人是自然的产物,人类社会从属于自然体系,是整个自然体系的一部分。正如马克思所言,社会是人同自然界完成了的本质的统一,是自然界的真正复活,是人的实现了的自然主义和自然界实现了的人道主义。①

一、波普尔的世界三分

卡尔·波普尔(Karl R. Popper)作为20世纪最重要的哲学家之一,他研究触角涉及本体论、认识论和社会历史哲学,是"批判理性主义"的创立者,其哲学体系涵盖了科学哲学、历史哲学、伦理哲学、社会政治哲学以及宇宙论。卡尔·波普尔的思想还给许多原本并不相关的领域产生了深刻的影响,对20世纪科学理念的转变发挥了十分重要的作用。美国科学哲学家普特南曾说:"卡尔·波普尔是这样一位哲学家,他的著作实质上影响和激励着在科学哲学领域内从事研究的每一个人"②。他的思想甚至影响过许多诺贝尔获奖者,神经生理学家艾克里斯就告诫科学工作者:阅读和思考波普尔关于科学哲学的著述,并把它们作为科学生活的活动基础。杰出的天文学家和数学家邦迪也指出:科学研究重要的是方法,而方法中最重要的则是波普尔的方法。③ 英国《金融时报》曾刊发文章称:"除爱因斯坦以外,在20世纪恐怕还没有人比波普尔在改变人们的科学理念方面作出了更大的贡献"④。

1967年8月25日,在"第三届逻辑方法论和科学哲学国际会议"上致词

---

① 〔德〕马克思:《1844年经济学哲学手稿》,载〔德〕马克思、恩格斯:《马克思恩格斯全集》(第42卷),中共中央马克思恩格斯列宁斯大林著作编译局译,人民出版社1979年版,第122页。
② 转引自何佩群:《20世纪谁在指导我们的思想》,敦煌文艺出版社2000年版,第87页。
③ 参见同上。
④ 吴智勇:《读了100年的书 还要再读100年》(智慧卷),哈尔滨出版社2007年版,第509页。

时,波普尔发表了对后世知识哲学影响深远的著名的"三个世界"理论。他将全部的存在与经验归入三个世界:"如果不过分认真地考虑'世界'或'宇宙'一词,我们就可区分下列三个世界或宇宙:第一,物理客体或物理状态的世界;第二,意识状态或精神状态的世界,或关于活动的行为意向的世界;第三,思想的客观内容的世界,尤其是科学思想、诗的思想以及艺术作品的世界。"①波普尔后来举例说:"我们谈到柏拉图主义,或者谈到量子理论,这时我们说的是某种客观的含义,说的是某种客观的逻辑内容;也就是说,我们说的是通过说或写传达的信息的第三世界的意义"②,并进一步阐述,"第三世界是人造的,同时又明明超乎人类的。它超越了自己的创造者"③。

澳大利亚学者埃克尔斯所著的《脑的进化:自我意识的创生》一书,曾被波普尔认为是"一部独一无二的佳作,是一项与达尔文《人类的由来》同工异曲又推陈出新的非凡成就"④。在该书中,作者给出了波普尔所描绘的三个世界的划分图谱:

表 2.1 包含所有存在、所有经验的三个世界示意图(Popper and Eccles, 1977)⑤

世界 I: 物理对象和自然状态 1. 无机:宇宙物质和能量 2. 生物:所有生命体的结构和活动(包括人脑) 3. 人造物品:人类创造的工具、机器、书本、艺术作品和音乐的物质基础	⇔	世界 II: 意识状态 主观知识 感知、思考、情绪、意念、记忆、梦、创造性想象力的经验	⇔	世界 III: 客观意义上的知识 哲学、神学、科学、历史、文学、艺术、技术等记录 在案的文化遗产 理论系统 科学问题 批判辩论

波普尔世界三分的意义体现在以下三个方面:(1) 将物质的直接存在(第一世界)与物质的间接存在(第二世界和第三世界)区分开来;(2) 将物质的主观间接存在(第二世界)与主观间接存在的客观外化(第三世界)区分开来;(3) 将主观间接存在的客观外化与其载体(人造信息体)区分开来。

波普尔的三个世界理论为我们正确理解财产权客体提供了新的思维工

---

① 〔英〕卡尔·波普尔:《客观知识——一个进化论的研究》,舒炜光等译,上海译文出版社1987年版,第114页。
② 同上书,第168页。
③ 同上书,第169页。
④ 〔澳〕约翰·C·埃克尔斯:《脑的进化:自我意识的创生》,潘泓译,世纪出版集团、上海科技教育出版社2004年版,内容简介。
⑤ 同上书,第81页。

具。作为知识产权客体的知识产品,它起源于人类创造知识的劳动,这种劳动的直接成果是新知识,它首先存在于创造者的大脑。这种存在于创造者的大脑内的新知识只有通过一定的物质载体去外化、去固定,成为属于波普尔的"第三个世界"的客观知识,才能成为知识产权客体的知识产品。否则,就只能是"知识"而不是"产品",就没有完成知识产品的完整的创造过程,就只能是停留在波普尔的"第二个世界"里的主观精神,也就不能成为一种法律所保护的财产。

当然,在信息哲学看来,波普尔世界三分的缺陷也是明显的。这就是:没有认识到在物质的直接存在与物质的主观间接存在之间还有一个中介,即物质的客观间接存在。

二、物质间接存在的信息三界

从物质的间接存在,即信息的角度,在剔除波普尔表示物质直接存在的第一世界,代之以被波普尔忽略的表示物质客观间接存在的自在信息世界后,信息哲学对整个信息世界进行了界分:即以自在信息体(包括自然信息体和人造信息体)形式存在的信息世界一;代表自为、创生信息本身活动的信息世界二;代表自为、创生信息的可感知客观外化的信息世界三。

在信息活动的三个世界中,信息世界三,即自为、创生信息的可感知客观外化已经进入知识产权客体的范畴。这种自为、创生信息的可感知客观外化,必须以"信息世界一"中的人造信息体为载体,同时,又必须借助"信息世界二"的再认识活动才能被重新理解。"信息世界三"将人类在其特定发展阶段所把握、改造了的自然在符号化、理论化的基础上,再进行客观外化,它的发展、进化的程度,集中体现了人类对自然的改造能力,也决定了人类文明、进步的程度。

第四节 物质存在的两种意义与信息内容的三个层级

物质本体与信息载体是任何物体在任何时空下的双重存在;而信息的内容又分别具有表象、潜在、约定三个层次。表象层、潜在层信息是客观存在的认识对象,而约定层信息则是人为约定所赋予的。信息的诸多特性,分别具有本体论、反映论与认识论意义。

一、物质存在的两种意义

根据信息哲学的观点,任何物体都在两种意义下实现自己的存在:

(1) 作为物质本体的存在;(2) 作为信息载体的存在。当某物体作为信息载体存在时,就属于"信息世界一"中的信息体:它显示自己间接存在的信息的载体,即自然信息体;同时,它还有可能作为自为、创生信息客观外化的载体,即人造信息体。人造信息体又以两种方式存在:(1) 自为、创生信息的内容符号化后,所使用符号的声、形的物质载体,如书本、磁带、光盘等,这是著作权和商标权客体的载体;(2) 自为、创生信息的内容通过人的实践活动,直接实现的物质承载体,如工具、机器、建筑等的物质基体,除建筑的造型外都属于专利权客体的载体。第一种人造信息体,要实现其内容,必须通过人的再认识后,或以人自身的满足为最终目标(如文学、艺术、美术作品等),或通过人的实践活动,再外化为第二种人造信息体,以实现其最终价值(技术方案、产品设计图等)。

二、信息内容的三个层级

就信息体总体而言,无论是自然信息体还是人造信息体,其负载的信息内容至少有"表象层"和"潜在层"两个层级的意义,有时人们还赋予其第三个层级,即"约定层"的意义。

信息的直观"表象层"显示的是其载体(亦即信源物)本身的直接存在性,即载体本身的结构和状态的直接显示。信息的直观"表象层"的内容是绝对的、不以人们的意志为转移的,但是,对它的辨识却具有因人而异的相对性。人们通常直接感知到的就是信息的直观"表象层"的部分内容;感知能力越强,所感知到的直观"表象层"信息的内容就越多。如电视剧《暗算》中的阿炳,其超人的听力,能从"嘀哒"的电波声中分辨出强弱、长短等细微差别。

信息的"潜在层"是对凝结在信源物中的信息的显示,是信息的信息。信息"潜在层"的内容也是绝对的、不是人们赋予的,同样,对它的辨识也是具有因人而异的相对性。相对于"表象层"信息的第一级间接存在性,"潜在层"的信息是物质的第二级间接存在性,它不像"表象层"信息那样能够被直观感知、直接把握。对"潜在层"信息的把握建立在对"表象层"信息的感知基础之上,但是,最终却取决于人们对信源物本身的知识的掌握程度。如中医的"望、闻、问、切",就是通过眼观、鼻嗅、耳听、手触先获取患者的"表象层"信息,然后根据自己的专业经验和水平对这些"表象层"信息进行分析、判断,最后得出反映"潜在层"信息的诊断结论。

信息的"约定层"内容是人为赋予的,它通过人为的约定建立与"表象层"信息之间的关联。因此,信息体的"表象层"信息只是"约定层"信息的一个代号,且这个"代号"也是人为设定的,"约定层"信息可以用此作代号,也可以用彼作代号,它与"表象层"信息本身所显示的内容无本质关联。譬如,同样是"知识产权",在日本为"知的财产权",在我国台湾地区则称为"智慧财产权",它们的"表象层"信息,即读音与字形不同,但它们的"约定层"信息则是一样的。反之,同样的"表象层"信息,可以代表不同的约定层"信息,譬如"白象"的形象,在我国代表"强壮、有力量"之意,而在英语国家则意味着"笨拙、无效率"。实际上,语言是由基本符号、语形规则与语义规则三个基本因素构成的。其中"语义规则是对语言中合式的词、词组或语句的解释,即赋予其意义"①。可见,这里的"赋予其意义",就是在特定语言中的"词、词组或语句"上建立"约定层"信息。对自然语言而言,其"约定层"信息"是人们在长期社会实践中约定俗成的"②;对人工语言而言,其"约定层"信息是"通过严格定义的方式而专门创立的"③。

概而言之,信息的"表象层"是由信源物直接存在本身决定的;信息的"潜在层"是由事物的客观性质决定的;而信息的"约定层"则是由人们的主观约定设定的。

三、信息特性的三维视角

就信息所具有的特性而言,正如人们基于各自的研究与应用领域,对信息的概念有不同的认识一样,人们对信息的特性也因为同样的原因,有不同的归纳。

从计算机信息网络的角度,倪鹏云先生归纳了信息的五对相互对应的特征:(1) 普遍性与客观性;(2) 多样性与综合性;(3) 有效性与相对性;(4) 流动性与传输性;(5) 积累性与创生性。④

从环境信息系统的角度,孙水裕、王孝武认为,信息有十大性质:即普遍性、无限性、客观性、物质依附性、可转移性、有序性、共享性、动态性、异步性和残缺性。除此以外,信息还有可伪性、迷惑性、可扩充性、可压缩性等性质。⑤

基于量子通信的思考,张镇九等人认为信息具有以下八个性质:(1) 普遍性,信息是普遍存在的;(2) 无限性,实在信息是无限的,实得信息是有限的;(3) 相对性,不同观察者从同一事物得到的信息量可能不同;(4) 转移性,

---

① 中国人民大学哲学系逻辑教研室编:《逻辑学》,中国人民大学出版社 2002 年版,第 3 页。
② 同上书,第 4 页。
③ 同上。
④ 倪鹏云:《计算机网络系统结构分析》,国防工业出版社 1999 年版,第 12 页。
⑤ 孙水裕、王孝武:《环境信息系统》,化学工业出版社 2004 年版,第 5 页。

信息可在时空中转移;(5) 变换性,信息是可变换的,且可由不同的载体和以不同的方法被载荷;(6) 有序性,信息可用来消除系统的不定性,增加系统的有序性;(7) 动态性,信息可随时间变化,有时效和寿命;(8) 转化性,信息可在一定的条件下转化为物质、能量等。同时,他们还通过信息与物质、能量、知识、通信、相关概念的比较,给出了信息的特征,主要有:(1) 信息与物质的关系,信息虽然来源于物质,但又不是物质本身。信息从包括思维过程的物质运动中产生,又可以脱离源物质而相对独立地存在。(2) 信息与能量的关系:① 信息与能量息息相关:信息与能量都与物质的运动状态相关;传输和处理信息需要能量;控制和利用能量需要信息。② 信息与能量又有本质区别:能量提供动力,信息提供知识和智慧。(3) 信息与知识的关系,信息具有知识的本性,但又比知识的内涵更广泛、更松弛。知识是认识论层次的信息,是人类长期实践经验的结晶,既包括人们认识世界的结果,也包括人们改造世界的方法。(4) 信息与通信的关系,信息通过传递可以被感知、提取、识别、存储、变换、显示、处理、复制、检索、共享和利用,而信息的传递就是通信。①

从信息管理的角度,马费成等也提出了信息的八个方面特征:(1) 信息存在的普遍性和客观性;(2) 信息产生的广延性和无限性;(3) 信息在时间和空间上的传递性;(4) 信息对物质载体的独立性;(5) 信息对认识主体的相对性;(6) 信息对利用者的共享性;(7) 信息的不可变换性和不可组合性;(8) 信息产生和利用的时效性。② 杨善林、刘业政也给出了信息的八个方面的特征,但与前者并不一致:无限性、共享性、存储性、传递性、时效性、真伪性、有用性、可加工性。③ 相丽玲女士则给出了信息的十对特性:(1) 信息存在的客观性与信息认识的主观性;(2) 信息存在的广泛性与可识别性;(3) 信息的中立性与信息失真;(4) 信息的可存储性与可传递性;(5) 信息的共享性与可开发性;(6) 信息价值的相对性与绝对性;(7) 信息的不确定性与不完全性;(8) 信息的时效性与滞后性;(9) 信息的可转换性与可处理性;(10) 信息的有机性与差异性。④ 郭世满也列举了信息的十个基本特征:可度量、可识别、可转换、可存储、可处理、可传递、可再生、可压缩、可利用、可共享。⑤

基于信息科学的认识,钟义信先生分别给出了信息的八大特征和八个性

---

① 张镇九、张昭理、李爱民:《量子计算与通信加密》,华中师范大学出版社2002年版,第137—138页。
② 马费成等:《信息管理学基础》,武汉大学出版社2002年版,第10—13页。
③ 杨善林、刘业政:《管理信息学》,高等教育出版社2003年版,第5—6页。
④ 相丽玲主编:《信息管理学》,中国金融出版社2003年版,第9—10页。
⑤ 林建中、王缨、郭世满:《数字传输技术基础》,北京邮电大学出版社2003年版,第4页。

质。其八大特征是：(1) 信息来源于物质，又不是物质本身；(2) 信息来源于精神世界，但是又不限于精神领域；(3) 信息与能量息息相关，但是又与能量有本质区别；(4) 信息具有知识的本性，但又比知识的内涵更广泛、更松弛；(5) 信息是具体的，并且可以被人（生物、机器）所感知、提取、识别，可以被传递、存储、变换、处理、显示、检索和利用；(6) 信息可以被复制，可以被共享；(7) 语法信息在传递和处理过程中永不增值；(8) 在封闭系统中，语法信息的最大可能值不变。钟义信先生给出的信息八个性质分别为：普遍性、无限性、相对性、传递性、变换性、有序性、动态性、可转化性。① 周安伯等人在其 1990 年出版的《信息科学论纲》一书中，也列举了信息的七个方面的性质：可识别性、可传递性、可转换性、可存贮性、可处理性、无限性、共享性。②

居于信息哲学的高度，邬焜先生认为信息具有十大特性。为便于理解，本书将其分为两个层次：(1) 就其存在方式而言，信息具有以下三个方面的特性：① 存在范围的普遍性；② 对直接存在物的依附性；③ 载体的可替换性。(2) 就其内容而言，信息又具有五个方面的特性：① 可传输、易复制；② 可共享、易歧义；③ 可重叠、易耗散；④ 可存贮、易复合；⑤ 可创新、易重组。③

综合上述关于信息特征的归纳，可以从本体论、反映论、认识论三个方面，对信息的特性进行总结：(1) 从本体论的角度，信息的特性有：普遍性、客观性、无限性与物质依存性等；(2) 从反映论的角度，信息的特性有：有序性、可移植性、可传输性、可存贮性、可重叠性、易复制性、易耗散性、易复合性、易重组性等；(3) 从认识论的角度，信息的特性有：共享性、可伪性、动态性、歧义性、创新性、时效性、不完全性等。

可以认为，作为"一个新的哲学领域——信息哲学将信息真正从表征物理世界的描摹工具发展成为一个与物理世界同样具有独立意义的认识对象"④。不可否认，"在财产权概念中，最具法律意义的要素是权利对象（即财产本身）的形态。财产形态决定利用财产的行为方式，行为方式决定调整行为的法律规范"⑤。信息的上述基本特征为无形财产权的类型化奠定了基础。

---

① 钟义信：《信息科学原理》（第 3 版），北京邮电大学出版社 2002 年版，第 61—66 页。
② 周安伯、李正耀、丁小文：《信息科学论纲》，江苏教育出版社 1990 年版，第 36—38 页。
③ 邬焜：《试论信息的质、特性和功能》，载《安徽大学学报》1996 年第 1 期。
④ 李晓辉：《信息权利研究》，知识产权出版社 2006 年版，第 16 页。
⑤ 李琛：《论知识产权的体系化》，北京大学出版社 2005 年版，第 38 页。

本 章 小 结

信息哲学认为信息是标志物质间接存在性的哲学范畴,是物质存在方式与状态的自身显示。物质的间接存在又分为客观间接存在与主观间接存在两种形式,前者为客观信息,后者为主观信息。任何事物的结构和状态都映射和规定着关于自身的历史、现状和未来的信息;任何事物的直接存在的结构和状态都由它所凝结着的间接存在所规定。信息作为哲学范畴,是自然界与人类社会普遍存在的现象,它贯通物质与精神两个世界,反映整个世界本质联系的最基本概念。

信息分别以自在、自为和创生三种形态存在,并以信息场为中介,通过信息的同化与异化,来实现其时空传输。自在信息是处于原初、未被辨识、未被把握的纯自然状态的信息。自为信息是自在信息的主观直接显示和把握,属于主观信息的一种状态,其来源有二:(1) 被辨识的自为信息;(2) 思维创造的创生信息。创生信息是以自为信息为原料,通过人脑的主观思维过程创造出来的新信息。形象思维所产生的新的形象信息为概象信息,抽象思维所产生的词、句、符号等代示意义的信息为符号信息。"物质"与"精神"是人类抽象思维所抽象、概括出来的最高层次的复合符号信息,"信息"也属于这个层次的复合符号信息。信息哲学将整个信息世界一分为三:即以自在信息体(包括自然信息体和人造信息体)形式存在的信息世界一;代表自为、创生信息本身活动的信息世界二;表征自为、创生信息的可感知客观外化的信息世界三。

就信息体总体而言,无论是自然信息体还是人造信息体,其负载的信息内容至少有"表象层"和"潜在层"两个层级的意义,有时人们还赋予其第三个层级,即"约定层"的意义。信息的"表象层"由信源物直接存在本身所显示;信息的"潜在层"是由事物的客观性质所决定;而信息的"约定层"则由人们的主观约定所定义。信息的特征可以从本体论、反映论、认识论三个视角来归纳与认识。

第二编

基于信息哲学的无形财产类型化探索

类型化与体系化是一体的两面。魏晋玄学创始人王弼曾指出,"'无'什么都不是,正因为它什么都不是,所以它才能什么都是"①。从本质上看,"无"是抽象,"有"是具象,譬如水果之于葡萄,譬如相较于苹果的葡萄之于手中的葡萄。从"无"到"有"是个体系化的问题,而"有"到"无"则是个类型化的问题。就概念的层次而言,类型化是体系化在下一位阶的展开;体系化是类型化在上一位阶的实现。

加达默尔曾指出,"当我们碰到'事物的本质'这个表述时,它的要点显然是说,那可供我使用并由我支配的东西实际上有一种自身的存在,这使它能够抵制我们用不当的方式去使用它。或者从积极的角度讲:它规定了一种适合于它的特定行为。……与人所具有的再愿意时做互相适应调整的能力相比,'事物的本质'是一种不能更改的给定性。物这个概念要求我们放弃一切有关我们自己的思想甚至强迫我们撇开任何关于人的考虑,从而保持它自身的重要性。"②就类型化的考量而言,"在现实世界中,根本没有任何事物是二者完全一模一样的,因此随之必须以一个被证明为重

---

① 冯友兰:《中国哲学史新编》(第四卷),人民出版社1985年版,第59—60页。
② 〔德〕汉斯—格奥尔格·加达默尔:《哲学解释学》,夏镇平、宋建平译,上海译文出版社2004年版,第72页。

要的观点作为标准,将不同的事物相同处理"①。而这里"将不同的事物相同处理"就是将事物类型化,其标准则是事物不同层次的本质。由此也可以看到,类型化研究的核心价值在于,它是认识事物本质的重要手段。②"类型构成普遍与特殊之中点,比较地说来它是一个具体者、一个特殊中的普遍者"③。类型化的客观前提是,事物的一致性与差异性,统一性与多样性。没有一致性与统一性,事物彼此之间完全异质与无关,就没有类型化的可能;没有差异性与多样性,事物彼此之间只是没有认识价值的不断重复,也就没有了类型化的必要。

体系来源于概念之间的有序关联,使概念有序的过程就是类型化的过程。正所谓,"概念没有类型是空洞的,类型没有概念是盲目的"④。体系的发展或体系化的进程也具有客观必然性,就此而言,"一个问题毋宁是一种内在的必然性产生了另一个问题,一个体系也是作为进步或完善、矛盾或对比而引出随之出现的另一个体系"⑤。

必须指出,类型化的过程毋宁是概念形成的过程,然而概念的边界又常常是模糊不清的,譬如,"'生'和'死''植物'和'动物''溪'和'河'之间的差别究竟是什么,往往很难说得清楚"⑥。这也决定了类型的划分并非绝对,类型之间的重合与交叉往往难以避免,譬如,男人与女人之间的"两性人",专利权与版权之间的"工业版权"⑦等。另一方面,"概念有它的结构,某些成员处于概念的中心,而另外一些成员则可能处于它的边缘。"⑧换而言之,"概念所包含的成员在典型性的程度上是有差别的……一个概念范畴的最典型的实例,一般叫做'原型'。从概念的内部结构来看,原型处于概念

---

① 〔德〕阿图尔·考夫曼:《类推与"事物本质"——兼论类型理论》,吴从周译,台湾学林文化事业有限公司1999年版,中文版序言。
② 类型化研究的一般意义主要有两个方面:(1)为便于法律的适用,相同的事物相同对待;(2)为利于法律的掌握,相同的事物从整体来把握。但这二者都非类型化研究的核心价值。
③ 〔德〕阿图尔·考夫曼:《类推与"事物本质"——兼论类型理论》,吴从周译,台湾学林文化事业有限公司1999年版,第109页。
④ 同上书,第119页。
⑤ 〔德〕E.策勒尔:《古希腊哲学史纲》,翁绍军译,山东人民出版社2007年版,第2页。
⑥ 陈永明、罗永东:《现代认知心理学——人的信息加工》,团结出版社1989年版,第181页。
⑦ 参见何炼红:《工业版权研究》,中国法制出版社2007年版。
⑧ 陈永明、罗永东:《现代认知心理学——人的信息加工》,团结出版社1989年版,第183页。

范畴的中心,而那些非典型的成员,则分布在概念范畴的边缘地区"①。可见,同类事物中的具体样态有典型与非典型之别,譬如鸟这一类型中的"白天鹅"与"丑小鸭",又如专利权这一类型中的发明专利与外观设计专利。

---

① 陈永明、罗永东:《现代认知心理学——人的信息加工》,团结出版社1989年版,第183页。

第三章 基于客观创生信息的知识财产

随着知识产权制度的不断发展、知识产权客体范围的不断扩大,有学者开始对知识产权何以成为一个权利类型进行反思,对知识产权的创造性条件表示怀疑,进而产生了体系化悲观论。作为现代无形财产权理论的核心,知识产权理论唯有直面这些问题,并从整个无形财产权体系的高度,从本质上对其作出回应,方可巩固无形财产权体系的理论基础,理顺无形财产权体系的层次脉络。

第一节 知识产权概念的信息哲学分析

中文"知识产权"一词是由英文"Intellectual Property"一语翻译而来,而"property"作为财产的英文表示,在英语中又有两个层次的含义:(1)权利客体意义上的财产;(2)权利本体意义上的财产。同样,中文的知识产权一词,通常也是在知识产权的本体与客体这两层含义上不加区别地使用。值得注意的是,这种将财产区分为权利本体与客体的现象,在物权范畴中就没有。只所以如此,还有一个重要原因,就是知识产权的客体本身是无形的,难以把握和表述,缺乏一个像物权的客体即"物"这样具有哲学意蕴、高度抽象性的基础性概念,以至于人们常用"知识产权"来意指其客体。

一、知识产权含义的表述方式

目前,在法律文件和著作中,一般有三种形式来表述知识产权概念:(1)逐项列举式;(2)类别划分式;(3)客体界定式。

(一)逐项列举式界定

逐项列举式表述在有关知识产权的国际与地区性法律文件中最为常见。由于这类法律文件的产生是缔约各方利益权衡、博弈的结果,因此,这种表述方式具有很强的实际规范性。所以,对其所认可的具体事项,需要——予以明确规定。

例如,1968年缔结的《建立世界知识产权组织公约》第2条第8款规定,知识产权包括下列权利:(1)与文学、艺术及科学作品有关的权利(即狭义的著作权或作者权);(2)与表演艺术家的表演活动、与录音制品及广播有关的权利(即著作邻接权有关权利);(3)与人类创造性活动的一切领域内的发明有关的权利(即发明专利、实用新型专利及非发明专利享有的权利);(4)与科学发现有关的权利;(5)与工业品外观设计有关的权利;(6)与商品商标、服务商标、商号及其他商业标记有关的权利;(7)与防止不正当竞争有关的权利;(8)其他一切工业、科学及文学艺术领域的智力创造活动所产生的权利。

又如1994年缔结的《与贸易有关的知识产权协定》(TRIPs)第1条第2款规定,知识产权包括:(1)版权与邻接权;(2)商标权;(3)地理标权;(4)工业品外观设计权;(5)专利权;(6)集成电路布图设计权;(7)未披露信息权。

再如美国、加拿大、墨西哥三国签署的《北美自由贸易协定》(North American Free Trade Agreement,NAFTA)第17章第1721条第2项,规定知识产权包括:(1)著作权与著作邻接权;(2)商标权;(3)发明专利权;(4)集成电路布图设计权;(5)商业秘密权;(6)植物培育者权;(7)地理标志权与外观设计权。

(二)类别划分式阐述

对知识产权概念的类别划分式表述,一般有"按法律领域"与"依客体特征"两种分类方式。

"按法律领域"的分类方式,是指按照知识产权所涵盖的范围将其划分为几个具体的法律领域。如"知识产权传统上包括专利、商标、版权三个法律领域"①,或者说"专利权、商标权与著作权等一般结合在一起称之为知识产权"②。

这种三分法是最常见的,还有两分法。较早的如1981年中国人民大学法律系国际法教研室编的《国际私法》一书,就将知识产权表述为工业产权和文学艺术产权两个方面:"知识产权方面,即工业产权和文学艺术产权方面"③。陈美章与王福新在其1989年出版的知识产权教材中,也采用这种分

---

① 〔美〕阿瑟·R.米勒、迈克尔·H.戴维斯:《知识产权法概要》,周林等译,中国社会科学出版社1998年版,第4页。
② 沈达明:《知识产权法》,对外经济贸易大学出版社1998年版,前言。
③ 中国人民大学法律系国际法教研室:《国际私法》(上),中国人民大学出版社1981年版,第93页。

类,"知识产权包括工业产权和文学艺术产权(即版权)两部分"①。历史上,知识产权的这种两分法表述,源于1893年成立的"保护工业产权和文学艺术产权联合国际局"这个名称。这是瑞士政府将"巴黎公约缔约国组成巴黎联盟"与"伯尔尼公约缔约国组成伯尔尼联盟"的两个国际局合并而成的,这个名称几经变化,最后的名称叫"保护知识产权联合国际局"(BIRPI),并于1967年被世界知识产权组织(WIPO)所取代。目前世界上还在一定领域内沿用这种两分法,如著名的法文版《工业产权和文学艺术产权年刊》②。另外,我国在1986年《民法通则》中将知识产权的种类界定为"著作权、专利权、商标权、发明权、发现权和其他科技成果权",也属这种按"法律领域"的分类方式。

"依客体特征"的划分方式,就是依据知识产权的客体的不同特征,将其表述为"创造性智力成果权""识别性工商业标记权"等几个方面,如"知识产权是人们对于自己的智力活动创造的成果和经营管理活动中的标记、信誉依法享有的权利"③。又如"知识产权是基于创造性智力成果和工商业标记依法产生的权利的统称"④。"知识产权是民事主体所享有的支配创造性智力成果、商业标志以及其他具有商业价值的信息并排斥他人干涉的权利。"⑤日本学者纹谷畅男将无体财产分为两个类型:(1)"有关产业、文化上,人类精神上的创作活动";(2)"与产业活动相关的识别标识"⑥。这种依照客体特征对知识产权进行表述的方式,源于国际保护工业产权协会(AIPPI)1992年东京大会的一份文件,该文件将知识产权分为"创造性成果权"和"识别性标记权"两大类。⑦

(三) 客体界定式概括

"概念是反映事物的范围和本质的思维形式"⑧。"概念明确是正确思维的起码要求"⑨,而要做到概念明确,就必须明确事物的范围和本质,即概念的外延与内涵。上述对知识产权概念表述的"逐一列举式"描述,只见一棵棵

---

① 陈美章、王福新:《知识产权基础教程》,教育科学出版社1989年版,第193页。
② 参见〔奥地利〕博登浩森:《保护工业产权巴黎公约指南》(附英文文本),汤宗舜、段瑞林译,中国人民大学出版社2003版,第33页注1。
③ 吴汉东主编:《知识产权法》,中国人民大学出版社1999年版,第1页。
④ 刘春田主编:《知识产权法》,中国人民大学出版社2002年版,第6页。
⑤ 张玉敏:《知识产权的概念和法律特征》,载《现代法学》2001年第5期。
⑥ 〔日〕纹谷畅男:《无体财产法概论》,日本有斐阁1996年版,第1页。
⑦ 郑成思:《知识产权论》,法律出版社2002年版,第68页。
⑧ 中国人民大学哲学系逻辑教研室编:《形式逻辑》,中国人民大学出版社1984年版,第17页。
⑨ 同上书,第11页。

树木的个性,不见整个树林的共性。这种表述方式,无法反映知识产权这个概念的内涵,即本质;这种方式所采用"逐一列举"所呈现出来的只是"事物本身的客观范围",而不是通过抽象思维而形成的"对事物范围的反映",即没有形成"概念的外延"。因此,这种形式并不能产生知识产权的概念。

在"类别划分式"阐明中,无论是认为知识产权是"工业产权"与"文学艺术产权"的结合,还是认为知识产权是"创造性智力成果权"与"识别性工商业标记权"的统称,同样没有给出知识产权概念的本质内涵,也没有指出能够反映知识产权概念外延的类,这种方式至多给出了知识产权这个类概念中的"小类"。是故,此种表述亦不足为概念。

由于概念是对事物本质特征的高度概括,而法律权利的特征取决于权利客体的样态。因此,只有正确界定知识产权的客体本质,才能真正给出知识产权的概念。知识产权的客体定位式概括,一般出现在知识产权教科书或学术专著中,其中影响较大的为"智力成果说",即知识产权是人们就其创造性智力成果依法享有的权利。如世界知识产权组织出版的《知识产权阅读资料》认为:"知识产权广而言之,意味着智力活动在工业、科学、文学和艺术领域所产生的合法权利。"[①] 又如知识产权是"人们就其智力创造的成果依法享有的专有权利"[②]。再如"知识产权,是基于人们的创造性智力劳动成果而依法享有的专有民事权利"[③]。更有年轻学者强调,要"以'创造性'作为知识产权概念的核心,将知识产权界定为独占利用创造性智力劳动成果的合法权利"[④]。

二、知识产权概念的学说争鸣

由于智力成果说较为全面地概括了知识产权的本质特征,因此这个定义被认为是"概括了知识产权的最本质的因素,是比较准确而经历过反复推敲的"[⑤]。然而,该学说也受到了来自学术界的质疑,一些学者认为创造性智力成果无法解释商业标志,因为"法律所保护的是商业标志的识别性,而不是其创造性"[⑥]。有鉴于此,目前学术界又提出了如下几种学说:

---

① 转引自郭寿康主编:《知识产权法》,中央党校出版社2002年出版,第5页。
② 参见郑成思主编:《知识产权法教程》,法律出版社1993年版,第3页。
③ 江平主编:《民商法原理》,中国财政经济出版社1999年版,第369页。
④ 阳平:《论侵害知识产权的民事责任——从知识产权特征出发的研究》,中国人民大学出版社2005年版,第45页。
⑤ 郭寿康主编:《知识产权法》,中央党校出版社2002年出版,第5页。
⑥ 张玉敏:《知识产权的概念和法律特征》,载《现代法学》2001年第5期。

1. 知识产品说。即知识产权是基于知识产品所享有的权利。如皮卡第所提出的,知识产权就是"使用知识产品的权利"。① 这种观点后来为我国知识产权学者所极力主张,并认为"知识产品较之物和智力成果来说,更能概括知识产权客体的本质特征。物的概念突出的是人身以外的物质对象,它可能是未经加工的自然物,也可能是人类物质劳动的创造物,明显地表现出客体的物质性;而知识产品概括了知识形态产品的本质含义,强调这类客体产生于科学、技术、文化等精神领域,是人类知识的创造物,明显地表现出客体的非物质性。同时,知识产品的内涵突出了它在商品生产条件下的商品属性和财产性质,反映了著作权、商标权、专利权中的财产权利内容,而智力成果作为权利对象的含义,难以明确指向'知识产权'(Intellectual Property)中包含的'知识所有权'的原意,无法揭示非物质财富具有价值和使用价值的商品形态。因此,我们应将知识产权的客体表述为知识产品,而不是物或智力成果"。② 基于对知识与知识产品区分的考量,笔者曾撰文指出,"作为知识产权客体的知识产品来自于人类创造知识的劳动,这种劳动的直接成果是新知识,它首先存在于创造者的大脑。这种存在于创造者的大脑内的新知识只有通过一定的物质载体去外化、去固定,才能成为知识产权客体的知识产品,否则,就只能是'知识'而不是'产品',就没有完成知识产品的完整的创造过程,就不能成为一种可为法律所保护的财产。"③

2. 信息说。即知识产权是基于信息产生的权利。郑成思教授对知识产权客体的认识,即属这种观点。张玉敏教授对知识产权概念的表述,反映了她也是认为知识产权客体属于信息:"知识产权是民事主体所享有的支配创造性智力成果、商业标志以及其他具有商业价值的信息并排斥他人干涉的权利。"④吴汉东教授更是在与自然信息相比较的基础上,认为"智力劳动的产物即是'创造性信息',该类信息正是知识产权的保护对象,它有别于自然存在的遗传信息"。⑤ 另外,粟源先生则直接给出了基于信息的知识产权定义:"知识产权是民事主体对特定有用信息的法定财产权和精神权。"⑥日本也有

---

① 〔苏〕E. A. 鲍加特赫、B. И. 列夫琴柯:《资本主义国家和发展中国家的专利法》,载《国外专利法介绍》,知识出版社 1980 年版,第 11—12 页。
② 吴汉东:《财产权客体制度论——以无形财产权客体为主要研究对象》,载《法商研究》2000 年第 4 期。
③ 周俊强:《知识、知识产品、知识产权——知识产权法基本概念的法理解读》,载《法制与社会发展》2004 年第 4 期。
④ 张玉敏:《知识产权的概念和法律特征》,载《现代法学》2001 年第 5 期。
⑤ 吴汉东:《关于遗传资源客体属性与权利形态的民法学思考》,载台湾《月旦民商法学杂志》第十三卷(2006 年 7 月)。
⑥ 粟源:《知识产权的哲学、经济学和法学分析》,载《知识产权》2008 年第 5 期。

一些学者持这一观点,如日本知识产权学者中山信弘认为"所谓知识财产,是指禁止不正当模仿所保护的信息"①;另一位日本学者北川善太郎则指出"信息与知识产权具有同质性"②。

3. 信号说。即知识产权是直接支配信号产品并享受其利益的权利。如"知识产权是直接支配智慧产品并享受其利益的权利"③。而这里的"智慧产品是信号型产品——特定信号的集合"④。这种观点认为,智慧产品之所以属于信号而不属于信息的原因是:"信息是不能存在的东西,它必须负载于载体即信号之上才能存在;同时,也必须借助于信号的传输而传输。并且通过传输实现自己的价值。显然,无法独立存在的信息,是难以作为权利支配的客体的。与此相反,信号却不同,它不仅能够独立存在,更重要的是,信息依赖信号而存在、而表现。因此,对信号的控制也就等于对信息的控制。有鉴于法律的使命在于界定权利,因而作为权利客体的东西应当只能是信号,而不是信息。"⑤

4. 形式说。即知识产权是对形式进行支配的权利。知识产权赋予形式的设计人对形式的控制、利用和支配权来实现对其利益的保护。⑥ 这一观点首先认为知识产权的对象就是知识,在此基础上认为"知识的本质是形式"⑦,"知识的物理属性是形式"⑧。

5. 符号说。即认为知识产权是对符号进行支配的权利。这种观点"是把知识产权的对象解释为符号组合。符号是人为设计的、具有指代功能的信号。符号具有信号的共性,能够反映一定的信息,但并非所有的信号都是符号。符号是人为创设的,如语言、文字、图形等。乌云密布是大雨将至的信号,但乌云属于自然物,不是人工符号。符号本身属于共有领域,知识产权的对象是人利用符号形成的符号组合"⑨。

上述关于知识产权概念的不同理论,反映了学术界对知识产权客体的不同认识。客观说来,对基本概念的见仁见智、人言人殊,在学术研究中是一种普遍的现象。正如爱因斯坦所言:"一个概念愈是普遍,它愈是频繁地进入我

---

① 〔日〕中山信弘:《多媒体与著作权》,张玉瑞译,专利文献出版社1997年版,第1页。
② 〔日〕北川善太郎:《著作权市场的模式》,王福珍译,载《著作权》1999年第4期。
③ 张俊浩:《民法学原理》,中国政法大学出版社1997年版,第457页。
④ 同上书,第459页。
⑤ 同上。
⑥ 刘春田:《知识产权的对象》,载《中国知识产权评论》(第1卷),商务印书馆2002年版。
⑦ 参见刘春田:《知识财产权解析》,载《中国社会科学》2003年第4期。
⑧ 刘春田:《知识产权的对象》,载《中国知识产权评论》(第1卷),商务印书馆2002年版。
⑨ 李琛:《论知识产权的体系化》,北京大学出版社2005年版,第126页。

们的思维中,它同感觉经验的关系愈间接,我们要了解它的意义也就愈困难。"①确实如此,一些概念初看似简单平常,细究则深奥无比。

譬如,关于什么是时间,中世纪神学家奥古斯丁曾说过:"什么是时间呢? 如果没有人问我,我还明白;如果我想给问我的人讲清楚,我反而不明白了。"②又如,海德格尔在论说"存在"这个概念时也指出:"人们要是说:'存在'是个最普遍的概念,那可并不等于说:它是最清楚的概念,再也用不着更进一步的讨论了。'存在'这个概念毋宁说是最晦暗的概念了。"③在法学领域,对法所追求的核心价值——"正义"的理解,甚至对法这个概念本身的认识,就从来没统一过、一致过。虽然,"法律是什么? 法的本质是什么? 这个问题虽然简单,但如果你拿这个问题去问全世界的法学家们,那么,估计十个法学家之中,便可能会给你八九种不同的说法"④。但是,这并不能妨碍我们研究法,研究法的分支:民法、刑法、行政法……还有知识产权法;也不能否认在"已有人类文明成就的显示中,法学早已是一门非常成熟的学问"⑤。因此,我们要习惯于直面这样的事实:"几乎所有重要学科或研究领域,其核心概念与重要范畴总是人言人殊、最难界定。"⑥然而,这正是学说因之进步的动力之所存,学者为之皓首的魅力之所在。

三、知识产权概念论争的一般评述

对知识产权概念的"客体特征式"表述,是符合形成概念的思维逻辑的。这种方式所给出的关于知识产权的不同概念,都是以知识产权的客体为中心来反映知识产权概念的内涵与外延的。相较于智力成果说,其他五种关于知识产权客体的学说,都试图在弥补前者的不足的基础上,给出各自关于知识产权客体的认识。本书在此就对这五种学说进行逐一评述,以资从根本上厘清知识产权客体的本质。

(一) 知识产品说

可以看出,"知识产品说"与"智力成果说"在本质上是一致的,这一学说基本上反映了知识产权客体的具体形态,而产品概念所反映出来的"客观性"

---

① 〔美〕爱因斯坦:《爱因斯坦文集》(第三卷),许良英、赵中立、张宣三编译,商务印书馆1979年版,第245页。
② 转引自〔英〕罗素:《人类的知识》,张金言译,商务印书馆1983年版,第319页。
③ 〔德〕马丁·海德格尔:《存在与时间》,陈嘉映、王庆节译,生活·读书·新知三联书店1999年版,第5页。
④ 余定宇:《寻找法律的印迹:从古埃及到美利坚》,法律出版社2004年版,第9页。
⑤ 江山:《法的自然精神导论》(修订本),中国政法大学出版社2002年版,第1页。
⑥ 彭学龙:《商标法的符号学分析》,法律出版社2007年版,第24页。

与"可交换性"也是一项财产权应有的内涵。然这一学说也有两点不足：(1)知识概念还没有达到像"物"那样的基础性与高度抽象性，因此，不能从根本上揭示出知识产权客体的本质特征；(2)"产品"的提法对商标以及商业秘密中的客户名单等秘密信息来说也有过于牵强之嫌。

（二）信息说

应当说，将知识产权的客体界定为信息，从根本上反映了知识产权的本质特征，使知识产权的客体第一次站在与物权的客体相当的概念层次，全面揭示了知识产权的内涵与外延。遗憾的是"信息说"还只是停留在表层的认识和判断阶段，还没有深入概念的内部去挖掘知识产权本质的信息内涵，没有真正从根本上认识信息与物质的相互关系。因此，没能在信息的基础上对知识产权进行全面分析与诠释。

（三）信号说

必须指出，信号说、形式说和符号组合说与前两种学说在本质上是不同的。具体来看，"信号说"的观点主要为：(1)信息不能独立存在故不能作为权利客体；(2)信息必须负载于载体即信号之上才能存在；(3)信息必须借助于信号的传输而传输；(4)对信号的控制也就等于对信息的控制，因而作为权利客体的东西应当只能是信号，而不是信息。

考察"信号说"的上述观点，首先要正确掌握信号的含义，《辞海》将信号解释为："适用于信道传输的一种信息载体。是消息的基本组成部分。通信系统中，载负信息的电流、电压与无线电波等电信号，也简称'信号'。"[①]《现代汉语词典》对信号的解释有二：(1)"用来传递消息或命令的光、电波、声音、动作等。"[②](2)"电路中用来控制其他部分的电流、电压或无线电发射机发射出来的电波。"[③]

根据上述工具书对信号的解释，我们可以获得以下认识：(1)信号的载体性，即信号作为信息的载体而存在；(2)信号的传输性，即信号只是信息动态传输时的载体而非静态存在时的载体。英国著名情报学家费桑(Fairthorne)也认为："信息即接受者的知识以及对信号的解释，既不属于发送者也不属于无所不知的观察家，更不是信号本身。"[④]

---

① 《辞海》(1999年版缩印本)，上海辞书出版社2000年版，第701页。
② 《现代汉语词典》，商务印书馆2005年版，第1518页。
③ 同上。
④ 王清印等：《预测与决策的不确定性数学模型》，冶金工业出版社2001年版，第5—6页。

结合前文对信息的认识,可以看出:(1) 信息确实需要通过载体实现其存在,但是信号也只是"适用于信道传输的一种信息载体",而不是信息的唯一载体,信息无处不在无时不有,但信号却未必;(2) 法律上对权利客体"独立存在"的要求是就其功能而言的,而非就其存在方式而言的,譬如我们可以说汽车轮胎不能独立于汽车而存在,门窗不能独立于房屋而存在。因此,不能作为法律意义上的"物",但是,我们不能因为液化气不能离开其容器而存在而否认其作为财产权客体的资格,更不能基于"对液化气瓶的控制也就等于对液化气的控制"的判断,而认为"作为权利客体的东西应当只能是液化气瓶,而不是液化气"。可见,"信号说"颠倒了飞机与乘客的关系,因而没能触及知识产权概念的内涵。

(四) 形式说

"形式说"的核心观点是"知识的本质是形式"①,即"知识的物理属性是形式"②。该学说强调指出,"这里的形式与通常人们所谈的与内容对立的形式并不矛盾。我们用形式来描述形式与内容的统一,就如同我们在谈论权利的时候,并不否认有义务的一面,只不过我们不必言及,不言自明。它是与亚里士多德的'形式因'、毕达哥拉斯学派的'数理形式'、柏拉图的'理式'以及培根的'形式'一脉相承的概念。"③对此,本书提出以下认识。

1. 知识的本质与形式之间不能画等号

按照权威哲学辞典的解释:形式(form)"希腊语中称作 eidos,源自动词 idein(即'看见'或'观看'),字面上意味着事物的感性外观或形状,并且与另一希腊语 morphe(即'形状')同义。"④同样,通常人们所谈的形式是指事物的外观或表象,而非事物的本质,相反,内容才是事物的本质,由此才有"内容决定形式,形式反映内容"之说。因此,"知识的本质是形式"这一观点中的形式与通常人们所谈的与内容对立的形式是矛盾的。对此,加达默尔在谈到符号形式与语言时,就指出,"把注意力放到语言的'形式'上,岂不是把语言同语言所说的和以语言为媒介的东西分开了吗?"⑤至于说到权利与义务的关系,本书认为:我们在谈论权利的时候,并不否认在一些特定情况下有义务的一

---

① 参见刘春田:《知识财产权解析》,载《中国社会科学》2003 年第 4 期。
② 刘春田:《知识产权的对象》,载刘春田:《中国知识产权评论》(第 1 卷),商务印书馆 2002 年版。
③ 刘春田、杨才然:《2004 年知识产权法学学术研究回顾》,载《法学家》2005 年第 1 期。
④ 〔英〕布宁、余纪元:《西方哲学英汉对照辞典》,人民出版社 2001 年版,第 385 页。
⑤ 〔德〕汉斯-格奥尔格·加达默尔:《哲学解释学》,夏镇平、宋建平译,上海译文出版社 2004 年版,第 78 页。引文内的着重号为笔者所加。

面;但是,我们在谈论权利的时候,却绝不能说"权利的本质是义务"。

2. "知识的本质是形式"是个假命题

倘若这个命题里的"形式"并不是在"通常人们所谈的与内容对立的形式"的含义上使用的,而是在亚里士多德的"四因论"意义上使用的话,那它就只能是个假命题。因为,亚里士多德"四因论"意义上的"形式因",是指"事物的限","或为整体,或为组合,或为形式",用以指称事物"是什么",因而也是事物的本质规定,如铜像之所以是铜像、银杯之所以是银杯、房屋之所以是房屋的整体形状和内在结构等现实"存在"。"在亚里士多德的哲学中形式与物质对照,形式意指事物的内在结构,是在其定义中表现出来的,正是在此意义上,形式与本质(to ti en einai)同义,因此被称为第一本体"①。亚里士多德在其名著《形而上学》中更是特别指出:"我用形式是指每件事物的本质及其第一本体。"②(这句话也有人将其翻译为:"形式的命意,我指每一事物的怎是与其原始本体"③。)因此,亚里士多德"四因论"意义上的形式,其本身就被亚氏赋予了"事物的本质、定义、存在"的内涵④。那么,这里的"知识的本质是形式"只能是在告诉我们"知识的本质是本质"!由此可以看出,"知识的本质是形式"只能是个假命题。

3. 亚里士多德与柏拉图在"理式论"上并非一脉相承

说到一脉相承,我们不但要知道谁和谁是"一脉",还要弄清他们是如何(或在何处)"相承"的。然而,本书认为,在此问题上,上述哲学流派或大师本来就非"一脉",何来"相承"之说?本书无须对此一一论证,只以柏拉图和亚里士多德这对最有可能"一脉相承"的师生为例,看一看他们之间在这个问题上到底是否"一脉相承"就知道了。柏拉图在他的《理想国》中是这样阐述他的哲学体系——"理式论"的:有一位"工匠不仅有本领造一切器具,而且造出一切从大地生长出来的,造出一切有生命的,连他自己在内;他还不以此为满足,还造出地和天,各种神,以及天上和地下阴间所存在的一切"。而这种制造的方法,就像你我"拿一面镜子四面八方地旋转,你就会马上造出太阳,星辰,大地,你自己,其他东西,器具,草木"那样,依照天地万物原有的模型或原型模仿一番就行了。那么,这"原有的模型"又是什么呢?这正是柏拉图所说的"理式",而这位"工匠"就是神。他以床为例作了说明:"就神那方面说,或是由于他自己的意志,或是由于某种必需,他只制造出一个本然的床,就是

---

① 〔英〕布宁、余纪元:《西方哲学英汉对照辞典》,人民出版社2001年版,第385页。
② 〔古希腊〕亚里士多德:《形而上学》,转引自刘素民:《托马斯·阿奎那自然法思想研究》,人民出版社2007年版,第209页注①。
③ 〔古希腊〕亚里士多德:《形而上学》,吴寿彭译,商务印书馆1959年版,第136页。
④ 赵宪章:《亚里士多德形式美学臆说》,载《南京大学学报》1993年第4期。

'床之所以为床'的那个理式,也就是床的真实体。他只造了这一个床,没有造过,而且永远也不会造出两个或两个以上这样的床","因为他若是造出两个,这两个后面就会有一个公共的理式,这才是床的真实体,而原来那两个就不是了"①。而在亚里士多德看来,如果"理式"是实体,那么它同时就不能是普遍;而如果是普遍,那么它同时就不能是实体;一种事物不能同时既是实体又是普遍,因此认为他的老师柏拉图的理式论是没有事实根据的,是错误的。② 可见,亚里士多德在此问题上与他的老师柏拉图本非"一脉",何谈"相承"? 事实上,这也正是亚里士多德"吾爱吾师,吾更爱真理"的最好诠释。

4. 知识与载体不同于形式与质料,知识并不能等同于形式,知识的载体也并非质料。知识与载体是两个不同的事物,而形式与质料则是一个事物的两个阶段或两个方面

(1) 知识与载体是两个不同的事物。某一具体的知识需借助一定的载体来实现其存在,它既可以借助于此载体,又可以借助于彼载体,就知识本身而言没有任何不同,就知识的载体而言其本身的性质也没有发生变化,犹如一碗清水,它以一定的容器实现其在特定意义下的存在,而至于这个容器是金子的还是陶瓷的,它们是相互无关的。(2) 知识与载体是两个不同的事物,而形式与质料则是一个事物的两个阶段或两个方面。形式与质料是亚里士多德的"四因说"中的两个重要概念,在亚里士多德看来,质料是潜能,形式是现实,质料与形式的关系就是潜能与现实的关系。"现实的东西就是一件东西的存在,但是它不以我们称为'潜在'的那种方式存在。例如,我们说,一尊黑梅斯的雕像潜在于一块木头中,半截线潜在于整条线中,因为可以把它分出来。我们甚至称不再做学术研究工作的人为学者,如果他有能力做研究的话;与这些东西之一相反的东西,就是现实地存在着"。亚里士多德认为,"现实之于潜能,犹如正在进行建筑的东西之于能够建筑的东西,醒之于睡,正在观看的东西之于闭住眼睛但有视觉能力的东西,已由质料形成的东西之于质料,已经制成的东西之于未制成的东西"③。然而,形式虽然与作为事物之潜能的质料相区别,但又不可能脱离质料而存在。在他看来,形式与质料的区别与分离只是出于研究的需要,只是在人们的观念中独立存在,也就是说,"只有在说出事物的定义时,才能把形式分出来","例如除了造屋的技术

---

① 参见朱光潜译:《柏拉图文艺对话集》,人民文学出版社1963年版,第299页。
② 〔古希腊〕亚里士多德:《形而上学》,商务印书馆1995年版,第151—152页。
③ 北京大学哲学系:《古希腊罗马哲学》,商务印书馆1961年版,第266页。

可离房屋而保留外,房屋形式不会独立存在。"① 形式之所以不可能脱离质料而独立存在,就在于它们只是同一事物生成演化过程中的两种因素,即两大成因,而不是两种具体事物。

5. 质料与载体不容混淆,形式与载体不是一个层次上的概念

"形式说"还指出:"知识产权制度就是利用了形式与质料的二元关系,赋予设计人对形式的控制、利用和支配权,以实现对其利益的保护。比如,利用质料使形式再现,即复制,就是知识产权最基本的实现手段。"并认为"人类的财富可以用形式和载体这种自然属性作为分类的标准:有形有体的财富为'物',有形无体的财富为'知识',无形无体的财富是'行为'。世界贸易组织(WTO)或许正是从这个角度,把贸易分为货物贸易、知识产权贸易和服务贸易。"② 本书认为这也是不能成立的:作为常识我们知道,复制是作品在载体上的再现,而非作品在自己的质料(如果作品有质料的话)上的再现。如果确如该学说所言,利用质料使形式再现,即复制,就是知识产权最基本的实现手段。那么,按照上述对人类的财富的分类方式进行推演:被再现的作品既有形式又具质料,这时该作品已失去作为知识产权客体的资格,只能是"有形有体的财富'物'"了。这是否在告诉我们,知识产权的客体是不能再现的,一旦再现就不是知识产权的客体而只能是物权的客体了,岂不大谬? 以建筑作品作为版权保护的客体为例,虽然建筑物本身被当作版权保护的客体,但构成它的材料(无论是否新颖、无论是否属于独创)、建造它时所采用的技术(无论怎样先进),均不受版权保护。为什么? 因为建筑具有双重性,它既是物质产品,又是艺术品。建筑物作为知识产权客体的不是其物质产品的这一面,而是其艺术品的另一面。因此,建筑物也是受双重法律保护的,作为物质产品它受到物权法保护,作为艺术品它又应受到知识产权法的保护。从受物权法保护的物质产品的角度来看,构成建筑物的材料确实是质料;而从受到知识产权法保护的艺术品这个角度来看,则构成建筑物的材料绝不再是质料,而只能是载体。否则,就很难解释为什么建筑物建成后遭到他人损坏,只是侵犯物权不侵犯知识产权;反之,丝毫不破坏建筑物本身,只是另建了一幢与之外观相似的建筑,则有可能侵犯版权。

由上文的分析可以知道,(1)"形式说"据以成立的核心命题,即"知识的本质是形式"并不能成立,因而该学说无法阐明知识产权概念的本质内涵;(2)该学说混淆了知识产权理论中一些至关重要的基础概念,如"知识""载体"与"质料"等的关系。另外,我们还应当得出这样的认识:学术研究中的一

---

① 〔古希腊〕亚里士多德:《形而上学》,吴寿彭译,商务印书馆1995年版,第240页。
② 刘春田:《知识产权解析》,载《中国社会科学》2003年第4期。

些具有工具意义的基础概念,其内涵应为当代学术界公知的、公用的。倘若同一个基本概念在一个语境下有两种不同的内涵,那就很容易出现假命题。至少,在此情况下,"您的结论没有用处,因为您使用的概念不是我(们)通常所理解的。"①

(五) 符号说

"符号说"把知识产权的对象解释为"符号组合",并指出,符号说与形式说具有直接的传承性,符号说在两个方面发展了形式说:"(1) 揭示了形式构成的具体元素,即符号。(2) 突出了作为知识产权对象的形式是人工形式,因为符号是人创物。"②

首先,根据《辞海》的一般解释,符号有两种含义:"(1) 记号。如:标点符号。特指语言符号。符号系统。(2) 在数字通信中,表示数字信息用的不同取值或状态。最普遍的是二进制符号'0'和'1',即'0'和'1'两种取值状态。"③再从符号学的角度来看,被认为是"现代符号学两位公认的主要奠基人"④之一的皮尔士指出:"符号是对某人来说,在某个方面或某种能力上能代表某物的东西。符号所代表着的某物,就是符号的对象,但是这种代表并不能包含对象的全部内涵,而只是从某一角度来表述关于对象的主观认识"⑤。

结合符号的一般解释和符号学含义,我们可以对符号概念得出这样的认识:(1) 符号是一种人为的表意方法,可以是记号、语言或者数值;(2) 符号与其对象之间有本质的区别,他们是指代与被指代的关系。广而言之,可以作为符号的事物多种多样,任何事物甚至人本身只要被赋予了指代功能就可以成为某种符号;同样,任何事物都可以作为符号的对象,无论该对象是人为的还是自然的、是精神的还是物质的。

不容忽视的是,在具体的语境下符号的指代性与对象的本体性具有本质的区别。这也是符号说据以成立的观点之一的"形式构成的具体元素,即符号"的缺陷之所在。作为常识,我们知道任何事物,无论是人造之物还是自然之物,都有其自身的形式与内容;内容与形式是事物的属性,是本体性的概念。符号只具有指代与表述功能,它既能指代与表述事物的形式,也可指代与表述事物的内容;同一件事物的形式与内容,既能由此符号来指代与表述,

---

① 〔德〕汉斯·波塞尔:《科学:什么是科学》,李文潮译,上海三联书店 2002 年版,第 26 页。
② 李琛:《论知识产权的体系化》,北京大学出版社 2005 年出版,第 127 页。
③ 《辞海》(1999 年版缩印本),上海辞书出版社 2000 年版,第 5323 页。
④ 李幼蒸:《结构与意义》,中国社会科学出版社 1996 年版,第 111 页。
⑤ Barton Beebe, The Semiotic Analysis of Trademark Law, 51 UCLA L. Rev. 621.

又可由彼符号来指代与表述。

概而言之,形式与符号之间是事物的本体与其指代的不同性质关系,而非事物的本体与其构成的同一性质关系。符号说据以成立的观点之二是:"突出了作为知识产权对象的形式是人工形式,因为符号是人创物"。然而,作为常识我们知道,知识产权的对象与物权的对象的根本区别并非在于"人工"与否,而在于"实物"与否。事实上,我们就很难找到不具"人工"性质的物权客体,这也是洛克的财产劳动说与黑格尔的财产人格说的共识。因此,符号说所要突出的知识产权对象的人工性,并非知识产权对象的本质特征与特殊形态,并不能据此决定知识产权的性质,因此,不能达到通过概念界定事物内涵与外延的目的。

另外,符号说认为"符号本身属于共有领域,知识产权的对象是人利用符号形成的符号组合"①。诚然,"符号本身属于共有领域"自不待言;但是,"知识产权的对象是人利用符号形成的符号组合"就大有商榷之处。(1)符号与符号组合是同质同义的,有学者就一针见血地指出:"符号的组合依然是符号"②。因为,符号组合并没赋予符号新的质。(2)并非所有的知识产权客体都可归入符号,更不用说是符号的组合了,譬如,摄影作品就很难说是符号或符号的组合,因为"摄影家的能力是把日常生活中稍纵即逝的平凡事物转化为不朽的视觉图像"③。(3)商业秘密也很难用符号或符号的组合来概括,因为它就是具有商业价值的未披露信息,并非一定要通过符号来指代或表述。

易言之,符号与信号这两个概念在层次上更接近一些,它们一具指代功能,一司运载职责,同为手段而非目的,真正具有本质意义的是他们所指代或运载的对象,即显示事物直接存在的信息。由此可见,符号说与信号说一样,不可能揭示知识产权概念的本质内涵。

四、"智力成果说"的内涵探析

知识产权的智力成果说,较为成功地演绎出知识产权的无形性、专有性、地域性和时间性等特点。必须指出,该学说实际上已经注意到了仅仅用"成果"来界定知识产权客体的不足,为此,特别在"成果"之前加了修饰词"智力创造的"。应当认识到,在知识产权概念中,"创造性"是一个抽象的概念,在

---

① 李琛:《论知识产权的体系化》,北京大学出版社 2005 年出版,第 126 页。
② 彭学龙:《商标法的符号学分析》,法律出版社 2007 年版,第 60 页。
③ 季烨秋:《浅论商业摄影中道具的运用》,载程樯主编:《探寻·视界:高校摄影专业学生论文集》(下),中国电影出版社 2007 年版,第 313 页。

知识产权法的不同领域中,"创造性"具有不同的表现形式,不能一概而论、僵化理解。

(一)"成果性"的本真蕴意

通过上文的分析可见,知识产权概念的界定应当建立在对其客体特征的揭示基础之上。"智力成果说"将知识产权的客体界定为"智力创造的成果",强调该项财产权利所保护对象的智力创造性特征,这是与物权的客体"物"的重要区别,而在对"成果"的解释时,一般会突出要求必须是主观精神产物的客观外化才能构成"成果",这也使得知识产权的客体与纯粹主观事物本身相区别。

智力成果说虽然存在一定的局限性,但目前仍然居于主流地位。其他五种学说都试图在克服智力成果说不足的基础上,提出自己对知识产权本质的理解,其焦点还是在对知识产权客体的认识上。然而,他们在进行这种努力的同时,却留下了自己的缺陷,甚至从本质上模糊了对知识产权客体的认识。

从本质上说,智力成果说、知识产品说和信息说之间不存在竞争性,它们是一脉相承的。如果说智力成果说没能具体给出知识产权客体的形态,那么,知识产品说与信息说就没有从根本上阐明知识产权客体的本质内涵,但他们都没有偏离对知识产权客体认识不断深入的轨道,都是在对前者的继承基础上的认识逐渐深化。然而关于知识产权客体的信号说、形式说与符号组合说则都另辟蹊径,它们不但与前三种学术不存在继承关系,其相互之间在本质上也并不相同。

应当承认,知识产权的智力成果说,较为成功地演绎出知识产权的无形性、专有性、地域性和时间性等特点,也能够直接解释知识产权项下的著作权、专利权、植物新品种权等。后来出现的学说,都没能对知识产权的概念作出令人满意的定义,都没能在整体上超越智力成果说,因此,它们都没有从根本动摇智力成果说在现代知识产权的体系结构中所居有的范式地位。

目前,对该学说的质疑,李琛博士将其主要归为三个方面:(1)"成果"未交代权利对象的形态;(2)"智力"若解为权利对象的智力含量要求,无法涵盖商业标记;(3)"智力"若解为对财产形成过程的说明,则缺乏法律意义。[①]

学说进步需要不断积累,须知温故可以知新、承上方能启下。是故史家有云:"诸位在发愿写新历史以前,当先细心读旧历史,不能凭空创新。"[②]治史如此,为学皆然。科学哲学告诉我们,人类认识的任何进步,都是一个"猜

[①] 参见李琛:《论知识产权的体系化》,北京大学出版社 2005 年版,第 51—52 页。
[②] 钱穆:《中国历史研究法》,生活·读书·新知三联书店 2001 年版,第 14 页。

想与反驳"的进化过程,知识的成长就是"借助于猜想和反驳从老问题到新问题的发展"。① 而学术创新的前提也应该是对前人已有成果的深刻认识,否则不但不能带来学说进步反而有可能误入歧途。基于此,欲完善智力成果说,须先正确解读智力成果说。

智力成果说所界定的知识产权概念的完整表述为:知识产权是"人们就其智力创造的成果依法享有的专有权利"②。在这个概念中,知识产权客体的中心词是"成果"。由于"成果"一般是用来描述任何一个经由特定过程而得到的结果,是一个泛化概念,《现代汉语词典》对其的解释为:"工作或事业的收获:丰硕成果,劳动成果"③。因此,仅仅用成果来界定知识产权的客体,确实不能反映出知识产权客体的具体态样,没能从逻辑上给出知识产权客体的外延,也就不能真正解释知识产权的本质特征。应当承认,这确实是智力成果说不完满之处。

不容否认,该学说实际上已经注意到了仅仅用"成果"来界定知识产权客体的不足,为此,特别在"成果"之前加了修饰词"智力创造的"。细究"智力创造的"这个修饰词可以发现,其内涵也十分丰富,其地位也极其重要。它蕴涵了智力性与创造性两层含义,具有两方面的重要功能:(1) 赋予"成果"智力属性,将"成果"界定在精神范围之内,从而使其区别于物质成果;(2) 强调"成果"创造要件,将"成果"规定在创造条件之下,从而使其不同于机械性智力成果。概括地说,"智力"界定了成果的属性,"创造"规定了成果的条件。两者结合起来共同修饰"成果",从而既阐明了知识产权客体的形态,又指出了知识产权保护的条件,基本上弥补了"成果"概念带来的不足。由此可以看出,智力成果说中的"智力"既不能"解为权利对象的智力含量要求",也不能"解为对财产形成过程的说明",而应解为财产形态的阐述。

必须指出,知识产权客体的条件是"创造性程度"要求,而非"智力含量要求",后者的提法是不确切的,因为有些不属于创造性的智力劳动成果,如国画大师张大千天衣无缝的临摹作品,其智力含量之高当无需讨论,然终不为知识产权接纳为其客体。另外,"对财产形成过程的说明,则缺乏法律意义"的认识也有失偏颇,因为对于作品的创作来说,只要是作者在创作过程(即作品形成过程)中没有抄袭已有的作品,即使在后完成的作品与已有作品完全重合,也应受到著作权的保护。1936 年,美国联邦第二巡回上诉法院的

---

① 〔英〕卡尔·波普尔:《客观知识——一个进化论的研究》,舒炜光等译,上海译文出版社 1987 年版,第 270 页。
② 参见郑成思主编:《知识产权法教程》,法律出版社 1993 年版,第 3 页。
③ 《现代汉语词典》,商务印书馆 2005 年版,第 172 页。

Learned Hand 法官在 Sheldon v. Metro-Goldwyn-Mayer Pictures Corp.①一案中,曾假设了一个极端的例子来说明这个问题:"倘若有一个有魔力的人,虽然从未读过但却写出了济慈(John Keats)的抒情诗——《希腊古瓮颂》(Ode on a Grecian Urn,1820),那么,他就是'作者',并且拥有了这首诗的著作权。其结果是,别人就不能随意复制或使用这首诗,然而他们可以随意复制或使用济慈的诗。"②

(二)"创造性"的普适意义

对智力成果说的另一个质疑,集中在创造性"无法涵盖商业标记"方面。刘春田教授在他主编的知识产权教科书中就指出:"工商业标记权作为财产,其价值的来源,则取决于它的识别性,取决于市场对它所标记的商品或服务的评价,与它自身设计的创造水平没有关系。尽管工商业标记大多数也是精心设计的创作结果,但是它们作为财产权的对象,与商业标记自身是否具有独创性,以及独创性程度的高低,无论优雅,还是粗俗,没有关系;同时,工商业标记的价值高低也不取决于它的设计成本,与标记设计所投入的人力、物力、财力与心智的多寡,无论妙手偶得,还是千锤百炼,没有关系。因此,创造性的智力成果权的概念中,不能覆盖工商业标记权的内容。"③张玉敏教授也曾指出:"我们非常赞成商业标志的设计和选择是创造性的智力活动,而且有时候其创造性相当之高。但是,法律所保护的是商业标志的识别性,而不是其创造性。一个图案的创造性再高,如果缺乏识别性(显著性),也不能作为商标,反之,即使其不具有创造性,只要具有识别性,就可以作为商标。所以,作为知识产权保护对象的商业标志的本质属性是其识别性。"④

归纳智力成果说"无法涵盖商业标记"的质疑,其理由主要有三:(1)商业标记的价值来源,取决于识别性以及市场评价,而非创造性;(2)商业标记的价值高低,不取决于设计成本;(3)法律保护的是商业标记的识别性,而非创造性。必须指出,智力成果说中的创造性,指的是一项智力成果受到知识产权保护的条件和范围,而非智力成果的价值来源和设计成本。问题的关键,在与创造性与识别性的各自含义,特别是两者之间的关系。

《现代汉语词典》对创造性的解释是:"(1)努力创新的思想和表现";

---

① 81 F. 3d 49(2d Cir),cert. denied,298 U. S. 669(1936).
② See Robert A. Gorman & Jane C. Ginsburg,Copyright for the Nineties,The Michie Company Law Publishers,Fourth Edition,1993,p.421.
③ 刘春田主编:《知识产权法》(第3版),中国人民大学出版社2007年版,第8页。
④ 张玉敏:《知识产权的概念和法律特征》,载《现代法学》2001年第5期。

"(2)属于创新的性质"①,而"创新"作为名词指的就是"创造性;新意"②。显然,创造性与创新的含义是一致的。就单个字而言,"创"与"造"都是动词,"创"的含义是:"开始(做)";"(初次)做"③,即既有"开始"的意思,又有"做"的意思;至于"造"指的就是"做"和"制作"④。由此可以看出,在词典的一般意义层面上,创造性并不是一个绝对的概念,它所包含的意思是:有新意的、初始的,也就是不落俗套、与众不同。

在知识产权的具体领域中,创造性的含义更加宽泛。就专利而言,其对创造性的要求是"新创性"或称为"首创性",即专利法意义上的"新颖性"与"创造性",前者又有绝对新颖性与相对新颖性之分,后者更是一个非常主观的概念,也称为"非显而易见性"(Unobviousness or Non-Obviousness),一些国家还将其称为"进步性"(Inventive Step)。

譬如,我国《专利法》2008年修改之前,对新颖性的要求是,"申请日以前没有同样的发明或者实用新型在国内外出版物上公开发表过、在国内公开使用过或者以其他方式为公众所知,也没有同样的发明或者实用新型由他人向国务院专利行政部门提出过申请并且记载在申请日以后公布的专利申请文件中。"⑤可以看出,一项技术方案只要没有在国内外公开发表,即使是在国外已经是"公开使用过或者以其他方式为公众所知",也满足专利法的新颖性条件。我国现行《专利法》对创造性的要求是:"与现有技术相比,该发明具有突出的实质性特点和显著的进步,该实用新型具有实质性特点和进步"⑥。概言之,《专利法》意义上的"创造性"要求又具体表现为,与现有技术相比所体现的"特别性"与"进步性"。而对"特别性"与"进步性"的判断又是见仁见智的主观问题。

再如,美国《联邦专利法案》对于非显而易见性的表述就是:"所申请的专利客体与现有技术的差别,相关领域的普通技术人员认为是非显而易见的"。以美国第526803号专利为例,经济学家发明了通过使用信用卡从个人养老基金(410K fund)中借款从而实现避税的方法,虽然应用的是众所周知的会计和税收知识,但是这种方法同以前的避税方法有明显不同,对于一般会计师和税收官而言并非显而易见,这种发明就具备"非显而易见性",因而被授

---

① 《现代汉语词典》,商务印书馆2005年版,第215页。
② 同上。
③ 同上书,第214页。
④ 同上书,第1701页。
⑤ 见2000年8月25日修订的《专利法》第22条第2款。
⑥ 2008年12月27日修订的《专利法》第22条第3款。

予专利。①

在著作权领域,创造性体现为作品的原创性(Originality),又称为独创性,是指作品由作者独立创作,是作者运用自己的方法和习惯将思想或情感赋予文学、艺术或科学等表现形式的特性。

作为受著作权保护的要件,各国法律对原创性(独创性)的要求并不一致。在美国早期的著作权案件中,法院不仅要求作品要有原创性,而且还要有新颖性,"在这些案例中,甚至认为原告如有完全之原创性(并非抄袭别人之作品),及假定被告抄袭原告之著作物,如原告著作物系古老与现有流行之情节组成,则不构成著作权之侵害"②。这种将著作权与专利权的要求不加区分的做法,遭到了司法界的强烈批评。Learned Hand 法官指出:"如果像对专利一样,对不仅要求作品是原创的,而且还必须是新的,那么地图或概览之类领域内就不会出现新作品,这显然违背了立法者的本意"③。

然而,独创性本身也并非是一个边界清晰的绝对概念,各国对其认识不尽一致。1903 年,美国联邦最高法院在 Bleistein V. Donaldson Lithographing Co.案中指出,独立完成的作品一定"包含了某种独特的东西。即使在笔迹中它也能够表现出其独特之处,而一件极低水平的艺术品中也存在某些不可约减的东西,这就是独立完成"④。在 1991 年,联邦最高法院在 Feist 案的判决中,对原创性提出了新的要求:"原创性是版权的绝对要件,符合版权保护的作品,必须是作者原创的,作为一个版权术语,不仅意味着它是作者独立完成(相对于抄袭、复制他人作品),而且作品中至少应包含某些最低程度的创造性","确切地说,这种必需的创造性的水平是很低的,即使微小的量亦可满足。绝大部分作品可以轻而易举地达到这一程度,因为它们都闪烁着创造性的火花,而不管它们是多么粗糙、层次低或浅显"⑤。美国版权学者 M. B. Nimmer 指出,"只要作者独立创作的程度,包含了足够的技术,以诱导他人加以抄袭,即认为有足够的原创性程度,以享有著作权"⑥。大陆法系国家对作品原创性的理解与英美法接近,日本学者藤本正晃认为原创性是"一种相对

---

① 参见黄毅、尹龙:《商业方法专利》,中国金融出版社 2004 年版,第 62 页。
② London V. Biograph(1916),转引自萧雄淋:《著作权法研究》(一),台湾五南图书出版有限公司 1986 年版,第 73 页。
③ Robert A. Gorman & Jane C. Ginsburg,Copyright for the Nineties,The Michie Company Law Publishers,Fourth Edition,1993,p. 421.
④ M. B. Nimmer:Nimmer on Copyright,West Publislling Co. 1985,p14. 译文转引自金渝林:《论作品的独创性》,载《法学研究》1995 年第 4 期。
⑤ Feist Publications,Inc. V. Rural Telephone Service(1991),See Copyright for the Nineties,by Robert A. Gorman & Jan C. Ginsbury,The Michie Company Law Publishers,1993,p. 86.
⑥ M. B. Nimmer:Nimmer on Copyright,Matthew Bender 1981,Volume. No. 1. 转引自萧雄淋:《著作权法研究》(一),台湾五南图书出版有限公司 1986 年版,第 76 页。

的、比较的概念,不必要达到前无古人的地步,仅依社会之通念,作成新的独立的著作物即可"①。另一位日本学者城户芳彦也认为:"著作权的原创性不必要求真、善、美、圣、义等最高理想之发前人之所未发,仅在消极上,不为著作物之改篡、剽窃与模仿为已足"②。

从本质上看,著作权对作品原创性的要求,核心在于保护作品所体现出来的创作者的个性,因为"只有具有独立个性和个人思想的产物,才是著作权保护的作品。因此体现了作者某些个性的作品才受保护,即使是使用已知的材料,也可以成为一部独立作品,条件是这部作品有新特点。版权保护对智力创造成果的个性要求体现了人类对文化生活多样性的追求"③。概而言之,对于独创性可以从两个方面来判断:(1) 从创作的过程来看,不抄袭就可以被认为是有独创性;(2) 从创作的结果来看,"独创性要求与已有作品相比所具有的差异性和个性"④。这样,知识产权的创造性条件,在著作权的客体即作品上,实际表现为"差异性"或者说"个性"。

我国学者在区别专利的首创性与版权的独创性时指出:在直觉上看,两者的区别在于首创性要求智力创造结果和已有知识相比有实质进步性,因此在特定的一个时刻它是唯一的存在,这一特征由"新颖性"来描述;独创性要求智力创造结果和已有知识相比存在着差异性,至于它是不是已有知识的再现并不重要,这一特征由"个性"来刻画。从理论上讲,首创性和独创性的区别产生于新颖性和个性对智力创造结果的界定。新颖性和个性分别刻画了创造性的不同的度,新颖性把这个度标定在唯一性上,而个性把它标定在多样性上。因此首创性和独创性分别描述了专利技术和版权作品的本质特征,两者的复杂程度也不同。⑤

在商标领域,商标的显著性,亦称识别性或区别性。有学者认为,商标的显著性是"商标法上最为重要的概念,同时又是意义十分含混的一个术语"⑥。

从词源上看,商标的"显著性"系对《巴黎公约》中"distinct character"的意译。该词在英语中还有其他表述形式,如在《英国商标法》中为"distinctive

---

① 〔日〕藤本正晃:《日本著作权法》,日本岩松堂书店,1941年版,第111页。转引自萧雄淋:《著作权法研究》(一),台湾五南图书出版有限公司1986年版,第77页。
② 〔日〕城户芳彦:《著作权法研究》,日本新兴音乐出版社1943年版,第30页。转引自萧雄淋:《著作权法研究》(一),台湾五南图书出版有限公司1986年版,第77—78页。
③ 何敏主编:《科技法学》,华中理工大学出版社1999年版,第99页。
④ 金渝林:《论作品的独创性》,载《法学研究》1995年第4期。
⑤ 同上。
⑥ 彭学龙:《商标法的符号学分析》,法律出版社2007年版,第102页。

and particular"(显著与特殊)①,在美国《兰哈姆法》中为"distinctiveness"(特殊与独特性)②。显著性法文与德文中的对应表达分别为"caractère distinctif"和"unterscheidungskraft"③。

为了准确把握上述表达的内涵,首先仔细研究单词构成的具体字典含义。英文"distinct"的含义是"明显不同的,不同种类的""与……有所区别""清晰的,清楚的,明显的"④"明白的;明确的""种类不同的;分开的"⑤;"distinctive"的意思为"与众不同的"⑥"特别的;有特色的"⑦;"particular"是"特定的;特指的""特殊的,特别的;值得单独提及的"⑧,"个别的;个人的""非一般的;特别的;特殊的"⑨之义;而"distinctiveness"则是"distinctive"的名词形式。法文"caractère"是"性格,个性""性质,特性,特征,特点"之义;"distinctif"的意思是"有区别的,有特色的,特殊的;有特色的,有区别的,特殊的"⑩。德文"unterscheidungskraft"是由"unterscheidung"与"kraft"构成的合成词,"unterscheidung"的意思是"区分,识别;辨别"⑪,"kraft"则是"力,力量"之义⑫,这样"unterscheidungskraft"的本来意思应当为"区别力""辨别力"。因此,在德国商标法中"所谓识别性,又称区别力(unterscheidungskraft),是指一件商标可以被交易理解为具有将一家企业的商品或服务区别于其他企业的商品或服务的识别手段的能力"⑬。

综合"显著性"在英、法、德三种语言中的具体含义,可以看出"显著性"所承载的内涵有:"清晰""明确""种类不同""与众不同""特别""有特色""特定的""特殊的""个别的""有特色的""可辨别的"等。由此也可以使人感到,商标显著性的这些含义与作品独创性的"差异性""个性"含义之间非常接近,即使与专利首创性所要求的"特别性"与"进步性"之间也无本质的不同。有学

---

① 曾陈明汝:《商标法原理》,中国人民大学出版社 2003 年版,第 112 页。
② 15U. s. c. 1052 (f)。
③ 曾陈明汝:《商标法原理》,中国人民大学出版社 2003 年版,第 113 页。
④ 《朗文当代高级英语辞典》,外语教学与研究出版社 2004 年版,第 543 页。
⑤ 〔英〕霍恩比原著:《牛津高阶英汉双解词典》(第四版增补本),李北达编译,商务印书馆、牛津大学出版社 2002 年版,第 803 页。
⑥ 《朗文当代高级英语辞典》,外语教学与研究出版社 2004 年版,第 543 页。
⑦ 〔英〕霍恩比原著:《牛津高阶英汉双解词典》(第四版增补本),李北达编译,商务印书馆、牛津大学出版社 2002 年版,第 804 页。
⑧ 《朗文当代高级英语辞典》,外语教学与研究出版社 2004 年版,第 1427 页。
⑨ 〔英〕霍恩比原著:《牛津高阶英汉双解词典》(第四版增补本),李北达编译,商务印书馆、牛津大学出版社 2002 年版,第 1950 页。
⑩ 参见电子版《灵格斯法汉词典》相应词条。
⑪ 《简明德汉词典》,商务印书馆 1979 年版,第 994 页。
⑫ 同上书,第 564 页。
⑬ 邵建东:《德国反不正当竞争法研究》,中国人民大学出版社 2001 年版,第 246 页。

者指出,保护商标防止假冒的有效办法之一,就是"注重商标的识别性和独创性,避免雷同"①。实际上,商标虽然不像发明那样要求较高的创新性,"然则,创新性之商标确实可增强著名商标之价值"②,而"创造性之标章……为最具有显著性……自宜受最高度之法律保护"③,这是从商标标志本身的角度而言的"创造性",显然这是版权法意义上的"创造性"而非商标法意义的"创造性"。因为"商标并不是脱离商品存在的抽象标志,它必须同具体的商品或服务结合,才能发挥区别出处的作用"④。

由此必须明确的是,在考察知识产权客体的创造性要件时,具体对象不同,判断"创造性"的角度也不一样:在专利与著作权领域,创造性判断是就技术方案与作品本身而言;在商标领域,创新性(即显著性)有无不是就商标标志本身来判断,而是对商标标志与特定商品的结合所形成的整体进行判断的,这一点恰恰是最易被人们忽略的。所以,当我们说"一个图案的创造性再高,如果缺乏识别性(显著性),也不能作为商标"⑤时,已经涉及知识产权的两个不同的法律领域:"一个图案的创造性"指的是著作权法意义上的"创造性",即作品(图案)本身的原创性;而"如果缺乏识别性(显著性)"中的"识别性(显著性)"指的是商标法意义上的"创造性",即作品(图案)本身与特定商品的结合所形成的整体的"识别性"。换而言之,一个图案如果不与特定商品结合,只能是著作权领域的问题,不具有商标法意义,更谈不上显著性问题了。同理,一个图案"即使其不具有创造性,只要具有识别性,就可以作为商标"⑥。这句话中的"创造性"指的是著作权法意义上的"创造性"即"原创性",对"一个图案"本身来说无所谓"识别性"问题。

综合上述分析可见,商标的显著性要件,可以涵摄于知识产权创造性要件所具有的"有新意的""初始的""不落俗套的""与众不同的"等含义之中。一些学者否认商标的创造性特征时,指的明明是商标,论的偏偏是作品,以至于对商标的创造性视而不见、听而不闻。这种"指鹿论马"的作风,不能不说是学说态度上的"傲慢与偏见"。⑦

---

① 许俊基等主编:《CIS发展与国别模式:超值企业形象设计》,黑龙江科学技术出版社2002年版,第113页。
② 曾陈明汝:《商标法原理》,中国人民大学出版社2003年版,第116页。
③ 同上书,第117页。
④ 彭学龙:《商标法的符号学分析》,法律出版社2007年版,第62页。
⑤ 张玉敏:《知识产权的概念和法律特征》,载《现代法学》2001年第5期。
⑥ 同上。
⑦ 以商标不具创造性为理由,否认知识产权的创造性特征,几乎成为国内学者论述知识产权概念时例行公事般的程序。上至业界资深人士的学术论著,下自法学本科生的毕业论文,只要涉及知识产权的概念,通常都会来走上这一圈、踏上这一脚。

总而言之，在知识产权概念中，"创造性"是一个抽象的概念，在知识产权法的不同领域中，"创造性"具有不同的表现形式，不能一概而论、僵化理解。有学者指出，"任何一个智力成果，必须与已有成果相比表现出独特的个性。当然，在不同的领域这种独特个性要求也有所不同。"① 可以作为结论的是，知识产权的创造性要件普适于包括商标权在内的所有知识产权客体，"智力成果所以能成为知识产权的客体，在于它的创造性"②。换句话说，创造性既是知识产权客体的核心要素，也是知识产权保护的具体所指。在《无形财产权制度研究》一书中，吴汉东教授曾明确指出：知识产品具有创造性成果、经营性标记、经营性资信等多种表现形式，但它们都具有创造性这一基本特点。只是，受保护的对象不同，其要求的创造性也有所不同。一般来说，专利发明要求的创造性最高；著作权作品所要求的创造性次之；而商标所要求的创造性仅达到易于区别的程度即可。③ 可见，创造性是整个知识产权法域体系化的基本概念之一，"也是智力成果不同于物质产品的标志"④。

五、知识产权概念的信息哲学解读

应当声明，笔者愿意不惜笔墨对智力成果说的内涵，进行挖掘与正面肯定，并非意味着该学说完美无缺、无需发展完善；相反，对已有认识的深刻解读与客观评价，正是为了明确扬弃对象、厘清发展方向，以求避免学术研究中经常出现的"动辄揭竿而起，随意另立山头"之乱象。事实上，前文论述已经触及：智力成果说对知识产权客体的认识，还是处在浅层次的现象描述阶段，还没能从根本上界定知识产权客体的本质，还没有建立像物权客体那样高度抽象的基础概念。以至于"知识产权的体系基础呈现一种暧昧性，即法学理论不能一致地解释'知识产权何以成为知识产权'。"⑤ 更有学者据此断言，"知识产权目前还不是法学概念"，因为迄今为止，"知识产权的'客体'并不存在，知识产权难以界定其内涵与外延，不足以成为法学概念，而只能作为指称一组相关权利的语词来使用。"⑥ 逆耳良言，利于行！毋庸讳言，这不能不是智力成果说招致质疑的重要原因之一。

诚然，知识产权概念目前尚未达到像物权概念那样的认同程度。因为，

---

① 李颖怡：《知识产权法》，中山大学出版社 2002 年版，第 10 页。
② 同上。
③ 吴汉东、胡开忠：《无形财产权制度研究》（修订版），法律出版社 2005 年版，第 62 页。引文中的着重号为笔者所加。
④ 李颖怡：《知识产权法》，中山大学出版社 2002 年版，第 10 页。
⑤ 李琛：《论知识产权的体系化》，北京大学出版社 2005 年版，第 44 页。
⑥ 张俊浩主编：《民法学原理》，中国政法大学出版社 2000 年版，第 541 页。

"物权概念的成熟可从逻辑圆满、与规范目的和规范原则的衔接等方面得到证明。"① 但是,从根本上看,罗马人所创立的物之概念"所包者广,除自由人外,凡存在于自然界者,皆谓之物"②,这种广泛的包容性正是目前知识产权客体概念所最缺乏的。须知,物权概念的成功,其前提是物权客体的高度抽象性和基础性。因为,"物"的概念根基之深,可以用与精神相对应的物质概念作为其哲学基础,是"物质的一个可以划定界限的部分"③;"物"的概念涵摄之广,可以毫无争议地将大到摩天广厦,小至蒜皮鸡毛,只要满足条件统统收入囊中,绝不顾此失彼留下缺憾。这正是目前知识产权概念不足之所在,也是智力成果说应完善之方向。

联系上一章所阐述的信息哲学原理,不难理解,与物权客体相匹配的知识产权客体是信息;与"物"之条件相对应的"智力成果"之条件是信息的创生性。信息哲学认为,物质与信息之间是直接存在与间接存在的关系。信息是物质存在方式与状态的自身显示,并以自在、自为、创生三种状态存在。创生信息是以自为信息为材料,通过人脑的主观思维过程创造出来的新信息。可见,在信息的三种存在状态中,自为态与创生态信息,是以有主体的形式存在。但只有创生态信息生发于特定主体的大脑,也以特定主体的大脑为其初始载体,因而也自然属于该特定主体。相比而言,知识则是"人类认识的成果或结晶。……按具体的来源,知识虽可区分为直接知识和间接知识,但是从总体上说,人的一切知识(才能也属知识的范畴)都是后天在社会实践中形成的,是对现实的反映。社会实践是一切知识的基础和检验知识的标准。知识(精神性的东西)借助于一定的语言形式,或物化为某种劳动产品的形式,可以交流和传递给下一代,成为人类共同的精神财富。"④ 由此可以看出,知识的本质是信息,是有主体的信息,包括自为、创生两种形态。至于智慧,则是人的一种能力,是"对事物能认识、辨析、判断处理和发明创造的能力"⑤。

世界知识产权组织编写的《知识产权纵横谈》一书将财产分为三种类型:(1)可以移动的财产,比如手表或汽车;(2)不可移动的财产,即土地及永久附着其上的物体,如房屋;(3)知识财产是指人的脑力、智力的创造物。⑥ 并指出:"知识财产是指人的脑力、智力的创造物。这就是为什么这种财产被称

---

① 李琛:《论知识产权的体系化》,北京大学出版社2005年版,第43页。
② 陈朝璧:《罗马法原理》,商务印书馆2006年版,第74页。
③ 〔德〕迪特尔·施瓦布:《民法导论》,郑冲译,法律出版社2006年版,第225页。
④ 《辞海》(1999年版缩印本),上海辞书出版社2000年版,第4920页。
⑤ 同上书,第3972页。
⑥ 世界知识产权组织编:《知识产权纵横谈》,张寅虎等译,世界知识出版社1992年版,第3—4页。

为'知识'财产。用比较简单的方法来说明的话,就是知识财产与各种各样的信息有关,人们把这些信息与各种有形物质相结合,并同时在世界不同地方大量复制。知识财产并不包含在这些复制品中,而是包含在复制品所反映出的信息中。但这些复制品并非财产,体现在这些复制品中的信息才是财产。"① 这里的信息,不是未被人类把握的自在信息,也不是虽被认识但不具创造性的自为信息,而是通过人脑的主观思维活动创造出来的创生性信息。将创造性智力成果界定为创生性信息,使得知识产权的客体,在概念的层次上取得了与"物"相同的基础地位。以创生性信息来解读创造性智力成果,在权利客体上发展了智力成果说,并可使得知识财产的特征在信息的概念上获得解释。

事实上,早在 20 世纪 80 年代中期,英国学者彭道尔敦(Michael D. Pendleton)就在其《香港的知识产权与工业产权》一书中从信息的角度对知识产权的主要客体作了具体阐述:专利为"反映发明、创造深度的技术信息";商标为"贸易活动中使人认明产品标志的信息";版权为"信息的固定的、长久存在的形式"。② 而传统的商业秘密,在首次正式加入国际公认的知识产权家族一员时,就是以"未披露信息"(Undiscovered Information)之名而进入法律条文的。③ 可以看出,信息概念对知识财产具有极强的解释力,知识产权也只有以信息概念为基础,才能真正建立和维系自己的体系。必须指出,正如并非一切物质存在都可以成为物权的客体一样,能够成为知识产权客体的信息也只是信息三态中的创生态,是人类知识体系中具有创新性的新知识。

"没有理论概念,便没有理论"④。行文至此,笔者也愿意给出自己对知识产权概念的理解,即"知识产权是民事主体基于客观创生性信息,而享有的法定专有支配权。"应当指出,笔者在此给出的知识产权概念(姑且称其为"创生信息说"),与前文阐述"智力成果说"和"知识产品说"在本质上是一致的,它们可以在不同的场合与层次并行使用。(1)"智力成果说"作为知识产权最传统,因而也已经成为最通俗的概念,仍然可以而且应当在其原有的层面上继续发挥其宣传、普及的公共语言作用;(2)"知识产品说"基于知识经济的时代主题,便于人们从市场经济与知识创新的角度来理解与把握知识产权的内涵;(3)至于笔者给出的"创生信息说",则是从哲学本源的角度,阐明知

---

① 世界知识产权组织编:《知识产权纵横谈》,张寅虎等译,世界知识出版社 1992 年版,第 4 页。引文中的着重号,为笔者所加。
② 郑成思:《信息、新型技术与知识产权》,中国人民大学出版社 1986 年版,第 1—2 页。
③ See Trips Article 29.
④ 〔德〕汉斯·波塞尔:《科学:什么是科学》,李文潮译,上海三联书店 2002 年版,第 79 页。

识产权客体的本质属性,奠定知识产权客体的基础性地位。而基于"创生信息说",使得知识产权获得与物权在客体层面上,平等对话的概念平台,进而得以完成无形财产权体系的内部建构与外部协调。

第二节 知识产权客体的信息结构

知识产权作为超越传统物债体系的新型财产权,其客体形式各异、要件有别。但是,知识产权体系是建立在信息这个概念的基石之上,并以创造性为其维系要件。解释和解决知识产权领域内的任何问题,都离不开这两个基点,都要从这两个基点出发,否则,难免会误入歧途。因此,剖析知识产权客体的信息结构,是从本质上把握知识产权的前提。

一、发现与发明的信息层级

科学发现与技术发明的界限是专利领域的基本问题,看似简单明了,实则充满玄机,不但涉及二者的区分与可专利的主题,还关系到专利的要件、实施与保护等关键问题。

(一)科学发现及其应用

探寻自然奥秘,渴求掌握新知,是人类作为自然之子、万物灵长之本能。"在人类进步的道路上,发明与发现层出不穷,成为顺序相承的各个进步阶段的标志"①。现代文明有别于古代文明、中世纪文明的基本标志之一,是科学发现的持续深入及其成果的普及应用。科学发现不断揭示了自然界的规律,推动着人类社会不断迈向更高的文明。恩格斯曾经满怀豪情地指出,"在科学的推进下,一支又一支部队放下武器,一座又一座堡垒投降,直到最后,自然界无边无沿的领域全都被科学征服,不再给造物主留下一点立足之地"②。本书认为,事实上,科学的目的并非在于征服自然,而是在于亲近自然、理解自然,从而使得人类可以更好地尊重自然,按自然法则办事;科学的结果也并非(实际上也不可能)"不再给造物主留下一点立足之地",而只是尽人类有限之智力,来理解造物主无限之智慧,并使人类更好地生存与发展。

就概念而言,科学发现是指"对自然界中客观存在的物质、现象、变化过

---

① 〔美〕路易斯·亨利·摩尔根:《古代社会》,商务印书馆1977年版,序言。
② 〔德〕马克思、恩格斯:《马克思恩格斯选集》(第4卷),中共中央马克思恩格斯列宁斯大林著作编译局译,人民出版社1995年版,第309页。

程及其特性和规律的揭示"①。它是"本有的事物或规律,经过探索、研究,才开始知道"②的。前者如居里夫人发现镭,后者如牛顿发现万有引力定律。1978年《科学发现国际登记日内瓦公约》所认为的科学发现是:"对物质世界中迄今尚未认识的现象、性质或规律的能够证明是正确的认识"③。苏联发明与发现委员会提出的给予法律保护的科学发现定义是:"凡给认识水平带来根本变化的,对以前未知的物质世界客观存在的规律、特性及现象等的判明,承认为发现"④。

在信息哲学看来,人类进行科学发现的过程,就是一个使信息从自在向自为转化的过程。有物质的地方就有信息,任何事物本身及其存在方式和状态,都是通过信息来显示;人类对自然界及其规律的认识也只有通过信息的中介作用才能得以实现。俄国19世纪著名批判现实主义作家,与果戈理、屠格涅夫、托尔斯泰齐名的冈察洛夫曾说过:"科学家不创造任何东西,而是揭示自然界中现成的隐藏着的真实"⑤。大到宇宙天体,小至微观粒子,人类都不可能直接去接触、去感觉,如何确定其存在、如何揭示其规律?唯有通过对作为这些天体和粒子的间接存在的信息的接受(信息异化)和自为化,才能认识其直接存在,把握其运动规律。

遵循自然规律,顺应自然法则,是人类合理利用自然馈赠、与自然和谐相处之根本途径。法国物理学家约里奥·居里(Frederic Joliot Curie)指出,科学家的职责就在于"彻底揭露自然界的奥秘,掌握这些奥秘便能在将来造福人类"⑥。科学发现之目的主要在于认识自然,技术发明之目的主要在于改造自然。要改造某个事物,其前提是认识该事物。"在科学不发达的过去,多数发明都是在生产、生活经验的长期积累基础上实现的。在当代,随着科学的进步,新的意义重大的技术发明更多地依赖于科学理论的指导"⑦。科学发现的应用,就是利用已经为人类所把握,反映自然规律的自为信息,指导人类进行生产、生活实践,改造自然的过程。在这样的过程中,倘若创造出前所未有的新事物、新方法的活动,就属于发明领域了。

---

① 《专利审查指南》(2006年5月24日国家知识产权局令第38号公布 自2006年7月1日起施行)4.1.
② 《辞海》(1999年版缩印本),上海辞书出版社2000年版,第1415页。
③ 见《科学发现国际登记日内瓦公约》第1条第(1)款(1)项。
④ 转引自上海科学研究所选编:《科技与经济》,世界知识出版社1982年版,第76页。
⑤ 〔俄〕冈察洛夫:《迟做总比不做好》,李邦媛译,载古典文艺理论译丛编辑委员会:《古典文艺理论译丛》(第1册),人民文学出版社1961年版,第141—189页。
⑥ 转引自张秀枫主编:《人生真话》,国际文化出版公司1991年版,第461页。
⑦ 张俊心等主编:《软科学手册》,天津科技翻译出版公司1989年版,第661页。

(二) 技术发明及其实施

发明的一般含义是指"创制新的事物,首创新的制作方法"①。德国学者Kohler认为:"发明云者,为征服自然,利用自然力,导致一定效果,依此可利用为满足人类需要之思想上创作之技术上表现也"②。广义的发明含义,可见于我国台湾地区中华书局所编的《辞海》:"科学家依自然界之原理原则,以自己之想象力构成新假说或新事物,谓之发明。又文哲家新获此前未经人道之义理,亦曰发明。"③由此可见,在一般意义上,发明有广狭二义,狭义的发明是指为利用人们已经掌握的自然规律,所提出的改变客观物质世界的新方法和新事物;广义的发明除了包括前者的含义外,还指改变人类主观世界的新道理。

在立法上,目前各国立法大多都没有给出发明的确切定义。美国《专利法》给出的所谓发明定义,实乃对可专利主题的罗列:"任何新颖而实用的步骤(process)、机器(machine)、制成品(manufacture)、合成品(composition of matters),或其任何新颖而适用的改进者"④。加拿大与印度的专利法对发明定义的处理与美国相类:前者称"发明是指新颖有用的技术、方法、机器、制成品或合成品或其改进";后者谓"发明为任何新颖有用的(1)技术、步骤、方法或制造方式;(2)机器、装置或其他物品;(3)制成品,以及以上各款发明之改进"。易言之,这只是在规定发明主题的范围和可专利的条件,"其确切内容,仍靠判例和学说解释"⑤。欧洲国家专利法以及《欧洲专利条约》,连美国式的正面罗列都不愿提供,倒是从反面给出了不属发明的范畴。譬如,英国《专利法》第1条第2项规定,下列各项不属于本法之发明,即任何含有(1)发现,科学理论或数学方法,(2)文学、戏剧音乐或艺术作品或其他各种美学的创作(3)计划,执行思维动作或游戏或经营事业的规则或方法,或计算机程序(4)信息的表示。

在立法上直接给出发明定义的,目前只有我国和日本。我国现行《专利法》规定:"发明,是指对产品、方法或者其改进所提出的新的技术方案"⑥。这是我国《专利法》在2008年第二次修订时,将原《专利法实施细则》第2条

---

① 《辞海》(1999年版缩印本),上海辞书出版社2000年版,第1415页。
② 曾陈明汝:《两岸暨欧美专利法》,中国人民大学出版社2007年版,第164页。
③ 转引自同上。
④ 参见《美国专利法》第100条。
⑤ 〔日〕纹谷畅男编:《专利法50讲》,魏启学译,法律出版社1984年版,第29页。
⑥ 见《专利法》(2008修订)第2条第2款。

第 2 款的相同表述加以吸收而成。《日本专利法》第 2 条规定:"本法中所称的'发明'是指利用自然规律所作的具有高水平技术思想的创作"。比较而言:我国《专利法》对发明的规定主要是对发明的类型与形式的描述;而《日本专利法》对发明概念的界定着重于其内涵的挖掘。两者的共同之处在于都强调了发明的技术性。因此,知识产权法意义上的发明是狭义而言的,即具有技术上的可实施性,即实用性;就此意义而言,发明之前应冠以"技术"二字,是为"技术发明"。

上述发明的含义表明,在知识产权领域内,技术发明是人类在其已经掌握的关于物质世界的自为信息的导引下,通过创造性的思维过程,所产生的能够实施于物质世界的创生信息。概言之,科学发现和技术发明都为人类带来了新的信息,只是前者的信息属于"前所未知",后者的信息则为"前所未有"。日本学者吉藤幸朔也认为,科学发现和技术发明的区别在于"发明的对象是以前不存在之物,而发现的对象是以前就存在之物"。[①]

比较科学发现与技术发明的信息结构可以得知,二者的差异主要体现在以下四个方面:(1) 信息创造之目的不同。科学发现之目的主要是为了辨识自在信息,获得自为信息以丰富主观世界,而技术发明主要是为了加工自为信息,获得创生信息以改造客观世界;(2) 信息创造者之作用不同。在科学发现活动中,信息创造者的主观能动性只能作用于辨识自在信息的方法与过程上,不能体现在改变所形成的自在信息的内容上,而在技术发明活动中,信息创造者可以充分发挥自己的主观能动性,创造出内容不同于自为信息的创生信息;(3) 信息结果之性质不同。科学发现的信息结果具有唯一性,否则就没有正确地辨识自为信息,而技术发明所产生的创生信息具有多样性,同一目的之需求可以通过不同的创生信息来满足;(4) 信息时效性不同。许多科学发现所形成的真理性自为信息,与其所显示的物质直接存在同始同终,不受社会发展等人为时间因素影响;而技术发明所形成的创生信息,随着人类科技的进步有可能被新的创生信息所取代。

信息哲学从信息的本源意义出发,认为信息是标志物质间接存在性的哲学范畴,是物质存在方式和状态的自身显示。就自在与自为信息而言,它们都具有直接对象性的特征,即它们作为间接存在,无论是客观的(自在信息)还是主观的(自为信息)都与一个直接存在的事物相对应,作为这个直接存在的事物的显示、反映而存在着。而创生信息则不同,它是人类思维所产生的

---

① 〔日〕吉藤幸朔:《专利法概论》,宋永林、魏启学译,专利文献出版社 1990 年版,第 80 页。

具有创造性的新信息,在产生之初并不一定具有直接的对象性。换言之,它不以直接存在为前提,并不必然显示或反映一个客观存在的事物,如作为人类思维创造的新信息齐天大圣、白雪公主的形象。

必须指出,有些创生信息作为思维推理的结论也具有对象性,这又分两种情况:(1)对象存在于结论之前。在以认识自然为目的的思维活动中,通过逻辑推演而产生的创生信息,只要是正确的必然指向一个直接存在,如李政道与杨振宁先在理论上提出弱相互作用中"宇称不守恒定律",后被吴健雄在钴60β衰变实验中证实。这种情况下的创生信息与自为信息的不同在于,后者是从其客观间接存在(自在信息)那里直接辨识而来,前者则是通过思维的逻辑推理而来。(2)对象发生于结论之后。这又存在两种情况:一是对象是自然产生的,即对象并非通过人力的介入形成而是自然规律使然,这是预测性创生信息,如天气预报;二是对象是人为制造的,即对象是按照创生信息的要求通过人类的实践活动制造出来的,这是实践性创生信息,技术发明即是。

技术发明所产生的创生信息,是以已有自为信息为基础,经过人类的创造性思维活动产生出初步的创生信息,再经过信息异化,即信息实施活动改变物质的直接存在形式和状态——辨识形成新的自为信息——创造性思维活动产生新的创生信息——再作新的信息实施活动,不断反复、不断提高最终形成的。概而言之,实践性创生信息是为实施而创制,也是通过实施而创制的。这里,为创生信息的创制而作的信息实施是科学实验,对已形成的结论性创生信息(即技术方案)所作的实施则是技术发明的最终目的。

就立法角度而言,对已获得专利之技术发明的实施,各国法律或直接或间接都有规定。我国《专利法》规定,发明和实用新型专利的实施是指:"为生产经营目的制造、使用、许诺销售、销售、进口其专利产品,或者使用其专利方法以及使用、许诺销售、销售、进口依照该专利方法直接获得的产品"[①];外观设计专利的实施是指:"为生产经营目的制造、许诺销售、销售、进口其外观设计专利产品"[②]。日本现行《专利法》对专利发明实施的规定是:"(1)对于产品的发明,其实施行为包括生产、使用、转让、出租(当产品是程序等时,包括通过电子通信线路的方式的提供),或者为转让、出租而展示或进口其产品

---

① 见《专利法》(2008修改)第11条第1款。
② 见《专利法》(2008修改)第11条第2款。

的行为;(2)对于方法发明,其实施行为是指使用该方法;(3)对于产品制造方法的发明,除上面提到的行为外,其实施行为包括使用、转让等,或者进口或许诺销售等利用该方法制造的产品。"① 可以见得,无论是我国《专利法》还是《日本专利法》,都在两层不同意义上对实施进行了规定:(1)是生产与使用意义上的实施;(2)是出售前者实施结果意义上的实施。换而言之,专利法意义上技术发明的实施,比用创生信息来实现物质的直接存在意义上的实施范围要广,但其核心还是在后者,其目的是为了规范与保护后者。

二、作品及其独创性的信息内涵

作品的信息来源,离不开书本和实践。前者荷载着先人信息自为与创生的成果;后者是作者对自在信息的亲自接触与辨识。

杜甫名句"读书破万卷,下笔如有神"②,可谓一语道破创作奥秘:只有胸罗万卷在前,才能梦笔生花于后。后代文人的诗句,如"退笔成山未足珍,读书万卷始通神"③、"壮胸中万卷,笔下千军"④、"万卷山积,一篇吟成"⑤等皆化于杜诗且另辟新意,既表达了对杜甫所论的赞同,也证明了后来作品的创作与对前人知识的利用之关系。事实上,被称为"无一字无来处"⑥的诗圣在创作含有上述名句的《奉赠韦左丞丈二十二韵》时,前人也有"能读千赋,则能为之"⑦、"读千赋则善赋"⑧等认识供他"读"与"破"。

我国著名作家茅盾特别重视社会实践在创作中的重要性,他在 20 世纪 30 年代就指出:"有了正确的思想而没有丰富的生活经验,写不成好的作品"⑨。后来又强调:"作品中的故事不一定是作者自己亲身的直接经验,但

---

① 见《日本专利法》第 2 条第 3 项。
② [唐]杜甫:《奉赠韦左丞丈二十二韵》,载[唐]杜甫:《杜甫全集》,高仁标点,上海古籍出版社 1996 年版,第 1 页。
③ [北宋]苏轼:《柳氏二甥求笔迹》,载郁乃尧、郁琰选注:《哲理诗选》,广西人民出版社,1987 年版,第 276 页。
④ 见[北宋]范炎:《沁园春·庆杨平》,载林治金等主编:《中国古代文章学辞典》,山东教育出版社 1991 年版,第 276 页。
⑤ [清]袁枚:《续诗品·博习》,载钟法、毛翰:《袁枚〈续诗品〉译释》,宁夏人民出版社 1988 年版,第 13 页。
⑥ [清]李沂:《秋星阁诗话小引》,载[清]何文焕、[清]丁福保编:《历代诗话统编》(伍),北京图书馆出版社 2003 第 469—478 页。
⑦ [西汉]扬雄:《答桓谭论赋书》。
⑧ [西汉]桓谭:《新论·道赋》,载《全后汉文》(卷十五)。
⑨ 茅盾:《思想与经验》,载《文学》1934 年第 2 卷 4 期。

作品中的人物却不能不是作者自己的生活经验的产物"①。他还以自己创作的在中国现代文学史上具有里程碑地位的长篇小说《子夜》为例,来说明社会实践之于作品成败的意义:《子夜》中描写资本家部分比较生动真切,原因在于他与资本家有过接触,并且较为熟悉;描写革命者及工人群众部分较差,原因在于仅凭"第二手"的文字材料,乃至第三者的口头叙述;没有描写农民暴动和红军活动,原因在于既没有文字与口头资料,又无法亲自去接触与体验。② 对于实践中的体验与作品中的反映之间的关系,冈察洛夫指出:"艺术家创造真实的类似物,这就是说,他所观察到的真实在他想象中反映出来,他又把这些反映转移到自己的作品里。这就是艺术的真实"③。就此,雪莱有非常形象生动的比喻:"人是一个工具,一连串外来和内在的印象掠过它,有如一阵阵不断变化的风,掠过埃奥利亚的竖琴④,吹动琴弦,奏出不断变化的曲调"⑤。

必须指出,不但书本知识来源于实践,并且对书本知识的理解与接收也离不开实践。正如臧克家所言:"理解需要丰富的生活经验和相当的文学修养为基础。一个十几岁的小孩绝对不能了解李尔王的自白和哈姆雷特的心境。这里边有年龄、生活环境、性别等所设下的栏杆"⑥。换而言之,读者已掌握的自为信息决定着其将书本知识化为自为信息的能力与效力。

作品的创作是人脑通过思维活动完成的,思维是一个对自为信息的加工改造,进而创生出新信息的活动过程。作品的创作过程,离不开形象思维和抽象思维两种信息创生活动。

"形象思维是指应用头脑中的具体形象或表象来解决问题的思维"⑦。"文学创作中的形象思维是指作家在创作动机的驱动下,以表象为材料,以审美体验的传达为目的,以自觉的表象定向变异为过程的审美意象的创造活

---

① 茅盾:《关于艺术的技巧——在全国青年文学创作者会议上的讲演》,载《文艺学习》1956年第4期。
② 茅盾:《〈子夜〉是怎样写成的》,载《新疆日报》1939年6月1日。
③ 〔俄〕冈察洛夫:《迟做总比不做好》,李邦媛译,载古典文艺理论译丛编辑委员会:《古典文艺理论译丛》(第1册),人民文学出版社1961年版,第141—189页。
④ 埃奥利亚是古希腊人在小亚细亚的殖民地,其名得自希腊神话中的风神埃奥罗斯,据说这位风神能用他的竖琴模拟世界上一切声音。
⑤ 〔英〕雪莱:《为诗辩护》,缪灵珠译,载江枫主编:《雪莱全集》(第5卷),河北教育出版社2000年版,第451—493页。
⑥ 臧克家:《少像点诗!》,载臧克家:《臧克家全集》(第9卷),时代文艺出版社2002年版,第112—124页。
⑦ 唐晓鸣主编:《基础心理学》,湖北科学技术出版社2003年版,第105页。

动"①。根据思维对象的信息结构不同,形象思维可以分为具体"表象思维"与一般"概象思维"两个阶段。具体表象思维阶段的思维对象是具体的表象信息,得到的结果是初步的概象信息。在这一阶段,人们对存储于记忆中具体表象信息的要素进行分解与组合,形成新的形象信息,这就是概象信息。之所以称之为"概象信息",是因为它不再是对外界具体对象的直观反映了。概象信息所反映的新形象有两种类型:第一种是诸多同类外界具体认识对象共同特征结合而形成的形象,如山、水、草、木、虎、豹、豺、狼等并非具体的类形象;第二种是诸多同类或不同类的外界具体认识对象的不同特征组合而成的新形象,如文学创作中集多个生活原型事例为一身而塑造的文学人物形象,又如集牛头、马面、蛇身、鱼尾、鹿角、兔眼、狮鼻、虾须、虎掌、鹰爪十类动物的特征于一体而形成的中国龙形象。形象思维的上述功能,使其成为文学创作的一个主要思维形式,也因此使其成为"文学创作理论中一个非常重要的概念"②。

一般概象思维阶段的思维对象是非具体概象信息,得到的结果是新的概象信息。概象信息也有"感性概象信息"和"符号概象信息"两种,分别简称为"概象信息"和"符号信息"。符号信息的产生以概象信息为前提,由概象信息到符号信息的发展是抽象思维的基础。

"抽象思维是指以概念、判断、推理的形式进行的思维。抽象思维主要以概念为支柱,揭示的是事物的本质特征及其规律性联系"③。形象思维是创造性思维的起始阶段,其基本形式是想象。而作为人类独有的思维形式,抽象思维是人类创造性思维的高级阶段,其对象是符号信息,其形式是判断与推理,其结果是更高层次、更为复杂的复合符号信息。信息哲学认为,"物质""精神""信息"是迄今为止,人类凭借自己的抽象思维所概括出来的最高层次的复合符号信息。

关于作品创作中想象与推理的关系,雪莱曾指出:"想象是创造力($τὸ ποιεῖν$),亦即综合的原理,它的对象是宇宙万物与存在本身所共有的形象;推理是推断力($τὸ λογίξειν$),亦即分析的原理,它的作用是把事物的关系只当作关系来看,它不是从思想的整体来考察思想,而是把思想看作导向某些一般结论的代数演算。推理列举已知的量,想象则分别地并且从全体来领悟这些量的价值。推理注重事物的相异,想象则注重事物的相同。推理之于想

---

① 许鹏主编:《文学概论》,中国人民大学出版社 2003 年版,第 117 页。
② 同上书,第 115 页。
③ 唐晓鸣主编:《基础心理学》,湖北科学技术出版社 2003 版,第 105 页。

象,犹如工具之于作者,肉体之于精神,影之于物。"① 比较两种思维形式的差异可以看出:在作品创作中,形象思维以表象信息为基本单位、以想象为中心环节、以情感为发展线索、以审美意象、艺术形象和文学作品等为成果;抽象思维以符号信息为基本单位、以判断与推理为中心环节、以逻辑为发展线索、以反映事物本质与规律的概念、判断、推理、公式等为成果。应当指出,形象思维与抽象思维的上述差异并非绝对,而且在具体的思维过程中,两种思维形式也是相互渗透、相辅相成的。

与其说著作权保护的是作品,毋宁是独创性信息。分析作品独创性的信息内涵,有助于厘清著作权保护的条件与范围。根据信息哲学理论,作品的独创性来源于作品所包含的信息的独创性。本书认为,作品中的独创性,依其构成可分为"来源性独创""过程性独创"与"创生性独创"三种类型。"来源性独创"是指信息具有独创性的原因是直接来源于对自在信息的自为,如纪实性的摄影、摄像作品,纪实新闻、自传作品等;"过程性独创"是指信息属于独创的原因仅仅因为没有抄袭,但作品或作品中的部分内容与他人(处于公有领域或私有领域)已经存储在物质载体上的自为信息是否雷同在所不问;"创生性独创"是指通过形象思维或抽象思维创造出来的,与他人已有作品、已经处于公有领域的其他信息不同的信息。

"著作权的本质在于独创性"②,它决定了作者是否以及在何种程度上享有著作权。独创性的有无及形式,直接关涉作品著作权保护的范围。将作品信息的独创性分为"来源性独创""过程性独创"与"创生性独创"三类,有利于更好地理解与把握独创性的内涵。通常在一部作品中,这三类独创性信息都是共同存在,相互作用,相辅相成。在权利保护期内,对属于"过程性独创"的信息,权利人可以自己利用(不对在先权利人构成侵权),但无权阻止他人(任何人或在先权利人)利用;对属于"来源性独创"与"创生性独创"的信息,权利人不但可以自己利用,也有权阻止他人利用。在性质上,前者属于非垄断性权利,后者属于垄断性权利。从逻辑角度观之,"过程性独创"是一部作品获得著作权保护的前提条件,其他两类独创都是建立在"过程性独创"基础之上的,否则作品的任何独创就无从谈起。

就一部作品整体而言,只要并非来自于抄袭,那么从整体上就具有独创性,即"过程独创",从而满足著作权法保护的最低要求。前文提到美国汉德

---

① 〔英〕雪莱:《为诗辩护》,缪灵珠译,载江枫主编:《雪莱全集》(第5卷),河北教育出版社2000年版,第451—493页。
② 〔美〕Arthur R. Miller、Michael H. Davis:《知识产权法:专利、商标和著作权》(影印注释本),宋建华等注,中国人民大学出版社2004年版,第295页。

法官为说明作品独创性,假设了一个"具有魔力的人独创济慈《希腊古瓮颂》"的极端例子,并指出:因此"别人就不能随意复制或使用这首诗,然而他们可以随意复制或使用济慈的诗"。① 美国学者米勒与戴维斯在其合著的《知识产权法:专利、商标和著作权》一书中也假设了一个类似的例子:"如果某人独立创作出了《罗密欧与朱丽叶》这个故事,而非抄自于莎士比亚,那么他也可以对其享有著作权"。他们接着指出:"因此产生的著作权可以制止任何其他人复制该作者的这部作品(但是,不能凭借该著作权而阻止他人复制莎士比亚的作品,原因是莎士比亚的作品已经进入公有领域)"②。问题是,这里既然已经假设这位作者创作的《罗密欧与朱丽叶》与莎翁的同名作品完全相同,那么如何区分哪部作品来自该作者,哪部作品又来自莎士比亚?又如何只制止他人对该作者的《罗密欧与朱丽叶》的复制,而不制止对莎翁的《罗密欧与朱丽叶》的复制?事实上,既然济慈与莎翁的作品都已进入公有领域,那么即使某人"魔力附身"将他们的作品独创了出来,并因此获得著作权,但却不能制止他人对该作品的利用。就如不能因为李政道与杨振宁不是通过对自在信息的辨识而得出结论,就将"宇称不守恒定律"归入发明之列一样,也不能因为没有抄袭就将公有领域的自为信息划为私有的创生信息。问题的关键在于,无论是李政道与杨振宁的科学发现,还是"魔力附身之人"的作品,在最终结果上都属于"自为信息",而非"创生信息"。就著作权法而言,"魔力附身之人"作品的独创性的原因仅仅是没有抄袭,属于"过程性独创",因此产生的权利不具垄断性。斯坦福大学Lillick法学讲席教授,美国著名版权学者保罗·戈登斯坦(Paul Goldstein)对此也指出:汉德法官对作品独创性的判断方法是"作品独创性的低标准要求(The Originality Requirement's Low Threshold),按照这一标准,在其长期审判著作权案件的经历中,汉德法官从来没有发现过一部作品因缺乏原创性而不符合著作权的要求。"③ 由此可见,那种认为"只要作品是由作者直接创作而产生的,是作者思想感情的体现,不是单纯模仿或抄袭他人的作品,即使与他人的作品有某种雷同之处,也不影响其所享有的著作权"④的观点,并不完全准确。

关于作品的"来源性独创",有一个著名的判例。在时代公司诉伯纳德·

---

① See Robert A. Gorman & Jane C. Ginsburg, Copyright for the Nineties, The Michie Company Law Publishers, Fourth Edition, 1993, p. 421.
② 〔美〕Arthur R. Miller、Michael H. Davis:《知识产权法:专利、商标和著作权》(影印注释本),宋建华等注,中国人民大学出版社2004年版,第295页。
③ Paul Goldstein, Goldstein on Copyright, Third Edition, Volume I, Aspen Publishes, 2007. p. 2—8.
④ 刘春茂主编:《知识产权原理》,知识产权出版社2002年版,第141页。

格斯联合企业一案中①,泽普鲁德拍摄的关于肯尼迪遭暗杀的摄像被认定为具有可版权性,该案为同类标准提供了一个具有典型意义的应用。显然,泽普鲁德并没有提供他自己的独创性思想,因为"任何处于他当时所在位置并带有摄像机的人,都会摄下那幕悲剧"②。泽普鲁德一案,是对反映公共事件的无艺术价值摄影和摄像,进行版权保护的生动事例。该案证明了某人通过劳动而得到的具有独特性的信息可以受到财产权保护,即使该信息中并不包含作者自己的独特性思想。可见,在这类作品中有的不是"Original Idea",而是"Original Information"。尤其是那些"一过性"的重要历史事件,其"Original Information"就特别珍贵。

一般而言,对一部作品进行整体复制与利用的侵权现象相对较少。绝大部分侵权是对作品的部分信息进行抄袭和利用,同时,由于一部从整体上具有独创性因而享有著作权的作品,并非其中任何信息都具有独创性,都不能被他人利用。因此,区分作品信息的独创性类型有助于厘清作品的具体独创要素与保护范围。

三、商标及其显著性的信息构成

关于商标的构成,黄晖博士曾指出:"商标并不仅仅是一个单纯的标记,它实际是由使用商标的主体、商标使用的对象以及组成商标的标志三位一体的统一物。这三个要素相互关联共同组成一个完整的商标。"③可以认为,这种观点将商标理解为一种三元结构,其结构性要素是商标所有人、商品或服务以及商标标志。只是,这种理论没有进一步阐述这三种要素为何能够关联起来,以及如何关联起来。彭学龙教授在其广受关注的专著《商标法的符号学分析》一书中也认为传统商标是一种三元结构,并从符号学的角度给出了商标三元结构的解释。他指出,构成商标的三元要素分别是有形标记、商品或服务以及商品或服务的出处(商誉),并认为,这三种要素之所以能够结合在一起,其原因在于商标是一种符号,它们是根据符号学的原理进行相互关联的。④

应当承认,符号学在解释商标结构中具有得天独厚的优势,这得益于符号结构理论的成熟。"对符号的形式、符号内部结构和外部关系的精确描述

---

① Times, Inc. v. Bernard Geis Associates, 293 F. Supp. 130, 144(S. D. N. Y. 1968)
② Justin Hughes, The Philosophy of Intellectual Propety, in the Georgetown Law Journal 77 (1988):287—366.
③ 黄晖:《商标法》,法律出版社 2004 年版,第 23 页。
④ 彭学龙:《商标法的符号学分析》,法律出版社 2007 年版,第 64 页。

图 3.1　示意图

商标三要素示意图①

商标三元结构示意图②

很可能就是符号学的主要成就"③。诚然,"就商标法学而言,符号学就不仅是一种研究方法,而且同时具有本体上的意义"④。然而,符号的本体又是什么,符号学并没有给出谜底。纵观符号学关于符号概念的界定可以发现,"对符号的定义是功能式而非本体式的"⑤。意大利当代著名学者、作家艾柯(Umberto Eco)在其备受推崇的《符号学理论》一书中,更是直言不讳地指出:"确切地说,不存在符号,而只有符号—功能。"⑥应当说,符号学只关心于符号这一现象的结构与功能,并无兴趣于符号的本体与状态,对其研究宗旨来说这是很自然的事。而当我们认为"商标天生就是符号"⑦,并从财产权客体的角度来考察商标这个"天生的符号"时,就不能仅仅关心"它能做什么"(What can it do),还必须阐明"它会是什么"(What can it be)。结合本书的主题,商标作为知识产权的一项重要客体,其本体与状态则是知识产权体系化必须直面回答的问题。

前文指出,信息哲学将事物所载的信息分为"表象""潜在"与"约定"三个层次。其中"表象"与"潜在"两个信息层次是任何事物都具有的,而"约定层"信息存在的前提是事先的约定。事实上,利用约定赋予事物以信息,并非人类独有的技能⑧,蜜蜂就能娴熟地通过其漂亮的舞蹈来约定与传

---

① 黄晖:《商标法》,法律出版社 2004 年版,第 23 页。
② 彭学龙:《商标法的符号学分析》,法律出版社 2007 年版,第 65 页。
③ 同上书,第 22 页。
④ 同上书,第 12 页。
⑤ 同上书,第 22 页。
⑥ 〔意〕乌蒙勃托·艾柯:《符号学理论》,卢德平译,中国人民大学出版社 1990 年版,第 56 页。
⑦ 朱谢群:《创新性智力成果与知识产权》,法律出版社 2004 年版,第 127 页。
⑧ 对动物的行为研究表明,动物也具有鲜明的符号识别本领,甚至会使用符号系统。守夜的候鸟有不同的报知符号,许多动物如狗、海豚、马、猴能够清晰地识别符号,而大猩猩和海豚由于智力比较发达,竟有自己的一套表达符号体系。参见宋太庆:《知识革命论》,贵州民族出版社 1996 年版,第 4 页。

递信息。① 约定层信息的产生,是通过约定赋予事物表象以新的信息内涵,从而产生约定层信息,约定层信息作为另外事物的间接存在,反映该事物的直接存在性。这样通过约定层信息的中介作用,将本来没有关系的两个事物联系在一起。可见,约定层信息实际上扮演了两个角色,一是甲事物的约定层信息,二是乙事物的间接存在信息。

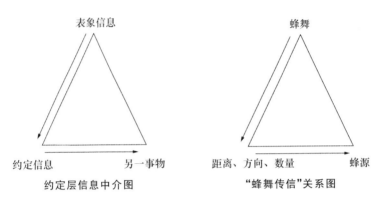

图 3.2　中介图与关系图

表象层信息与约定层信息的关联通过约定来建立,而约定的方式则有多种多样,耳提面命、教育培训、潜移默化、约定俗成等都可形成约定层信息。约定层信息与另一事物的关联可以由约定层信息的内容来建立,也可以通过负载表象层信息的载体与另一事物的物理接触,或表象层信息本身对另一事物直接异化而形成。如小学教师给作业完成较好的学生作业本上贴上一张笑脸图案,这是表象层信息的载体与另一事物的物理接触;也可以直接在该学生的作业本上画一个笑脸,这是表象层信息本身对另一事物直接异化;还可以在教室里直接表扬该同学的作业完成得较好,这是约定层信息的内容与另一事物形成关联。将这三种约定层建立的方式对应到商标上,就是:将商

---

① 蜜蜂通过舞蹈来约定与传递信息的形象,本书称之为"蜂舞传信"。"蜂舞传信"的现象是由1973年诺贝尔生理学或医学奖得主德籍奥地利生物学家、动物行为学创始人卡尔·冯·弗里希(Karl von Frisch)破译的。他发现,当一只蜜蜂发现了一束鲜花后,稍作停留便振翅飞回蜂巢边,翩翩起舞。很快,一大群蜜蜂就会直接飞向刚才那束鲜花采起蜜来。蜜蜂利用舞蹈来约定和传递信息的现象和含义,弗里希发现蜜蜂的舞蹈姿势不但包含距离信息而且还有方向信息:蜜蜂通常用两种舞蹈并辅之以速率的变化来传递距离信息,弗里希将其命名为"圆圈舞"和"轮摆舞"。前者表示蜜源花与蜂巢的距离在100米之内,后者意味着蜜源距离蜂巢在100米以外。当跳轮摆舞时,如果速率较快,则代表超过100米不太远;如果速率较慢,则表示距离更远。如果蜜蜂头朝着太阳飞舞,则表示蜜源是对着太阳的方向;如果背着太阳飞,蜜源就在太阳光线的相反方向。另外,侦察蜂通过在花朵上的停留使自己身上带着花粉或蜜源的残渣,传递蜜源的表象信息,使得其他蜜蜂根据它身上这种残渣的味道,很容易找到蜜源花粉。根据侦察蜂舞蹈的活跃程度及持续时间,同伴们可以判断出蜜源的数量及甜度,以确定出动采蜜的蜜蜂的数量。

标标识缀附在商品上，将商标标识刻印在商品上，以及在广告宣传中将商标标识与商品形成信息关联。

基于上述理论，可以具体讨论商标的信息结构，对一件商标来说，一事物的表象层信息是由"文字、图形、字母、数字、三维标志、颜色组合和声音等，以及上述要素的组合"①所构成的商标标志本身；该事物的约定层信息是某一商品或服务的品质信息和生产该商品或提供该服务的厂商的商誉；而另一事物则是该商品或服务本身。由此可以看出，一件商标是由商标标志表象信息、标志约定信息以及商品或服务的自在信息，这三方面的信息结合而成的。这是一件完整的商标一般所应具有的三元信息结构。必须指出，这三元信息中的任何"一元"或"两元"都不能构成商标，商标是个"三位一体"的概念。②

图 3.3 示意图

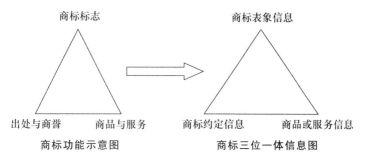

商标的约定信息来源于商品自在信息被消费者辨识、转化而形成的自为信息，消费者对该商品自为信息的获得，不但可以在亲自使用该商品的体验与感受中实现，还可以通过其他消费者口述、媒体宣传而形成。

被约定的另一事物，既可以是物质世界某一具体存在物，也可以是精神世界某一抽象存在物，还可以是事物之间的关系、性质等概念。约定层信息所显示或反映的另一事物的范围的大小，取决于约定层信息抽象度的高低，可特指、可类指，也可泛指。

第三节　知识产权制度的价值基础

知识产权水平的高低是一个国家核心竞争力的重要体现，知识产权制度的价值表述具有逻辑体系上的层次性。胡锦涛同志在中共中央政治局第 31

---

① 见《商标法》第 8 条。
② 倘若只有表象信息这一元，就只是一幅图案与商标无任何关联；如果有表象与约定这"二元"信息，而没有指向特定商品或服务自在信息，也只是"标"而不含"商"；必须是"三位一体"的标志才是真正典型意义上的商标。

次学习时提出,要"加强我国知识产权制度建设,大力提高知识产权创造、管理、保护、运用能力","为我国进入创新型国家行列提供强有力的支撑"①。胡锦涛总书记对我国知识产权工作的部署与阐述,表明了我国高层领导人对知识产权制度社会价值的深刻认识和正确把握。

"法律体系化的根据,在于法律概念及其所存储价值的位阶性",并且"概念负荷价值,价值假概念以行"②。毋庸讳言,时事纷繁复杂,万物变化不居,欲建立一个完美无缺的法律体系,确为人类有限心智所遥不可逮。然而,从无序中追求有序,从秩序中实现价值,正是人类永恒天性之所在。本节不拟全面阐释知识产权制度的价值基础,而望厘清学界较为关注的知识产权价值中几个基础性问题。

一、创造伦理与分配伦理的价值层次

"鼓励创造,促进发展",一向被认为是现代知识产权制度的根本价值取向。有学者指出"物权制度将自己的任务定位于'巩固财货之归属秩序'"③,与理论体系的发展已经成熟的物权制度相比,同为财产法的"知识产权制度应当走下'鼓励创造'的神坛,步入'分配利益'的俗境,不再沉迷于'鼓励创造,社会发展'的幼稚假定"④。上述观点在知识产权学术领域产生了一定的影响,有学者在表示"否定'鼓励创造说'是不能接受的"的同时,对知识产权制度的分配伦理则持赞同意见。⑤ 从本质观之,这关涉到创造伦理与分配伦理的关系及其价值层次,也是知识产权体系化必须回应的问题。

问题起源于与物权制度的对比,研究也应开始于对物权制度的考察。事实上,物权理论从来就不讳言鼓励创造的价值取向,并公开宣称"鼓励对财富的进取心是物权立法的基本出发点"⑥。现代物权制度发源于资本主义社会,马克思与恩格斯对资本主义的创造财富的能力印象极为深刻,他们曾在《共产党宣言》里指出:"资产阶级在它的不到一百年的阶级统治中所创造的生产力,比过去一切世代创造的全部生产力还要多,还要大。"⑦而给资本主义带来如此强大创造力的"就是所有权。英国法学家布莱克斯通说,从来没

---

① 胡锦涛:《切实加强我国知识产权制度建设,为建设创新型国家提供有力支撑》,载《人民日报》2006年5月28日第1版。
② 张俊浩主编:《民法学原理》,中国政法大学出版社1997年版,第35、37页。
③ 李琛:《论知识产权的体系化》,北京大学出版社2005年版,第65页。
④ 同上书,第141页。
⑤ 参见冯晓青:《知识产权法利益平衡理论》,中国政法大学出版社2006版,第171页。
⑥ 孙宪忠:《争议与思考:物权立法笔记》,中国人民大学出版社2006年版,第312页。
⑦ 〔德〕马克思、恩格斯:《共产党宣言》,人民出版社1997年版,第32页。

有一种制度能够像所有权那样能够激起人们创造的激情"①。而着眼于资源创造与利用的经济学家,在财产法鼓励财富创造这个问题上的论断,与法学家可谓殊途而同归:"对财产的法律保护有其创造有效使用资源的诱因"②。

实际上,我国 1949 年以来近七十年历史的前后两个部分,国民经济与人民生活发生巨大变化的史实,更是无可争议地证明,所有权对创造财富积极性的鼓励与激发作用。计划经济时代,一切财产都归公,个人没有所有权,农民养一只鸡、种一畦菜都可能被当成资本主义的尾巴。在全民吃大锅饭的体制下,个人创造财富的积极性被压制,出工不出力成为普遍的现象,国民经济得不到快速地发展,老百姓的生活和生存都面临着威胁。历史悲壮地见证了中国农民"穷则思变"的过人胆识:1978 年 12 月 12 日安徽省凤阳县小岗村 18 户农民秘密签订契约,将集体耕地承包到户。现存于中国历史博物馆,文物编号为"GB54563"的这份契约的主要内容为:"我们分田到户,每户户主签字盖章。如以后能干,每户保证完成全年上交的公粮,不再向国家伸手要钱要粮。如不成,我们干部坐牢杀头也甘心,大家社员们保证我们的小孩养活到 18 岁"。此情此景,真可谓"风萧萧兮易水寒"! 中国农民就是这样不惜以生命为代价,来践行"所有权激励创造财富的积极性"这一真理。而二千三百多年前孟子那句"有恒产者有恒心,无恒产者无恒心"③的治民箴言,则是对这一真理的最佳诠释。由此可见,已被中外无数史实明证,并可追溯到两千多年前的,财产法"鼓励创造,促进发展"之制度价值绝非"假设",更不"幼稚"。④

必须正视,"财富创造是首要的,没有财富的创造,便无财富实现可言"⑤。毋庸讳言,一个公平、稳定的社会需要合理的财富分配机制,但没有财富的创造作为支撑的分配,无异于无本之木,无源之水。而财富分配监管机构的专业人士则更是直接诘问:"没有财富的创造,何来财富的分配"⑥?

就制度构建的价值取向而言,财产法的重要作用"就是在于产生有效率

---

① 孙宪忠:《争议与思考:物权立法笔记》,中国人民大学出版社 2006 年版,第 313 页。
② 〔美〕罗伯特·考特、托马斯·尤伦:《法和经济学》,张军等译,上海三联书店、上海人民出版社 1994 年版,第 147 页。
③ 〔战国〕孟子:《滕文公上》,载邢群麟、于海英:《听南怀瑾讲孟子》,民主与建设出版社 2008 年版,第 108 页。
④ 与此类似的问题在债权制度中也有反映:"债权又称为相对的权利,它涉及债权者与债务者之间的关系,所以其内容、种类由当事人自主判断。以此来促进自由竞争。"(〔日〕北川善太郎:《日本民法体系》,李毅多、仇京春译,科学出版社 1995 年版,第 50 页。)
⑤ 李宗发:《财富创造论:国民财富产生原理研究》,经济管理出版社 2006 年版,第 6 页。
⑥ 王治超:《关于当前中国保险业发展和监管有关问题的思考》,载李扬主编:《中国金融论坛》,社会科学文献出版社 2006 年版,第 221—230 页。

地利用各种资源的激励"①。而"从经济学或财产最大化的视角来看,法律的基本功能就是改变激励因素"②。因为,"资源的'稀缺'现实告诉我们,法律的最重要的作用不是'分蛋糕',是'做蛋糕',是促进资源的'效率'配置,也即是'促进'财富最大化'"③。当然,法律就更不能肤浅到只是在意"分蛋糕",不去关心"做蛋糕"的程度。

那么,物权法"巩固财货之归属秩序"④的价值诉求又该置于何地呢?事实上,财产法的价值空间并非恋人的情感世界:只能"接纳唯一";创造伦理与分配伦理的价值诉求亦非锐矛与坚盾的概念内涵:彼此"不共戴天"。须知"法律概念之位阶性是将法律体系化的基础"⑤,而"概念与概念之间不但有由'其抽象化程度'的高低,而且也有由'其所负荷之价值的根本性'所决定下来之位阶的问题"⑥。

行文至此,笔者不禁想起《圣经·马太福音》中的一段记载:有法利赛人向耶稣询问,向罗马皇帝恺撒纳税是否违背犹太民族的法律?耶稣拿起一枚铸有恺撒肖像及名号的银币,从容而答:"恺撒的归恺撒,上帝的归上帝"⑦。层面有别,各有所属,这是体系化的基本要求。神坛上端坐的是上帝,俗境里奔走的是恺撒。这个世界的秩序,本来就是如此。

二、"最伟大创造"与法律的保护对象

知识产权"鼓励创造"之制度价值提出质疑的另一重要理由是"知识产权法并不保护最伟大的创造"⑧。其推理是:原理性创造与实用性创造并无本质区别,而前者的创造性一般而言比后者更高,也更为重要;倘若知识产权制度真是以"鼓励创造"为职志,就不应把原理性的伟大创造排除在外,否则就不能自诩"鼓励创造"。

应当承认,从逻辑上看这一推理确实无可挑剔,但是天衣无缝的推理也并不一定能得出真理性的结论。就此,笔者想起了古希腊一个著名的"阿基

---

① R. H. Coase, The Firm the Market And the Law, the University of Chicago Press, 1998, p. 31. 转引自高富平:《中国物权法:制度设计和创新》,中国人民大学出版社 2005 年版,第 29 页。
② 〔美〕理查德·A. 波斯纳:《正义/司法的经济学》,苏力译,中国政法大学出版社 2002 年版,第 75 页。
③ 高富平:《中国物权法:制度设计和创新》,中国人民大学出版社 2005 年版,第 29 页。
④ 谢在全:《物权法》,中国政法大学出版社 1999 年版,第 3 页。
⑤ 黄茂荣:《法学方法论与现代民法》(第五版),法律出版社 2007 年版,第 99 页。
⑥ 同上书,第 100 页。
⑦ 《圣经·马太福音》第 22 章第 15 节到 22 节。
⑧ 李琛:《论知识产权的体系化》,北京大学出版社 2005 年版,第 63 页。

里斯追不上龟"的逻辑悖论①：阿基里斯（Achilles）②是古希腊神话中非常善跑的英雄，但是只要让乌龟先爬出一段距离，那么即使是阿基里斯也永远追不上乌龟。因为等阿基里斯追到乌龟原来所在地，乌龟又爬出去一小截。于是阿基里斯又必须赶上这段路，可是这时乌龟又向前爬了。这样，阿基里斯虽然越追越近，但永远追不上乌龟。显然，结论是错的，但逻辑却是正确的。③

就这里论述的主题而言，"知识产权法并不保护最伟大的创造"须有一个假设的前提，即"知识产权法可以保护最伟大的创造"。然而，这个假设却是不可能满足的，因为对于科学发现来说，法律不可能像对待技术发明那样，禁止他人未经许可地利用科学发现成果。因为科学规律不以人的意志为转移，因此也不受人制定的法律来控制、来制约其作用的。人类自作为自然的一分子，自其诞生之日起就无时无刻不在有意识地利用自然规律。譬如，如数千年前古人就会引弓射鸟，上万年前原始人就会飞石猎兽，这些无不用到牛顿的三定律，只是知其然不知其所以然罢了。总不能在法律中规定一条："未经权利人的许可，不能故意地利用他人科学发现成果"。如此这般，人人都会变成文盲、科盲了，因为一旦识字学习就会"故意地"利用他人新发现的自然规律了。古希腊著名科学家阿基米德（Archimedes）有一句豪气干云的名言：给我一根杠杆，我可以撬起整个地球！阿翁的睿智与幽默，曾给无数人平添了搏击人生的豪情。当然，包括阿翁在内谁也没有真的想去"撬动整个地球"，谁能给他提供杠杆呢！阿翁豪言给予的启示是：预设的前提无法满足，逻辑的推论再正确也无意义。

知识产权法不保护最伟大的创造，在立法上的直接体现就是"科学发现不授予专利权"原则。以信息哲学视角观之，科学发现的创造性虽然在很大程度上比技术发明要高，但两者创造性的表现与要求却有本质的不同。前者

---

① 这是古希腊数学家、哲学家芝诺提出的一系列关于运动的不可分性的哲学悖论中的一个，此外还有"二分说""飞矢不动说""运动场悖论"，人们通常把这些悖论称为"芝诺悖论"。
② 阿基里斯（又译为"阿喀琉斯"，希腊语：χιλλε，拉丁语：Achilles）是海洋女神忒提斯（Thetis）与国王佩琉斯（Peleus）的儿子。在阿基里斯出生后，忒提斯捏着他的脚踝将他倒浸在冥河水中，使他周身刀剑不入，唯有脚后跟由于没有浸到河水，而成为他唯一致命之处，此即西谚"阿基里斯之踵"的来源。荷马在《伊利亚特》（Iliad）中花了很大的篇幅对之进行描写。他历来以其勇气、俊美和体力著称，对雅典娜（Athena）和赫拉（Hera）非常尊敬。他是参加特洛伊（Troy）战争的唯一一个半人半神。在特洛伊战争中阿基里斯杀死特洛伊主将黑克托尔（Hector），使希腊军转败为胜。最后在太阳神阿波罗（Apollo）指点下，特洛伊王子帕里斯（Paris）用箭射中阿基里斯的脚踝，希腊人的第一勇士因此而死去。现在解剖学家就将脚踝位置的肌腱（即阿基里斯被射中的位置），命名为阿基里斯腱。
③ 参见赵汀阳：《思想之剑》，广东教育出版社1996年版，第6页。

的创造性体现在将自在信息转化为自为信息的过程中,其结果只是客观事物的主观间接存在,即自为信息,它并无创造性;而技术发明虽然其过程也有创造性,但决定其是否具有创造性的是结果,即创生信息,必须具备创造性。考察古今中外,无论多么伟大的科学发现,即使是牛顿的三定律和爱因斯坦的相对论,从其结果来看,都不具创造性,也不可能具有创造性,否则就没有正确揭示自然规律;相反的是,无论如何渺小的技术发明,即使一个自动遮雨棚、一个升降晾衣架的发明,都应具有创造性,否则就不能授予专利。就科学发现与技术发明的概念而言,其内涵都是指向结果而非过程的,显然,对于结果不具创造性的科学发现,奈何以创造性保护之?

三、"诗穷而后工"与法律的价值定位

有学者指出:"'诗穷而后工',在创作不能作为生计的时代,可能作品的质量会更高"①。所以"知识产权制度的影响不是针对智力成果的产生,而是针对智力成果的利益分配"②。这向我们提出了"诗穷而后工"与知识产权制度之价值定位的关系问题。为阐明这一问题,必须从"诗穷而后工"的含义与原因谈起。

"诗穷而后工"是北宋文学家欧阳修,在《梅圣俞诗集序》中提出来的重要美学命题。③ 原文是这样表述的:"盖愈穷则愈工。然则非诗之能穷人,殆穷者而后工也"④。可以看出,他在提出"诗穷而后工"这一命题同时,还指出"非诗之能穷人"这一事实,亦即写诗并非是致诗人穷困的原因,只是在贫穷困顿的情形下写出的诗情感更加丰富。苏轼更是直言写诗与诗人的穷富并无直接关联:"云能穷人者固谬,云不能穷人者,亦未免有意于畏穷也。"⑤ 苏轼的意思是,说"诗能穷人"固然荒谬,说"诗能富人"亦非高明,不过是害怕穷窘的潜意识之表现而已。事实上,"诗穷而后工"之"穷"并非特仅指贫穷之"穷",而是泛指包括贫穷在内的一切困顿、灾难、病痛等客观因素,可以是诗人个人的,还可以是他人的,更可以是国家的、民族的。从本质上看,使诗"工"的直接原因并非贫穷与灾难本身,而是因贫穷与灾难而产生愁苦、悲伤、

---

① 李琛:《论知识产权的体系化》,北京大学出版社 2005 年版,第 63 页。
② 同上。
③ 陈望衡:《中国古典美学史》,湖南教育出版社 1998 年版,第 675 页。
④ [北宋]欧阳修:《梅圣俞诗集序》。
⑤ [北宋]苏轼:《答陈师仲书》,载毛德富等主编:《苏东坡全集》(卷 1—卷 10),北京燕山出版社 1998 年版,第 3505 页。

愤懑、不平等主观情感。比欧阳修出生早半个世纪的南朝著名文学理论家刘勰①,从创作论的角度也是持"诗穷而后工"的创作主张,他曾将"诗穷而后工"命题用形象化的"蚌病成珠"来阐述②。"诗穷而后工"更是深受后代文人的推崇,以至于后辈"文学青年"不能深明其理而无病呻吟地"为赋新词强说愁"③。

　　探求"诗穷而后工"原因,托尔斯泰的《安娜·卡列尼娜》开篇第一句就有名言:"幸福的家庭都是类似的,不幸的家庭各有各的不幸"④。事实上,正是这些"各有各的不幸"提供了作者丰富的情感体验。明人王世贞有言:"贫老愁病,流窜滞留,人所不谓佳者也,然而入诗则佳。富贵荣显,人所谓佳者也,然而入诗则不佳"⑤。也阐述了诗穷而后工、文悲而感人的现象。真正从为文角度直接阐述忧患的意义的是司马迁,太史公历数《周易》《春秋》《离骚》等大作产生的背景后指出,这些伟大著作"大抵贤圣发愤之所为作也"⑥。事实上,"流放是屈原的不幸,却是中国文化的大幸——正是因为流放的郁闷,屈原才写下了千古不朽的《离骚》"⑦。这里,"后工"的原因并非是"贫",而是不"平",即"不平则鸣"⑧。"国家不幸诗家幸"⑨也是"诗穷而后工"所要表达的

---

① [南朝梁]刘勰,字彦和,生活于南北朝时期,中国历史上著名的文学理论家。祖籍山东莒县(今山东省日照市莒县)东莞镇大沈庄(大沈刘庄),世居京口(今江苏镇江)人。幼丧父,笃志好学,因家贫,住在佛寺。他精通佛教经论,并钻研了儒家经典。32多岁时,写成三万七千字的《文心雕龙》,引论古今文体及其作法,又和唐朝刘知几的《史通》,清朝章学诚的《文史通义》,并称中国文史批评三大名著。刘勰虽任多官职,但其名不以官显,却以文彰,一部《文心雕龙》奠定了他在中国文学史上和文学批评史上不可或缺的地位。
② 诸葛志:《中国原创性美学》,上海古籍出版社2000年版,第156页。
③ [南宋]辛弃疾:《丑奴儿·书博山道中壁》:"少年不识愁滋味,爱上层楼。爱上层楼,为赋新词强说愁。而今识尽愁滋味,欲说还休。欲说还休,却道天凉好个秋。"
④ [俄]列夫·托尔斯泰:《安娜·卡列尼娜》(上册),周扬等译,人民文学出版社1956年版,第3页。
⑤ [明]王世贞:《艺苑卮言》。
⑥ [西汉]司马迁:《史记·太史公自序》。
⑦ 余秋雨:《学问·余秋雨·与北大学生说中国文化》,陕西师范大学出版社2009年版,第119页。
⑧ [唐]韩愈:《送孟东野序》:"大凡物不得其平则鸣:草木之无声,风挠之鸣。水之无声,风荡之鸣,其跃也,或激之;其趋也,或梗之;其沸也,或炙之。金石之无声,或击之鸣。人之于言也亦然,有不得已而后言。其歌也有思,其哭也有怀,凡出乎口而为声者,其皆有弗平者乎!"[清]曹雪芹:《红楼梦》第五十八回:"宝玉道:怨不得芳官!自古说:'物不平则鸣。'他失亲少眷的在这里,没人照看;赚了他的钱,又作践他;如何怪得?"
⑨ [清]赵翼:《题遗山诗》,载胡忆尚选注《赵翼诗选》,中州古籍出版社1985年版,第162页。"身阅兴亡浩劫空,两朝文献一衰翁。无官未害餐周粟,有史深愁失楚弓。行殿幽兰悲夜火,故都乔木泣秋风。国家不幸诗家幸,赋到沧桑句便工。"

意思。"文革"过后而生"伤痕文学"①,汶川罹难乃催诗坛风暴②是为例。

法国18世纪最杰出的启蒙思想家狄德罗(Diderot Denis)曾深刻分析"诗穷而后工"的情感原因:"什么时代产生诗人?那是在经历了大灾难和大忧患之后,当困乏的人民开始喘息的时候。那时想象力被伤心惨目的景象所激动,就会描绘出那些后世未曾亲身经历的人所不认识的事物。难道我们没有在某些时候感受过一种陌生的恐怖吗?……天才是各个时代都有的;可是,除非持有非常的事变发生,激动群众,使有天才的人出现,否则有天才的人就会僵化。而在那样的时候,情感在胸怀堆积、酝酿,凡是具有喉舌的人都感到说话的需要,吐之而后快。"③

从大脑的信息摄入与人类的情感产生来看,困顿与大灾难给作家的精神上带来巨大创伤和痛苦作为一种最具活性的内在信息,最能激发作家的创作情感。"脑科学的研究表明:人脑中的快乐中枢与痛苦中枢相比,痛苦中枢占优势。刺激痛苦中枢常常可以完全抑制快乐中枢的活动。在等量刺激的感觉过程中,痛苦中枢摄入的信息要大于快乐中枢,因此更有利于唤醒或激活

---

① "文革"结束以后的最初几年,人们压抑了十年之久的情感闸门冲决而开,文学开始直接描写十年浩劫给中国人民带来的苦难与创痛,出现了以短篇小说《班主任》(刘心武发表于1977年第11期《人民文学》)和《伤痕》(卢新华发表于1978年8月11日《文汇报》)为代表的一大批饱含血泪的文学作品,这些作品主要描述了知青、知识分子、受迫害官员及城乡普通民众在那个不堪回首的年代悲剧性的遭遇。刘心武与卢新华的这两篇小说成为后来所谓"伤痕文学"的代表性作品,成为文学史叙述无法绕开的名词。"'伤痕文学'作为'文革'后的第一个文学——文化潮流,是中国文化走出'文革'的第一个重要历史逻辑环节"。(张法:《伤痕文学:兴起、演进、解构及其意义》,载《江汉论坛》1998年第9期。)"伤痕文学"这一概念到底是谁先提出来的,还存在着一定的争议,根据蒋守谦的考证,首先使用"伤痕文学"这一概念的是苏叔阳,时间是1978年11月(见蒋守谦:《"伤痕文学"——概念的生成和操作》,载《管窥蠡测——蒋守谦当代文学评论选》,新疆人民出版社1999年版,第404页)。而秦宇慧在他的《文革后小说创作流程》(燕山出版社1997年版)中提到,"伤痕"一词在学术界被用来概括文学思潮,最早可见于旅美华裔学者许芥昱的《在美国加州旧金山州立大学中共文学讨论会的讲话》一文。许芥昱认为,中国大陆自1976年10月后,短篇小说最为活跃,并说:"最引大众注目的内容,我称之为'Hurts Generations',即'伤痕文学',因为有篇小说叫做《伤痕》,很出风头。"(参见陶东风、和磊:《中国新时期文学30年:1978—2008》,中国社会科学出版社2008年版,第41页。)"伤痕文学"的代表作品主要有:《班主任》/刘心武;《伤痕》/卢新华;《神圣的使命》/王亚平;《灵与肉》/张贤亮;《小镇上的将军》/陈世旭;《爬满青藤的木屋》/古华;《思念你,桦林!》/龚巧明;《飘逝的花头巾》/陈建功;《被爱情遗忘的角落》/张弦;《本次列车终点》/王安忆;《我是谁》/宗璞;《啊!》/冯骥才;《大墙下的红玉兰》/从维熙;《将军吟》/莫应丰;《芙蓉镇》/古华;《许茂和他的女儿们》/周克芹;《走出迷惘》/辛北。

② 2008年5月12日,以四川汶川为中心发生了一场里氏8级的大地震,震惊中外。正是这场罹难,使中国的诗坛席卷起了一场风暴,写下了成千上万首抗震诗歌。这些诗歌的作者,有著名诗人、有诗歌爱好者、有政府官员、有国际友人,还有从未写过诗的百姓。

③ 〔法〕狄德罗:《论戏剧艺术》,载《文艺理论译丛》(第二册),人民文学出版社1958年版,第137页。

情绪记忆和无意识。"①而文学创作中活动最活跃的审美心理因素正是这种情绪记忆和无意识,由此可见,大诗人、大作家产生于大灾难、大忧患之后,就并非偶然了。

由上面的阐述可以得出以下几点启示:(1)"诗穷而后工"是一个美学命题,与作者的贫富并无直接关系;(2)"诗穷而后工"指出的是作为智力成果的文学作品产生的情感条件,并不能据此否认知识产权制度的影响不是针对智力成果的生产,也不能否认知识产权制度在鼓励智力成果产生方面所起的作用;(3)任何社会现象的发生、发展都有其客观规律,法律对某一社会现象的鼓励与保护,起到的是一种社会机制的主观导向与评价作用,至于某一社会现象的具体产生与发展则是由主客观多种因素共同决定的。

与此相关的一个问题是,"创造是人类的天性,创造行为本身是不需要利益刺激的"②。这实际上是属于人的本性的行为是否需要利益鼓励与保护的问题,可以将此命题换成"劳动是人类的天性,劳动行为本身是不需要利益刺激的"。笔者认为,这个命题成立的前提马克思已经给出了,那就是在共产主义社会。

另外,还有一个似是而非的判断在学界也颇有影响,即以"专利制度获利最多者不是创造者,而是投资者与市场交易者"③。应当指出,以此来否认知识产权制度的鼓励创造的价值诉求,是对专利制度鼓励创造的僵化理解,换言之,鼓励创造应包括鼓励对创造活动的投资与创造成果的市场交易。因为,随着科技不断进步,发明创造活动所需要的物质经济条件越来越高,没有巨额的投资发明创造何从谈起。④ 而市场交易者获利最多,则不仅仅是知识产权领域的独有现象,物质权领域也不能阻止市场交易者获利最多。因为,"谁离市场越近,谁就获利越多"作为普遍性规律,不唯知识产权领域所独具,由此,既不能以此否认知识产权制度激励创造的积极性,也不能以此否认物权制度鼓励对财富的进取心。事实上,即使持"创造不需利益刺激"观点的学者,在同一本书中也"平心而论,著作权制度的功德在于促进了作品的商品

---

① 黄书泉:《现实的人与审美的人——文学家人格心理解析》,安徽文艺出版社 1994 年版,第 51—52 页。
② 李琛:《论知识产权的体系化》,北京大学出版社 2005 年版,第 63 页。
③ 同上书,第 62—64 页。
④ 譬如,英国著名物理学家、伦敦大学教授 J.D. 贝尔纳先生在其科学学名著《科学的社会功能》中也指出,"现在只有大企业才有力量开展应用科学研究"。([英]J.D. 贝尔纳:《科学的社会功能》,陈体芳译,商务印书馆 1982 年版,第 220 页。)实际上,贝尔纳在该书中对专利制度是持否定态度的。但是,笔者认为贝尔纳据以支持其观点的现象,要么属于不惟专利法,也非知识产权法所独有的普遍现象,要么在现代专利法中已经设置专门的制度予以限制,如强制许可制度之于公共健康等。

化,使创作成为一种谋生的手段"①。

本 章 小 结

　　知识产权的智力成果说,较为成功地演绎出知识产权客体的诸多特点,也能够直接解释知识产权项下的诸多权利形态。其不足之处主要在于"成果"概念,没能准确揭示知识产权客体的实质。然而,后来出现的学说,都没能对知识产权的概念作出令人满意的定义,都没能在整体上超越智力成果说,因此,它们都没有动摇智力成果说在现代知识产权体系结构中所具有的范式地位。

　　创造性是整个知识产权法域体系化的基础概念之一,它既是知识产权客体的核心要素,也是知识产权保护的具体所指。在知识产权法的不同领域中,创造性具有不同的表现形式,不能一概而论、僵化理解。一些学者否认商标的创造性特征时,指的明明是商标,论的偏偏是作品,以至于对商标的创造性视而不见、听而不闻。以创生性信息为客体,可以将知识产权的概念重新界定为:"知识产权是民事主体基于客观创生性信息,而享有的法定专有支配权。"

　　人类进行科学发现的过程,就是一个使信息从自在向自为转化的过程。科学发现的应用,就是利用已经为人类所把握的自为信息,指导人类进行生产、生活实践、改造自然的过程。在这样的过程中,倘若创造出前所未有的新事物、新方法,就属于发明领域了。技术发明是人类在其已经掌握的关于物质世界的自为信息的导引下,通过创造性的思维过程,所产生的能够实施于物质世界的创生信息。科学发现和技术发明都为人类带来了新的信息,前者的信息属于"前所未知",后者的信息则为"前所未有"。

　　著作权保护的是作品,毋宁是独创性信息。因为,一部从整体上具有独创性因而享有著作权的作品,并非其中任何信息都具有独创性,都不能被他人利用。作品的独创性来源于作品所包含的信息的独创性。作品中的独创性,根据其原意可分为"来源独创""过程独创"与"创生独创"三种类型。

　　一件商标是由商标标志表象信息、标志约定信息以及商品或服务表象与潜在信息,这三方面的信息结合而成的。这是一件完整的商标一般所应具有的三元信息结构。这三元信息中的任何"一元"或"两元"都不能构成商标,真正典型意义上的商标是个"三位一体"的概念。

---

① 李琛:《论知识产权的体系化》,北京大学出版社 2005 年版,第 189 页。

从体系化的视角观之,知识产权制度的创造伦理与分配伦理并不矛盾。法律的最重要作用是"做蛋糕"而不是"分蛋糕",更不是只在意"分蛋糕",不关心"做蛋糕"。科学发现与技术发明在创造性的表现与要求上有本质的不同,前者的创造性体现在将自在信息转化为自为信息的过程中,其结果只是客观事物的主观间接存在,即自为信息,并无创造性;而技术发明虽然其过程也有创造性,但决定其是否具有创造性的是结果,即创生信息,必须具备创造性。

并不能根据作为智力成果的文学作品所产生的情感条件,来否认知识产权制度在鼓励智力成果产生方面所起的作用。创造是人类的天性,但创造行为本身是需要利益刺激的。不能对知识产权制度鼓励创造的价值诉求作僵化理解,鼓励创造应包括鼓励对创造活动的投资与创造成果的市场交易。

第四章 基于公众评价信息的资信财产

"如果说商品经济时代是交换经济时代,那么市场经济时代就是信誉经济时代"①。随着市场经济的深入发展,在社会经济生活与市场竞争中,形象权、商誉权、信用权与特许权等基于资信所产生的权利,在市场竞争中的地位与作用越来越凸显。经济学研究也表明,市场主体所享有的"信誉是一种资产,它是可以量化的无形资产"②。有鉴于此,吴汉东教授适时提出了"经营性资信权"这一上位概念,以涵摄上述基于资信而产生的具有财产性质的权利,并将其归入无形财产权之列。"经营性资信权"的具体内容,吴汉东教授在《无形财产权制度研究》一书第四编已有详细论述③,本书对此不再置喙。基于本书的主题,笔者期望本章能在资信财产的本质与运行机理方面有所研获,以资无形财产权体系化目标之实现。

第一节 资信的概念内涵

资信是相对于特定主体而言的,是该主体基于一定的外在条件与内在品质,而在相关公众心目中产生的主观评价。资信有广狭二义,狭义的资信是以偿还为条件的价值运动特殊形式的一种反映和表现,含有企业的基本素质、偿还能力和偿还意愿等多种意义的概念;广义的资信已经超出了金融市场的范畴,涵盖了社会经济生活的各种领域。

一、资信概念语义解读

从语义上看,《现代汉语词典》首先将资信分解为"资产"与"信誉"两个概念,认为资信就是"资产和信誉"。并解释道:"资金充足且诚实守信,就是资信好"④。由此可见,从构词法的角度观之,资信是个合成词,它是由资产

---

① 李士梅:《信誉的经济学分析》,经济科学出版社2005年版,第62页。
② 同上书,第50页。
③ 参见吴汉东、胡开忠:《无形财产权制度研究》(修订版),法律出版社2005年版,第433—535页。
④ 《现代汉语词典》,商务印书馆2005年版,第1801页。

和信誉这两个概念合并而成。其中,"资"是外在条件,即资产;"信"是主观评价,即信誉。按照这种理解,"所谓资信,是资产和信誉的简称"①。

应当说,将"资"解为"资产"或"资金"是符合其字面意思的。不可否认,"资产"或"资金"是经济活动的重要条件,但是,作为"资信"这个概念的客观条件,笔者认为"资"的范围并不能仅仅局限于"资产"或"资金"。事实上,《辞海》中"资"主要含义至少有如下六种:(1)财物,费用;(2)资料,如谈资;(3)资质;(4)供给,资助;(5)蓄积;(6)取资,凭借。② 其中,可以作为客观条件的含义,除与"资产"或"资金"意思相近的"财物,费用"外,还有"资质"。《辞海》对"资质"的解释为"人的天资、禀赋"③。"资质"在《现代汉语词典》中除可作"人的素质;智力"解外,还有"泛指从事某种工作或活动所具有的条件、资格、能力等"的含义。可见,"资质"是可以充任"客观条件"的。

《现代汉语词典》对"资"所作的解释,还提供了另一个可以作为客观条件的含义,即"资格"。④《辞海》首先对"资格"作词源解释,"资,指地位、经历等;格,公令条例",并指出"资格"作为整体,"后泛称人在社会上的地位、经历"。⑤《现代汉语词典》对"资格"一词的解释有二:(1)"从事某种活动所具备的条件、身份等";(2)"由从事某种工作或活动的实践长短所形成的身份"。⑥ 显然,"资质"并不能涵盖"资格"一词的所有含义,前者侧重于因事物自身的客观性质而具有的条件;后者偏向于基于社会的某种规定或认识而形成的条件。概而言之,资信概念中的"资"应有三方面的含义:(1)资产;(2)资质;(3)资格。其中,"资格"的含义更具包容性,因此,吴汉东教授从资格的角度,将资信概念界定为:"工商企业在经营活动中所具有的经营资格、经营优势以及在社会上所获得的商业信誉,包括特许专营资格、特许交易资格、信用以及商誉等"⑦。

"信"的字典含义主要有:(1)诚实不欺;(2)确实;(3)信用;(4)相信;(5)信奉。⑧ 可以看出,"信"所表达的是基于某人的行为而使他人产生的一

---

① 曹维俊:《涉外律师实务:律师必读》,华东师范大学出版社1996年版,第473页。
② 《辞海》(1999年版缩印本),上海辞书出版社2000年版,第4081页。
③ 同上。
④ 《现代汉语词典》,商务印书馆2005年版,第1801页。
⑤ 《辞海》(1999年版缩印本),上海辞书出版社2000年版,第4082页。
⑥ 《现代汉语词典》,商务印书馆2005年版,第1801页。
⑦ 吴汉东、胡开忠:《无形财产权制度研究》(修订版),法律出版社2005年版,第62页。
⑧ 《辞海》,上海辞书出版社2000年版,第701页。(1)诚实;不欺。中国古代的道德规范。《国语·周语上》:"礼所以观忠、信、仁、义也……所以守也"。《论语·学而》:"与朋友交而不信乎?"孔子把"信"作为"仁"的重要表现之一,要求"敬事而信"、"谨而信"(《论语·子学而》)。孟子认为"可欲之谓善,有诸己之谓信"(《孟子·尽心下》),自身确实具有善德称为"信"。此后"信"称为儒家着重提倡的道德规范之一。(2)确实。如:信而有征。《左传·昭公元年》:"子晳信美矣"。(3)信用。如:守信;失信。《左传·宣公二年》:"弃君之命,不信"。(4)相信。《孟子·尽心下》:"尽信书,则不如无书"。(5)信奉。如:信教;信佛。

种心理活动。与此含义相关的词主要有：信誉、信用、信任。信誉具体是指"信用和名誉"①。《辞海》将信誉解释为"个人或社会集团履行义务的水平，以及他们在人们心目中的可信任程度，是个人或社会集团的社会信用和相应的社会赞誉的统一"。并指出："讲究信誉是职业道德的重要内容，也是个人道德品质修养的重要方面"②。

从字面上看，"信用"一词是指"基于信任而使用"，即"谓以诚信任用人"③，但这方面的意思目前并不常用。信用的一般含义主要在以下两个方面：(1) 是指一般意义上的"遵守诺言，实践成约，从而取得别人对他的信任"④，即"能够履行跟人约定的事情而取得的信任"⑤；(2) 是特指"以偿还为条件的价值运动的特殊形式"⑥，即"不需要提供物资保证，可以按时偿付的"⑦，其形式有商业信用、银行信用、政府信用等。

可见，资信是相对于特定主体而言的，是该主体基于一定的外在条件与内在品质，而在相关公众心目中产生的主观评价。

二、资信含义学理分析

从学理上看，"资信"一词原是企业管理、贸易和金融领域的术语。对于该词的含义，理论界曾有不同理解：(1) 认为资信是资金的信用；(2) 认为资信是资金的信誉；(3) 认为资信是资金和信誉。⑧ 可见，对资信的上述三种理解都是以资金为前提或构成因素的，即将资信界定为"建立在资金基础上的信用关系"⑨。

从金融或管理学的角度观之，资信有广义和狭义之分。狭义的资信指企业与银行货币信贷契约中的偿债能力、履约状况、守信程度以及由之而形成的社会声誉。它是以偿还为条件的价值运动的特殊形式的一种反映和表现，含有企业的基本素质、偿还能力和偿还意愿等多种意义的概念。广义的资信则是各类市场参与者(包括各类企业、金融机构和其他社会组织)及金融工具(股票、债券、基金券等)、发行主体履行各种经济承诺的能力及可信任程度，

---

① 《现代汉语词典》，商务印书馆 2005 年版，第 1520 页。
② 《辞海》(1999 年版缩印本)，上海辞书出版社 2000 年版，第 702 页。
③ 同上书，第 701 页。
④ 同上。
⑤ 《现代汉语词典》，商务印书馆 2005 年版，第 1520 页。
⑥ 《辞海》(1999 年版缩印本)，上海辞书出版社 2000 年版，第 701 页。
⑦ 《现代汉语词典》，商务印书馆 2005 年版，第 1520 页。
⑧ 石新武：《资信评估的理论和方法》，经济管理出版社 2002 年版，第 6 页。
⑨ 王雷主编：《企业经营管理与市场中介组织实务全书》，中国言实出版社 1997 年版，第 151 页。

它已经超出了金融市场的范畴,涵盖了社会经济生活的各种领域。[①] 随着社会经济生活方式日益丰富,信誉建立机制不断成熟,市场评价体系更加全面与科学,资金不再是市场主体获取经营信誉和市场评价的唯一因素,经营资格、经营优势、特许专营资格、特许交易资格、商誉等不直接体现为资金的经济因素,在对主体的评价与信誉的构成中的地位日益凸显。资信的内涵已经超越传统的"资金和信誉"以及"资金的信誉",发展成为基于主体综合经营能力而获得的市场信誉与评价。

从资信的构成因素来看,它包括内在与外在两个方面。内在因素是主体自身的经营能力;外在因素既可以是来自于某一组织或机关授予的资格,也可以是来自于社会公众给予的评价和信赖。[②] 作为构成资信内在因素,经营能力"是一个综合的概念,它主要包括硬件因素如人的素质、财(资金)的规模、物(设备)的性能等,还包括软件因素如制度、技术、理念等"[③]、"是指在一定的技术经济条件下,企业从事生产经营活动所具有的内在条件和实力的总称,它是企业领导者和管理者综合素质的反映"[④]。市场主体经营能力的强弱,决定了其在市场竞争中的获利水平与盈利能力。正是在此意义上,有人将资信理解为"构成客户偿付能力的要素总和"[⑤]。

资信与信用的关系十分紧密。上面已经提到,有学者直接将资信界定为"建立在资金基础上的信用关系"[⑥]。也有学者认为,资信"是现代市场经济条件下信用关系发展到一定阶段的产物,是信用观念的发展,是信用外延的扩展"[⑦]。还有学者认为,"把资信和信用截然分开,没有必要"[⑧]。事实上,从"代表或反映的是其偿付债务的能力"的角度观之,资信与信用这两个概念反映的都是市场主体的偿付能力,在此意义,可以认为资信与信用意思相同。但是,深入考察资信与信用的内涵,可以发现两者存在明显的差别。(1) 资信是基于市场主体的客观状况而产生的社会信誉与评价,信用是依据交易双方的主观意愿而形成的相互关系。前者基于特定市场主体的自身条件,具有客观性;后者取决于交易对象的判断与评价,更具相对性。例如,具有一定资

[①] 许晓峰:《资信评估实务概览》,中华工商联合出版社1998年版,第12页。
[②] 吴汉东、胡开忠:《无形财产权制度研究》(修订版),法律出版社2005年版,第62页。
[③] 钟晓鹰:《企业征信原理》,中国金融出版社2004年版,第55页。
[④] 金哲等主编:《现代能力导向》,重庆出版社1994年版,第622页。
[⑤] 北京博升通管理咨询公司编:《全程信用管理实务与案例——销售与回款业务流程整体解决方案》,中国发展出版社2007年版,第79页。
[⑥] 王雷主编:《企业经营管理与市场中介组织实务全书》,中国言实出版社1997年版,第151页。
[⑦] 同上。
[⑧] 石新武:《资信评估的理论和方法》,经济管理出版社2002年版,第6页。

信的交易一方,在决定是否付款时,基于经营策略的考虑,对不同的相对方会有不同的处理方式,从而带给交易相对方不同的信用评价。(2)资信是基于市场主体的自身条件而形成的经营能力,社会评价与信誉只是对这种能力的确认,资信状况可以由社会评估;而信用是一种交易行为,反映的是交易一方实际偿付债务的可能程度,一般是在特定交易双方的多次交易中形成,并可用授信方给予的信用额度加以度量,没有交易就谈不上信用。(3)资信通过市场主体自身经营管理的相关信息来显示;而信用则通过交易过程和结果来表现。反映在企业管理活动中,资信管理强调的是事前的信息搜集和评价,而信用管理则更重视整个交易过程的判断和评价。(4)从资信与信用的相互关系观之,资信是信用的基础和客观条件;而信用则是资信在具体交易中的表现和主观运用。[①]

第二节 资信的财产意义

从经营资产到经营资信,是市场经济逐步成熟并向第二阶段过渡的重要标志。随着市场经济的持续发展,资信在市场竞争中的作用不断凸显,资信的独立财产价值也日益为人们所认识与重视。从财产资信到资信财产,回应了市场经济对资信独立财产价值的需求。

一、从经营资产到经营资信

从经营资产到经营资信,从注重资产增值到重视资信提高,是市场经济逐步成熟并向第二阶段过渡的重要标志。市场经济进入第二阶段,要求市场运行的有序化,这就需要对市场主体的资信作出评判。资信评判的最权威方式,是社会公众用其购买的意愿与行为对知名形象、企业商誉、品牌等资信形式进行"投票"。海尔总裁张瑞敏曾对"名牌"做过直观的概括:卖得快、卖得贵。"卖得快、卖得贵"是市场对企业资信的最佳褒奖,更是市场主体苦心经营、梦寐以求的目标。有人把资信比喻为市场经济的通行证,而资信体系则有其自身的建立与经营机制。

以"全球企业500强排名"而享誉世界的《财富》杂志社,在建立与经营资信方面的巨大成功最能说明这一问题。《财富》于1999年在上海举办全球世纪论坛,上千名来自世界各地的政界、学界、商界巨擘蜂拥而至。为了这个被喻为"财富杯"世界企业锦标赛能够隆重举行,上海市动用了数十亿的巨资倾

---

① 参见谢旭主编:《全程信用管理实务与案例:销售与回款业务流程整体解决方案》,中国发展出版社2007年版,第80页。

力做好基础配套建设和服务,在建的浦东机场为其提前完工并投入运营。实际上,《财富》重视资信的经营早在此前二十年就已经开始,《财富》当时的决策者把资信的经营与稿件的采编放在同等重要的位置上,为此,将"采编部门与经营部门严格划分为两个独立的序列,经营方面专注的程度可以像采编方面专注的程度一样,一方面慢慢积累媒体产业资本、另一方面是积累信誉和感召力,目标长远,利益主体明晰,制度规范,企业化经营管理"①。如今,《财富》全球500强排名已经成为企业家们了解对手、检讨自身的坐标,也在一定程度上影响着企业家和投资人的决策。每年这个排行榜一经公布,就会立刻引起股市的波动,而那些排名下降较快的企业,其股价则会应声下挫。这样,《财富》通过自己的资信确立了其全球500强排名的权威性,而全球500强排名也成了相应企业资信的权威反映。可以看出,《财富》通过全球500强排名确立了它世界第一份财经类杂志的资信,而这种无与伦比的资信,又强化了它所进行的全球500强排名的权威性,以及所它举办的"全球论坛"的重要性。

二、从财产资信到资信财产

上文提到,《现代汉语词典》认为资信就是"资产和信誉",这实际上是把资信看成是资产和信誉的简称。而资产的范围"一般包括公司的注册资本、实有资本和对外债权"②。按照这种解释,资信中的"资"被限制在"资产"之内,资信也就成了基于财产而产生的信任,即"财产资信",这就意味着把市场主体的经营资格、特许专营资格、特许交易资格等资格类因素排除出资信的构成范围。这种认识导致的结果就是,资信永远被禁锢在已有财产的框架之内,从而丧失了其作为独立财产存在的地位。

实际上,在资信理论与实务中,资信的构成要素早已远远超越单一财产的界限。从理论上看,西方经济学家关于资信的构成要素提出了诸多学说。比较有代表性的资信要素学说有"C"学说、"F"学说等学说,其中"C"学说最为基本,其他学说都是继后陆续发展而来。"C"学说中最早出现是"3C"要素说,包括"Character"(品质)、"Capacity"(能力)、"Capital"(资本)。1910年美国费城中央国民银行的维席·波士特在"3C"中增加"Collateral"(担保品)要素,形成"4C"要素说;1943年美国弗吉尼亚州移民商业银行的爱德华再引入"Condition"(环境状况)要素,形成"5C"要素说;其后又有学者引入"Coverage Insurance"(保险)要素,从而形成"6C"要素说。后来美国学者米尔顿·里克

---

① 李然主编:《思维盛宴:500强首脑点评中国》,辽宁画报出版社1999年版,第72页。
② 曹维俊:《涉外律师实务:律师必读》,华东师范大学出版社1996年版,第473页。

根据"6C"要素的不同性质将其分成三类,即"Management Factor"(管理要素,包括"Character"与"Capacity")、"Financial Factor"(财务要素,包括"Capital"与"Collateral")以及"Economic Factor"(经济要素,包括"Condition"与"Coverage Insurance"),由此形成"3F"学说。其后又陆续发展出"P"学说、"M"学说和"A"学说等。[①] 从实务上看,资信调查的内容涵盖面也是十分广泛,一般包括"企业背景与历史沿革""经营者情况""经营条件""关系企业与企业关系""经营管理""银行往来""行业情况""营业情况"[②]等项目,其中每一项下面又包含诸多具体内容。

产权经济学认为,"信誉既是无形资产,也是一种重要的社会资本"[③],"信誉作为经济产品具有经济功能"[④]。随着市场经济的成熟与持续发展,资信在市场竞争中的作用不断提升,资信的独立财产价值也日益为人们所认识与重视。从事企业管理研究的学者早就指出:"现代商品经济社会中,信用是含有资产价值的,有时信用的好坏对经济起着举足轻重的作用"[⑤]。而民法理论与实践在处理债的担保问题时,一直把资信财产放在与其他财产同等的地位,可以分别独立地为债权的实现提供担保。事实上,中外传统民法理论关于债的担保方式,都包括信用担保和财产担保这两大类。[⑥] 我国有影响的民法教科书也指出:债的担保,依其担保的基础不同,或"依其标的划分,可以分为信用担保和财产担保。信用担保就是以第三人的信用确保债权的实现"[⑦],从本质上看,信用担保"强调以第三人的资信财产来保证债务人履行债务"[⑧]。概而言之,资信"所涉及的资格、能力或信誉,包含明显的财产利益因素,但也有精神利益的内容"[⑨]。从权利角度考察,"资信财产的权利形态,包括商誉权、信用权、商品化(形象)权等"[⑩]。

事实上,资信权与特定主体的人格利益密切相关,其中有些客体在传统上属于人格权的保护范畴,因而被认为不具有直接的财产内容。但是,"由于

[①] 朱荣恩、丁豪樑:《企业信用管理》,中国时代经济出版社2005年版,第91—98页。
[②] 李敏等主编:《企业信用管理》,复旦大学出版社2004年版,第72—93页。
[③] 程民选等:《信誉与产权制度》,西南财经大学出版社2006年版,序言第4页。
[④] 同上书,第67页。
[⑤] 王雷主编:《企业经营管理与市场中介组织实务全书》,中国言实出版社1997年版,第151页。
[⑥] 参见季怀银:《中国传统民商法兴衰之鉴》,中国民主法制出版社2003年版,第47页;费安玲主编:《比较担保法——以德国、法国、瑞士、意大利、英国和中国担保法为研究对象》,中国政法大学出版社2004年版,第10—22页。
[⑦] 张俊浩主编:《民法学原理》,中国政法大学出版社1997年版,第604页。
[⑧] 王宝发:《民法债权原理与新论》,南开大学出版社1999年版,第40页;北京新起点学校国家司法考试命题研究组编:《民法·商法》(上),东方出版社2003年版,第157页。
[⑨] 吴汉东、胡开忠:《无形财产权制度研究》(修订版),法律出版社2005年版,第62页。
[⑩] 同上。

商品经济的发展,一般人格利益逐渐演变为商业人格利益,即在现代法的框架上,基于商业上的名誉、荣誉产生了商誉权与信用权,由于对姓名、肖像、形体的商业利用出现了(商品化)形象权。换言之,在人格利益的权利形态方面,传统的人格权依然存在,但同时又新出了资信类的特别财产权。"①必须指出的是,虽然资信财产权从一般人格权演化、嬗变而来,但是它与基于人格权而获得的经济利益有本质的不同,譬如,从本质上说,人格权受到侵害会获得一定的经济抚慰,但不是经济赔偿。②而资信作为一种新的财产类型,具有独立的经济价值。

以体系化的角度观之,"知识类财产、资信类财产与特许类财产构成了现代非物质性财产的完整体系。这一体系的形成,从其社会动因来说,是科学技术与商品经济发展的结果;从法律层面而言,则是制度嬗变与创新的产物"③。从财产资信到资信财产的发展,回应了市场经济对资信独立财产价值的诉求。

第三节 资信的信息结构

资信是相对于特定主体而言的,是该主体基于一定的外在条件与内在品质,而在相关公众心目中产生的主观评价信息。从注重资产增值到重视资信

---

① 吴汉东:《财产的非物质化革命与革命的非物质财产法》,载《中国社会科学》2003年第4期。
② 我国于2009年12月26日通过的《侵权责任法》第22条规定:"侵害他人人身权益,造成他人严重精神损害的,被侵权人可以请求精神损害赔偿"。笔者认为其中"精神损害赔偿"的提法并不严谨。"精神损害赔偿"的准确表述应为"精神损害抚慰金承担",因为赔偿运用的是经济手段,所以能赔偿的对象也只能是经济利益。再者,赔偿的原则是"填平",赔偿的标准是"照价",而精神所收的损害岂能用经济利益来"填平"?精神利益的大小又如何能够"照价"?是故,精神利益的损害只能用经济利益来"抚慰",而不能赔偿,二者性质不同!当然现实生活中的约定俗成,将错就错则是另一回事。

譬如,《谢晋遗孀告宋祖德案判决书[(2009)静民一(民)初字第779号]》中共有四项判决内容:(1)是关于停止侵权;(2)是关于赔礼道歉、消除影响、恢复名誉;(3)是赔偿经济损失;(4)是承担精神损害抚慰金。其中赔偿经济损失的具体表述为:"被告宋祖德、刘信达于本判决生效之日起10日内赔偿原告徐大雯经济损失人民币89,951.62元";赔偿精神损害抚慰金的具体表述为:"被告宋祖德、刘信达于本判决生效之日起10日内赔偿原告徐大雯精神损害抚慰金人民币20万元"。这里的经济损失之所以精确到0.62元,是因为这是确实发生的损失,且根据原告提供并经法院确认的一份份发票算出来的;而精神损害抚慰金的确定则是"综合上述情节以及本市平均生活水平等因素,赔偿金额酌情以20万元为宜"。

由此可以得到如下启示:(1)对精神损害的救济,除"赔礼道歉、消除影响、恢复名誉"等精神手段外,经济手段只能是"抚慰"而不能是"赔偿";(2)精神损害抚慰金的产生,并非由于被侵权人的实际发生,而是由于法律的规定;(3)精神损害抚慰金数额的确定依据,并非只有案件情节,而且还有社会经济生活水平等。总之,对精神损害的救济不能是经济赔偿,而是经济抚慰;被告对并非实际发生的抚慰金的责任也不能是赔偿,而只能是承担。
③ 吴汉东:《财产的非物质化革命与革命的非物质财产法》,载《中国社会科学》2003年第4期。

提高,是市场经济逐步成熟并向第二阶段过渡的重要标志。从本质上看,资信是具有广泛社会覆盖面与高效传播能力的信息工具。

一、资信之本质与信息提供

从本质上看,资信的表现形式是信誉,而信誉又是以信息为基础实现其存在。经济学研究认为,信誉存在的形式十分特殊,"它不是以物质实体如纸张、本册或文件等形式存在的,而是处于观念之中,存在于社会、同行、客户的评价和赞赏中。"① 可见,信誉的存在基础是信息。在经济学看来,"讲不讲信誉是一种典型的信息活动",并且"是一种基于利益关系的信息活动"②。

市场经济发展到了一定的阶段,人们在经济生活中所面临的主要问题,已经从如何将使用价值更多地生产出来,转变为如何将使用价值更多地交易出去。交易内容的不断丰富、交易范围的持续扩展、交易形式的日益多样,使得市场中的信息量急剧膨胀,交易双方的信息不对称成为制约交易的主要障碍,从而如何将使用价值更多地交易出去的问题,也就成了如何促进交易主体之间的信息沟通以及观念认同的问题。人们为了消除交易过程中的信息障碍,不断增加对信息的投入,因而交易费用不断提高。在这种情况下,资信在交易中的作用越发凸显出来。这是因为,资信具有信息显示功能,即在信息不对称的交易双方之间,拥有信息的一方,通过为公众广为知晓的资信,向不具有信息的一方可靠地传递交易信息。

一般而言,投入市场交易的商品都有公开与私密两种信息,前者如商品的价格,后者如商品的质量。假设在一个市场中有质量好、中、差三种商品,由于私密信息不对称的存在,买家并不知道某一具体商品的质量属于哪一种,因此只能根据价格信息来决定购买哪一种商品。但是,在无法确定质量信息的前提下,理性的买家一般是既不敢贸然购买价格高的商品,也不愿购买价格低的商品,而只能购买中等价格的商品。这样的结果,就产生了美国著名经济学家阿克洛夫(Geoge Akerlof)③ 于 1970 年所描述的"柠檬市场"

---

① 李士梅:《信誉的经济学分析》,经济科学出版社 2005 年版,第 50 页。
② 同上书,第 68 页。
③ 乔治·阿克洛夫(Geoge Akerlof),是获得 2001 年诺贝尔经济学奖的三位学者之一,并与其他两位经济学家一起奠定了"非对称信息学"的基础。他的论文《柠檬市场:质量的不确定性和市场机制》被认为是现代信息经济学的开山之作。这篇论文在先后经三家权威的经济学刊物因为"太浅"而退稿以后,1970 年终于在当时哈佛大学的《经济学季刊》发表。现在,人们公认它是对信息经济学作出最大贡献的单篇论文。

(Market for Lemons)①,也就是所谓的"劣币驱逐良币"②效应:质量好的商品无法卖出好的价钱,卖家宁可不卖而退出市场,于是留在市场里的都是"柠檬",即低质量的商品。结果,当质量是连续分布时,市场最终将会瓦解。③

对此,信息经济学认为,卖家只有通过提供良好的售后服务、积累商誉、创立品牌等方式,在社会公众中建立作为信息发送与甄别机制的资信,从而改变上述信息不对称的情况,提供可以被买家信赖的关于商品质量的私密信息,从而有效地在买家心中将质量好的商品与质量差的商品区分开来,使得好的商品最终卖出好的价钱。可见,在现代市场经济条件下,资信是"一种反映行为人历史记录与特征的信息"④。而企业对作为信息工具的资信进行投资的激励"来自于'信誉租金',即守信者能够在未来的交易中获得更多的交易剩余"⑤。总之,由于资信的提供有效地限制了信息不对称、增加了交易的透明度,从而拓宽了以市场为基础的交易范围、降低了搜寻成本、减少了"逆向选择"(Adverse Selection),最终达到了促进交易进行、提高交易效力、降低交易成本的目的。

二、资信之建立与信息传播

信誉不但以信息为存在形式,信誉的建立也依赖于信息的传播,这在传统社会就已经存在了。传统社会是"熟人社会","在一个熟悉的社会中,我们

---

① "柠檬"(Lemon)一词在美国俚语中表示次品、旧货、不中用的东西。"柠檬市场"(Market for Lemons)也称次品市场,是指信息不对称的市场,即在市场中,产品的卖方对产品的质量拥有比买方更多的信息。在极端情况下,市场会止步萎缩和不存在,这就是信息经济学中的逆向选择。阿克洛夫在其 1970 年发表的《柠檬市场:产品质量的不确定性与市场机制》中举了一个二手车市场的案例。指出在二手车市场,显然卖家比买家拥有更多的信息,两者之间的信息是非对称的。买者通常肯定不会相信卖者的话,因此,唯一的办法就是压低价格以避免信息不对称带来的风险损失。买者过低的价格也使得卖者不愿意提供高质量的产品,从而低质品商品充斥市场,高质量商品被逐出市场,最后导致二手车市场萎缩。
② "劣币驱逐良币"是柠檬市场的必然结果,也是经济学中的一个著名定律。该定律是对这样一种历史现象的归纳:在铸币时代,当那些低于法定重量或者成色的铸币——"劣币"进入流通领域之后,人们就倾向于将那些足值货币——"良币"收藏起来。最后,良币将被驱逐,市场上流通的就只剩下劣币了。当事人的信息不对称是"劣币驱逐良币"现象存在的基础。因为如果交易双方对货币的成色或者真伪都十分了解,劣币持有者就很难将手中的劣币用出去,或者,即使能够用出去也只能按照劣币的"实际"而非"法定"价值与对方进行交易。简单来说,货币是作为一般等价物的特殊商品,当货币的接受方对货币的成色或真伪缺乏信息的时候,就会想办法提供价值更低的交易物,而交易物的需求方(也就是支付货币的一方)相应地也会想办法用更不足值的货币来进行支付,最终导致整个市场充斥劣币。
③ 参见管毅平:《宏观经济波动的微观行为分析:信息范式研究》,立信会计出版社 2000 年版,第 77 页。
④ 程民选等:《信誉与产权制度》,西南财经大学出版社 2006 年版,第 69 页。
⑤ 同上。

会得到从心所欲而不逾规矩的自由"①。可见,传统社会的信息传播比较简单,乡间里的"闲言碎语"(gossip)、邻里间的聊天闲谈就将信息传输了、沟通了,信誉也就建立了。"乡土社会里从熟悉得到信任。这信任并非没有根据的,其实最可靠也没有了,因为这是规矩。"②换而言之,这种情况下建立起来的信誉,是对一种行为的规矩熟悉到不加思索的可靠性③。

"现代社会是个陌生人组成的社会,各人不知道各人的底细,所以得讲个明白;还要怕口说无凭,画个押,签个字。这样才发生法律"④。然而,买一斤韭菜总不能也来个画押签字,形成法律吧!果真如此,整个社会就将无法运行。这时,交易的完成还是离不开信誉。张维迎教授曾举过一个极具普遍性的生活实例来说明信誉机制的作用:"设想你在你家楼前的小卖部买了一罐饮料,付了钱。但当你要出门时,店主说'回来回来,你还没有付钱呢!'这样的问题能靠法律解决吗?不能!你说付过了,店主说没有付,法官没有办法判断谁说的是真话。当然,如果这个小卖部装上'电眼'(闭路监视器),法官可以得到证据,但这样做的成本实在太高了。那么,为什么这样的事情不大可能发生呢?道理很简单:如果你付钱了而店主说没有付,这次吃个哑巴亏,但下次你就不再去这个黑店了。所有的邻居知道后,也都不敢去了,这个店就得关门!正是由于店主害怕失去未来的生意,他才不敢耍赖。这就是信誉机制。"⑤

从另一方面看,"随着社会分工的深化,简单商品经济有了充分的发展,人们交换商品的欲望促使交换进一步扩大,同时,与之相适应的有关立法也应运而生,目的是为了规避交换中的风险。但是,当立法者面对各种纷繁复杂的商品交换关系时,日益感到对每一种交换关系都详加规定是十分困难的事情。他们发现,无论法律条款和契约条款多么严密,如果当事人心存恶意总能找到规避的方法,因此,把契约的圆满履行寄托在条款的严密上是不现实的。人们逐渐认识到当事人的诚实和善意是履行契约更可行的保证。"⑥可见,虽然"法律和信誉是维持市场有序运行的两个基本机制"⑦,但是,法律机制的运行成本比信誉机制要高得多。因为,"法律是由第三方实施的,它不仅要求双方当事人能观察到交易行为,而且要求法庭能鉴证这种行为,而许

---

① 费孝通:《乡土中国》,北京出版社 2004 年版,第 7 页。
② 同上。
③ 同上书,第 8 页。
④ 同上。
⑤ 张维迎:《产权、政府与信誉》,生活·读书·新知三联书社 2001 年版,第 3 页。
⑥ 李士梅:《信誉的经济学分析》,经济科学出版社 2005 年版,第 55 页。
⑦ 张维迎:《产权、政府与信誉》,生活·读书·新知三联书社 2001 年版,第 2 页。

多情况下，要做到这一点是很困难的。"①所以，信誉作为一种隐性的市场机制，也是现代市场经济所不能或缺的。

那么，在现代"陌生人组成的社会，各人不知道各人的底细"的情况下，如何进行信息传播，从而建立信誉呢？"这就要求社会要有足够的信息工具为人们提供信息。"②而如，能够"形成对社会大众的影响力、吸引力"③的知名形象、作为商誉载体的商标、作为"偿债能力的社会评价"④的信用、对他人"商标、服务标志、独特概念、专利、商业秘密、经营诀窍"⑤进行综合利用的特许经营等，正是在现代市场经济不断发展过程中逐渐形成的，具有广泛社会覆盖面与高效传播能力的信息工具。

三、资信之心理与信息识记

资信是一种心理现象，其心理特征与表现就是信任和安全感，亦即费孝通先生所描述的不加思索的可靠性。"这种心理现象最终表现为人与人的关系，构成了整个社会运行的信用环境，心理上的信任是一切信用形式的共同基础，是人类社会有序发展的基础"⑥。任何心理现象的产生都是对外界信息的反映，市场主体每天都要接受来自市场环境的各种信息，心理上安全感与可靠性的建立与维持，是以人们对外界信息的接收、辨识、编码、记忆为基础的。

（一）信息论与认知心理学

"人类历史上出现过三个最重要的基本概念：物质、信息、能量"⑦。我们知道，将信息概念与物质和能量概念放在同一个层次来认识，发轫于维纳在20世纪40年代末在《控制论（或关于在动物和机器中控制和通讯的科学）》一书中所作的"信息就是信息，不是物质也不是能量"⑧这一著名论断。维纳还与申农分别从控制论和信息论的角度，独立地推导出了信息量的公式。

信息论的提出，对其他科学带来了巨大的影响。心理学对信息论的反应之快可谓异乎寻常。就在维纳与申农提出信息量概念后仅1年，即1949年，

---

① 张维迎：《产权、政府与信誉》，生活·读书·新知三联书社2001年版，第3页。
② 李士梅：《信誉的经济学分析》，经济科学出版社2005年版，第69页。
③ 吴汉东、胡开忠：《无形财产权制度研究》（修订版），法律出版社2005年版，第437页。
④ 同上书，第473页。
⑤ 同上书，第495页。
⑥ 朱荣恩、丁豪樑：《企业信用管理》，中国时代经济出版社2005年版，第4页。
⑦ 乐国安：《当代美国认识心理学》，中国社会科学出版社2001年版，第11页。
⑧ 〔美〕N.维纳：《控制论（或关于在动物和机器中控制和通讯的科学）》，郝季仁译，科学出版社1963年版，第133页。

美国著名认知心理学家米勒(G. A. Miller)等人就提出了关于人类行为的统计理论,并测量了反应时与信息量的关系。在此后的深入研究中他们发现,这种测量对于人类实际心理活动的研究作用并不明显,并令人信服地指出"人的记忆是以'组块'为单位的,而不是以比特为单位的"①。这种"组块"一般被称为信息块(Information Chunk),它是指由若干小信息单位组合而成、便于个体作为一个整体进行处理的信息单位,可以是一个数字、一个字母、一个单词或词组,还可以是一个短语。

随着信息理念在心理学研究中所起的作用越来越重要,20世纪50年代后期,西方心理学中新兴了一门新的学科,即认知心理学。"尽管认知心理学的研究方法丰富多样,但它还是被一个常用方法,即把心理和计算机进行类比的信息加工方法(Information— Processiong Approach)统一起来。这一方法已有几十年的历史,并已经成为认知心理学中居主导地位的范式(Paradigm),或理论取向(Kuhn,1970)。"②正因如此,认知心理学亦被称为"信息加工心理学"。

(二)信息记忆的过程与层次

认知心理学认为,人的知识在本质上属于信息,而人就是一个主动的信息加工者。感觉器官受到外界信息刺激后,首先将其送入感觉记忆(Sensory Register,简称SR)。感觉记忆的容量较大,但只是停留在感官层面。由于信息在感觉记忆中停留的时间很短③,如果不加注意,瞬间即会消失,所以感觉记忆又被称为瞬时记忆。瞬时记忆中的信息如果得到注意和处理,就会进入短时记忆(Short—Term Memory,简称STM),未被复述的信息将在此保持约30秒。短时记忆的容量较小,存储在其中的信息通过被称为复述(rehearsal)的过程,可以转移到长时记忆(Long—Term Memory,简称LTM)中。复述可以在LTM中产生与STM材料相对应的编码,但并非将STM中的信息完整地转移到LTM中。短时记忆又被称为工作记忆,其主要功能是对来自外界的信息进行识别、提取、存储等加工。识别是指把外来信息与已有信息进行比对甄别,而已有信息是存储在LTM中的,这就意味着在识别外来信息时STM要不断地从LTM中提取信息。LTM的容量非常大,甚至被认为是无限的,它"是指记忆信息保持在1分钟以上,直到数年乃至终生的记忆。人们

---

① 乐国安:《当代美国认识心理学》,中国社会科学出版社2001年版,第15页。
② M·W·艾森克、M·T·基恩:《认知心理学》(第四版),高定国、肖晓云译,华东师范大学出版社2004年版,第1页。
③ 视觉信息保持的时间约为250—300毫秒,听觉信息保持的时间约为前者的10倍。

日常生活中随时表现出的动作、技能、语言、文字、态度、观念,以至有组织有系统的知识等,均属长时记忆。"①

根据米勒的观点,STM 的容量大约是 5—9 个信息块。"信息块在工作记忆中的有效数量也取决于个人的知识以及这些知识是否被激活即心理状态。换而言之,信息块数量不仅取决于这些信息块之间的关联性,而且取决于知识在 LTM 中的强度和可提取性程度。"②同样,每个信息块包含信息量的多少,也是由存储于 LTM 中的信息状况来决定,并非固定不变。可见,虽然 STM 同时处理的信息块的数量非常有限,但可以通过社会实践与学习,在 LTM 中增加关于特定主题的信息存储,就可以扩大 STM 中每一信息块的信息含量。

(三)认知节点效应与激活扩散理论

认知心理学的研究表明,信息在长时记忆中的组织形式,以认知节点(Cognitive Nodes)为单位,以认知关系(Cognitive Nexus)为纽带,形成相互关联的认知网络(Cognitive Network)。其中,认知节点代表情景表象、语义概念等,认知关系代表集合、属性等关联途径或原因。

节点之间认知关系可以通过多种途径来建立,书本知识、社会实践、个人经历等都可能在认知节点之间产生认知联系、建立认知关系。特定节点之间认知关系的远近、亲疏,取决于它们同时被激活的次数与程度。当某一节点被激活时,与该节点有较近认知关系的节点首先被激活,然后又激活这个被激活的结点直接联结的另外的结点等,被激活的节点像涟漪一样逐渐向远处扩散,这就是认知心理学中流行的激活扩散理论(Spreading Activation Theory)。当然,这种激活的扩散不可能无限延伸下去,"激活需要达到一定阀限值才能实现"③,并且"所有可能被激活的神经元都是潜在的'竞争者'(Competitors),谁有幸能够被激活取决于两个方面,一方面固然是潜在神经元自身的域阀值(Threshold)如何即是否容易被激活,另一方面取决于它与扩散中心距离的远近。"④

(四)作为中心节点的资信与作为信息组块的资信

在大脑的长时记忆中通常有无数个认知节点,各节点之间通过或远或近

---

① 符国群主编:《消费者行为学》,武汉大学出版社 2004 年版,第 109 页。
② 颜林海:《翻译认知心理学》,科学出版社 2008 年版,第 30 页。
③ 乐国安:《当代美国认识心理学》,中国社会科学出版社 2001 年版,第 346 页。
④ 刘宇红:《语言的神经基础》,中国社会科学出版社 2007 年版,第 96 页。

的认知关系连接起来。各个认知节点所拥有的认知关系并不相等,其中拥有较多认知关系的节点为中心节点。负载资信信息的知名形象、企业名称、商标、特许经营模式等,都是消费者大脑长时记忆中的中心节点,与其直接关联的节点是上文述及的资信构成要素。一个中心节点在 LTM 中代表着一个信息集群,信息集群的大小取决于代表该信息集群的中心节点所拥有的认知关系的多少,这个信息集群对应在 STM 中就是米勒所称的信息组块。

就某一品牌、特许营业、可商品化形象而言,该品牌、特许营业、可商品化形象所代表的大量信息就可构成一个信息块。但是,某一具体的品牌、特许营业或可商品化形象,在消费者的 STM 中所形成的信息块大小却是因人而异的,这取决于消费者 LTM 中存储的关于该品牌、特许营业或可商品化形象的信息量,即消费者对该品牌、特许营业或可商品化形象的熟悉程度,以及消费者原有知识与经验。虽然每个消费者心目中并不一定都具有完全相同的资信节点并以完全一致的方式关联在一起,但是,"由于长期接触那样的产品和广告并具有相同的经历,许多人对于同一对象在心目中都形成了具有许多共同节点的认知网络。"[1]

本 章 小 结

资信是相对于特定主体而言的,是该主体基于一定的外在条件与内在品质,而在相关公众心目中产生的主观评价信息。随着社会经济生活方式日益丰富,信誉建立机制不断成熟,市场评价体系更加全面与科学,资金不再是市场主体获取经营信誉和市场评价的唯一因素,经营资格、经营优势、特许专营资格、特许交易资格、商誉等不直接体现为资金的经济因素,在对主体的评价与信誉的构成中的地位日益凸显。资信的内涵已经超越传统的"资金和信誉"以及"资金的信誉"的范畴,发展成为基于主体综合经营能力而获得的市场信誉与评价。

从注重资产增值到重视资信提高,是市场经济逐步成熟并向第二阶段过渡的重要标志。市场经济进入第二阶段,要求市场运行的有序化,这就需要对市场主体的资信作出评判。资信评判的最权威方式,是社会公众用其购买的意愿与行为对知名形象、企业商誉、品牌等资信形式进行"投票"。随着市场经济的持续发展,资信在市场竞争中的作用不断提升,资信的独立财产价值也日益为人们所认识与重视。

---

[1] 彭学龙:《商标法的符号学分析》,法律出版社 2007 年版,第 118 页。

由于资信的提供有效地限制了信息不对称、增加了交易的透明度，从而拓宽了以市场为基础的交易范围、降低了搜寻成本、减少了逆向选择，最终达到了促进交易进行、提高交易效力、降低交易成本的目的。能够"形成对社会大众的影响力、吸引力"的知名形象、作为商誉载体的商标、作为"偿债能力的社会评价"的信用、对他人的"商标、服务标志、专利、商业秘密、经营诀窍"进行综合利用的特许经营，正是在现代市场经济不断发展过程中逐渐形成的，具有广泛社会覆盖面与高效传播能力的信息工具。

根据认知心理学的原理分析，某一品牌、特许营业、可商品化形象所代表的大量信息构成一个信息块。但是，某一具体的品牌、特许营业或可商品化形象，在消费者的短时记忆中所形成的信息块大小却是因人而异的，这取决于消费者长时记忆中存储的关于该品牌、特许营业或可商品化形象的信息量，即消费者对该品牌、特许营业或可商品化形象的熟悉程度，以及消费者原有知识与经验。

第五章　基于人类信息活动的服务财产

17世纪末,英国古典经济学家威廉·配第在其名著《政治算术》中阐述了这样的现象:"工业的收益比农业多得多,而商业的收益又比工业多得多"①。1940年,英国经济学家克拉克发现:"一个广泛、简单而深刻的规律大体是,随着时间的延续和经济的发展,从事农业的人数相对于从事制造业的人数将下降,而后,制造业的从业人数相对于服务业的从业人数将下降"②。这就是"配第-克拉克定理"。

将近五十年前,美国经济学家福克斯在其名著《服务经济学》中指出:"我们现在正处在'服务经济之中',即在世界历史上我们第一个成为这样的国家:第一个半数以上的就业人口不再从事食品、服装、住房、汽车或其他有形产品生产的国家"③。他认为"从工业经济向服务经济的转变在美国已经深入发展,并在所有发达国家表现出来"④。据此他断言:美国已经在西方国家中率先成为"服务经济国家"。五年之后,福克斯的这一"服务经济"理论得到了充分发展,并出现了"后工业社会"理论。最先提出"后工业社会"概念的是美国社会学家丹尼尔·贝尔。他在其1994年出版的《后工业社会的来临》一书中,概括了后工业社会具有的四个方面特征,其中第一个即是"后工业社会在本质上是服务社会"⑤。

相对于农业与制造业所创造的财富的确定性,就服务业而言,从服务概念本身的界定到服务产品性质的认定都没有一致的认识。目前,学术界关于服务的研究,主要集中在经济领域内,即宏观上的服务经济理论和微观上的服务营销策略这两个方面;在法学领域,对服务的研究,一般仅限于消费者权益保护的范围之内,且主要体现在服务提供者的违约责任和产品责任的区分方面。在服务的财产属性及其权利结构方面,其直接研究成果尚付阙如。与

---

① 〔英〕威廉·配第:《政治算术》,马妍译,商务印书馆1981年版,第19—20页。
② Colin Clark, The Condition of Economic Progress, Macmillan Co. LTD, London, 1960, p.493.
③ V. R. Fuchs, The Service Economy, National Bureau of Economic Research, 1968, p.1.
④ Ibid., p.2.
⑤ 参见王小平:《服务业竞争力——一个理论以及对服务贸易与零售业的研究》,经济管理出版社2003年版,第1页。

服务业对人类经济社会发展所起的作用,以及服务产值在国民经济中所处的重要地位相比,长期以来,人们对服务的财产价值的忽视、对服务在财产法中应有地位的漠然,不能不令人感到吃惊。究其原因,这固然与服务本身的无形性以及服务的交易与消费的同步性有关。然而,作为人类精神劳动的无形产物,知识产权已步入财产法"圣殿"数百年之久,服务活动在财产法中的一席之地至今仍无着落,这种理论研究上的真空着实让人费解,也着实诱人探究。

第一节 服务的现象与问题

我曾经求教于同仁:"某人未经登记径入五星酒店居住,侍者不知有诈而服务如常,数日后发现。然奈何如之?"答曰:"此乃假设,并无事实基础,无须回应!"复问:"然而无票乘车、盗打电话,又当如何?"无答。劳森与拉登所著《财产法》一书中亦有一例:剧院经理与一名流行歌手约定演出3个月,但作为竞争对手的另一经理设法贿赂了该艺人使其违反合同(并负赔偿责任)而在别处演出。前一个经理固不能强迫该歌手履约,但可以针对后一经理获得一项禁令。具有启发意义的是:电影与流行音乐的业主们使用的行语不是合同语言,而是财产语言。他们不是说"我与某明星签订了合同",而是说"那家伙归我了"。[①] "那家伙"的什么"归我了"? 当然不是某明星的人身"归我了",而是该明星的财产——演出服务"归我了"。在美国的一个判例中,法院认为,因调皮而被校长停课的学生接受公立教育是一项授权,是受正当程序保护的财产权利。[②] 如果认为,这些问题都是些理论假设或与现实生活还有一定距离,那么下面的现象就迫使我们必须直面了。

一、车牌与电话卡的性质:学者的诘问

数年前,在上海一个车牌值4万多,车牌并不是有体物,我们不能认为那个牌牌本身值4万多。这个车牌体现的是对公共资源的占用,是一个公共资源的份额的占用。上海的公交资源是稀缺资源,只能通过拍卖加以分配,因而每一份额成为一定货币价值表现的财产。同样性质的问题还有电话卡,"电话卡里的钱属于持卡人所有,电话卡过期,并不意味着持卡人丧失了卡里

[①] 〔英〕F. H. 劳森、B. 拉登:《财产法》,施天涛等译,中国大百科全书出版社1998年版,第30—31页。

[②] Oline L. Browder. Jr. Roger A. Cumningham, Allan F. Smith, Basic Property Law, pp. 20—21.

的钱的所有权……再比如,游戏里面的虚拟财产、游戏装备都是可以用金钱交易的"①。这些发生在现代社会的新型财产现象,引起了目光敏锐的学者们的关注,并诘问:"对于这类财产物权,法管不管?"②诚然,正如孟勤国教授所担心的那样,如果不管,财产就毫无保障,有些地方就发生过随便收回或作废有偿取得的牌照的事情。问题的关键是:如果管,物权法能否管得了?毕竟,作为实物的车牌与电话卡本身并非上述财产价值之所在。

二、QQ 号与虚拟财产的保护:法官的踌躇

计算机及以其为物理支撑的互联网的发明,为人类开辟了信息生活的新领域、提供了信息活动的新方式,进而创造了人类活动领域的第二世界——虚拟世界③。虚拟世界里的物品也能够产生真实世界里的利益。虚拟世界里,人类的财产利益无处不在,而且"对虚拟世界物品的争夺,也能够产生真实世界里的后果。"④因虚拟财产发生的纠纷,最终还是需要现实世界里的法律加以调整。然而,由于立法的缺位和对网络虚拟财产的性质没有形成一致的认识,使得法官在涉及"虚拟财产"案件时,"自由心证"失去了基准,因而,进行裁判难免踌躇。

2003 年,北京朝阳区人民法院在对全国首例网络虚拟财产失窃案作出判决时认定,游戏玩家在网络游戏中获得的虚拟"装备""道具"等为无形财产,并支持玩家对游戏运营商提出的虚拟财产赔偿请求。⑤ 该案的发生与法院的判决,引起了各界的空前关注,议论焦点聚集在"网络虚拟财产"能和真实世界里的财产画等号吗?物权法定的原因之一是物权的对世性,"网络虚拟财产"也是吗?

对法官的再次拷问发生在 2005 年,当年 7 月 26 日,位于深圳市南山高新科技园区的腾讯公司向警方报案称,他们接到大量用户投诉自己的 QQ 聊天号码被盗,此为全国首例 QQ 号被盗案。案件告破后查明,两名未曾谋面的网友共同盗卖号码得 6 万多元。此案进入司法程序后,警方一开始就以涉嫌"盗窃罪"立案,移送起诉后,检察机关也以"盗窃罪"提起公诉。⑥ 然而在判决中,深圳市南山区人民法院并没有支持"盗窃罪"的指控,而将其认定为

---

① 孟勤国:《中国物权法的历史价值》,载《法学》2007 年第 9 期。
② 同上。
③ 关于虚拟世界有广义和狭义之分,广义的虚拟世界与网络世界(空间)或"赛博空间"(Cyberspace)同义;狭义的虚拟世界仅指由网络游戏开发和运营上建立的在线游戏环境。
④ Steven J. Horowitz,Competing Lockean Claims to Virtual Property,20 Harv. J. Law & Tec 443.
⑤ 参见北京市第二中级人民法院(2004)二中民终字第 02877 号判决书。
⑥ 参见《全国首宗!盗卖 QQ 号被公诉!》,载《广州日报》2005 年 12 月 4 日。

侵犯通信自由罪,理由是 QQ 号不是法定的财产。① 舆论因此再次聚焦:从以上两个判决来看,性质相近的案件,截然不一样的判决!

然而,社会实践并不因为法官的踌躇而放缓其发展的进程。2006 年 12 月,深圳市公安局破获了一起当时全国最大规模的互联网虚拟财产被盗案。从 2005 年 5 月到 2006 年 5 月,该犯罪团伙共盗取 QQ 号码和游戏账号、装备 300 多万套,并通过"淘宝网"出手获利 70 多万元。该团伙 43 人被抓获,11 人被批准逮捕,涉案金额特别巨大。同样的问题又在重复:这种所谓的"虚拟财产"到底是否具有法律上的财产属性? 将其非法占有是否构成刑法上的侵犯财产罪?② 笔者再追问一句:如果认定的话,在当时符合罪刑法定原则吗?

三、网络虚拟财产的立法:人大代表的呼吁

随着网络经济的发展,虚拟财产已经不再虚幻,而成为一个非常现实的经济与法律问题。据统计,目前中国网络游戏用户超过 5 亿人。③ 中国文化娱乐行业协会信息中心与中娱智库联合发布的《2017 年中国游戏行业发展报告》显示,2017 年中国游戏行业整体营业收入约为 2189.6 亿元,同比增长 23.1%。其中,网络游戏对行业营业收入贡献较大(前三季度营业收入达到 1513.2 亿元)。④ 与此同时,因涉及网络游戏的诉讼案件激增,2017 年也成了网络游戏业的"寒武纪"。相应的由于立法滞后,网络虚拟财产的性质无法界定,处于国家法律法规的空白地带。使得"现有法律的空白使得各方利益得不到有效保障。"⑤

网络虚拟财产所涉及的法律问题引起了社会各界的关注,早在十年之前,就不断有全国人大代表呼吁对网络虚拟财产进行立法保护:"应尽快为保护和监管虚拟财产立法,因为其性质和手机充值账户甚至银行储蓄账户里的数字是一样的"⑥。代表们指出,公民的财产既包括有形的,也包括无形的,网络虚拟财产应属于无形财产的一种。从法律对财产的定义来看,虚拟财产也应得到保护。

---

① 参见"被告人曾智峰、杨医男侵犯通信自由案刑事判决书"([2006]深南法刑初字第 56 号)。
② 参见刘庆华、李佳:《关于虚拟财产案例分析》,载《中国检察官》2007 年第 6 期。
③ 亚红、史竞男、高少华、王思北、胡浩、孙丽萍:《中国网络游戏用户已超五亿人》,见人民网(http://media.china.com.cn/cmcy/2017-09-25/1142861.html),访问日期:2018 年 6 月 10 日。
④ 中国文化娱乐行业协会信息中心与中娱智库:《2017 年中国游戏行业发展报告》,见新华网(http://www.xinhuanet.com/info/2017-11/29/c_136786870.htm),访问日期:2018 年 6 月 10 日。
⑤ 参见《人大代表呼吁立法保护网上虚拟财产》,《华商报》2009 年 3 月 3 日;《人大代表呼吁加强虚拟财产监管》,《中国石油报》2007 年 3 月 14 日;《人大代表建议立法保护网络虚拟财产》,《河南日报》2005 年 3 月 7 日,据新华社北京 3 月 6 日电。
⑥ 《人大代表呼吁加强虚拟财产监管》,载《中国石油报》2007 年 3 月 14 日。

全国人大代表张学东在阐述网络虚拟财产立法理由时指出："从法律上讲,财产具备占有、使用、处分、收益4个特征"。"这4个特征,虚拟财产都具备。网络虚拟财产已具备了真实财产的基本特性,应与真实财产一样得到法律的保护。"① 全国人大代表、法律委员会委员李国光在回答网络虚拟财产问题时认为,"我们现行的民事基本法都讲的是实际财产,虚拟财产、游戏、网络里面'玩家'的'武器'什么的,这应该都是虚拟财产。"但是"网络虚拟财产的归属,在现行法律中,还没有明确规定,需要在实践中进一步探讨。"②

作为回应,2017年3月15日通过的《民法总则》第127条规定,法律对数据、网络虚拟财产的保护有规定的,依照其规定。显然,这一规定并不具有体系意义。换言之,这一规定还没有从本质上回答网络虚拟财产在财产权中的体系地位。

第二节　服务活动的信息哲学分析

服务是人类社会分工与协作的产物。作为一种利他性活动,服务具有两种信息活动形式:(1) 作为认识主体对他人的主观世界进行直接地信息异化,完成其信息传输;(2) 作为实践主体对他人的客观躯体或他人指定的客观事务进行间接的信息异化,实现其服务目的。

一、服务概念的语义阐释

《现代汉语词典》对服务的解释为:"为集体(或别人)利益或为某种事业而工作"③。《辞海》中服务的含义有二:(1) 服务是指为集体或为别人工作;(2) 服务"亦称'劳务',即不以实物形式而以提供活劳动的形式满足他人某种需要的活动"④。英语中的服务一词"service"来源于拉丁语的"servus",意为"奴隶"。⑤ 由以上解释可见,服务一词有两层含义:(1) "活动性",即服务是人类的一种特定活动;(2) "利他性",即服务的目的是为了满足他人的某种需要。

随着社会分工的发展,出现了独立的服务业。服务业是指"为社会生活和生产服务,拥有一定设施、设备或工具提供劳务的国民经济部门。在中国,传统的服务业有旅游、浴池、理发、洗染、照相、饮食、修理等业;随着社会经济

---

① 参见《人大代表建议立法保护网络虚拟财产》,载《河南日报》2005年3月7日,据新华社北京3月6日电。
② 参见《全国人大代表:网络虚拟财产归属正在探索》,见2007年3月12日"新华网"。
③ 《现代汉语词典》,商务印书馆2005年版,第419页。
④ 《辞海》(1999年版缩印本),上海辞书出版社2000年版,第4277页。
⑤ 见《金山词霸》2007版相应词条。

文化的发展和科技进步,又出现了情报信息、各种咨询、广告、旅游等业,属于第三产业的一部分。在国外,有的泛指工农业以外的一切行业。"①"其中银行、保险、会计、律师等现代服务业越来越重要。"②

与服务业相关的概念是第三产业的概念。1935年新西兰奥塔哥大学(University of Otago)的阿·费希尔(A. G. B. Fisher)教授在《安全与进步的冲突》一书中,最早提出了三次产业分类法和第三产业(Tertiary Industry)的概念。1940年,英国经济统计学家克拉克(C. G. Clark)在《经济进步的条件》(The Conditions of Economic Progress)一书中,运用三类产业分类法研究并揭示了经济发展同产业结构变化之间的规律,从而开拓了产业结构理论应用性研究的领域。20世纪50年代后期,三次产业分类法便成为世界上通用的一种经济统计分类方法。资料研究表明,服务业与第三产业的关系最为密切,其范围几乎重叠,只是划分的角度不同,正因为如此,克拉克把第三产业直接称为"服务业"③。

作为国民经济的一个部门,"服务部门包括为生产和为生活服务的各个部门,都属第三产业。根据中国国家统计局1985年4月一、二、三次产业的划分,提供服务劳动的部门包括以下四类:(1)流通部门,包括交通运输业、邮电通讯业、商业饮食业、物资供销和仓储业;(2)金融、保险、咨询信息服务、技术服务等为生产服务和园林绿化、环境卫生、洗衣、洗浴等为居民生活服务的部门;(3)教育、文化、卫生、体育等为提高科学文化和居民素质服务的部门;(4)国家机关、政党机关、社会团体、军队、警察等为社会公共需要服务的部门。"④随着经济全球化的加剧,服务作为国际贸易的一个重要领域,其发展越来越快,所占比重越来越大。服务贸易是指"服务的跨国流动,即各国服务的总进出口。据关贸总协定估算,其内容多达一百五十余种。主要形式包括:国际运输、国际旅游、跨国银行、国际融资公司及其他金融服务,国际咨询服务,建筑和工程承包等劳务输出,国际电讯服务,广告、设计、会计、律师等专业服务,国际租赁、维护和保养、技术指导和售后服务,国际视听服务,教育、卫生、文化艺术的国际交流服务,商业批发与零售服务等。"⑤

20世纪70年代,世界主要发达国家中,服务业占国内生产总值和就业率

---

① 《辞海》,上海辞书出版社2000年版,第4278页。
② 《现代汉语词典》,商务印书馆2005年版,第419页。
③ 目前,不同的国家和地区对服务业的理解和划分并不完全一样。在我国,长期以来一直习惯将服务业称作第三产业。从2003年开始我国已经明确表示将逐步用服务业的概念代替第三产业的概念。
④ 《辞海》,上海辞书出版社2000年版,第4278页。
⑤ 同上。

均超过了50%。资料表明,在1980—2000年间,全球服务业产值占GDP的比重由56%升至63%,其中主要发达国家达71%;同时,全球服务业就业比重也不断上升,发达国家服务业的就业比重普遍达到70%左右,少数发达国家甚至高达80%以上。① 我国服务业与世界发达国家相比虽然差距较大,但在改革开放以后也获得了快速发展,服务业增加值占GDP的比重已从1978年的23.9%升至2006年的近40%。② 一些发达城市如上海,其发展速度则更快,1978年上海服务业增加值仅为全市GDP的18%左右,到了2001年这个数字已上升至52%。③ 目前,我国正处于经济结构快速变革的重要阶段,快速发展服务业,特别是现代服务业,是我国当前和未来面临的一项重大课题,也是加快经济发展方式转变,推动产业结构优化升级,这一战略目标的主要内容。

二、服务内涵的经济分析

"服务这个名词,一般地说,不过是指这种劳动所提供的特殊使用价值,就像其他一切商品也提供自己的特殊使用价值一样;但是,这种劳动的特殊使用价值在这里取得了'服务'这个特殊名称,是因为劳动不是作为**物**,而是作为**活动**提供服务的"④。从马克思对服务本质的阐述中可认识到,所谓服务,在本质上是指以提供活动而非实物的形式来满足人们的某种需要。康芒斯在其《制度经济学》一书中,从"效用成本"与"机会成本"的角度,将服务与产品相区分,并指出:"产品的成本是古典派的或者痛苦的成本观念,作为正的货币或痛苦的支出,换取正的货物或快乐地收入。可是,服务的成本是意志的避免了的另一种可能的收入,因为是受着限制的,不能同时有两种收入,因此选择较大的一种。因此,产品的成本是支出,可是服务的成本是放弃了的另一种可能的收入。"⑤从"净收入"与"剩余"的角度,康芒斯又指出,"产品的价值是净收入的一项因素,另一项是产品的成本。可是,服务的价值是另一种意志的剩余,其他一种是服务的成本,两者都增加收入。"⑥法国经济学家巴斯夏(Claude Frédéric Bastiat)认为,关于服务的价值,"它的原则和基础大半不在于自己服务的人的努力,而在于被服务人的所省免得努力"⑦。

---

① 周振华:《现代服务业发展研究》,上海社会科学出版社2005年版,第79—80页。
② 数据来源:《2007年中国统计年鉴》。
③ 王小平:《服务业竞争力——一个理论以及对服务贸易与零售业的研究》,经济管理出版社2003年版,第7页。
④ 〔德〕马克思:《剩余价值理论》(第1册),中共中央马克思恩格斯列宁斯大林著作编译局译,人民出版社1975年版,第435页。
⑤ 〔美〕R.康芒斯:《制度经济学》(上),于树生译,商务印书馆1962年版,第364页。
⑥ 同上书,第369页。
⑦ 〔法〕克洛德·弗雷德里克·巴斯夏:《政治经济学的协调》(英译本),1860年版,第114页。转引自〔美〕R.康芒斯:《制度经济学》(上),于树生译,商务印书馆1962年版,第367页。

应当认识到,服务是一种十分复杂的社会现象,现实生活中的服务形式多种多样,因此,要对服务给出一个严谨的定义相当困难。联合国统计局(The Statistical Office of the United Nations)曾就服务的定义进行过一次调查,90%的被调查者认为对服务的定义应当采用多重标准:一方面,大部分被调查者同意国际社会应当有一个关于服务的统一定义;另一方面,他们也都承认事实上难以就服务给出一个统一的界定。尤其是在服务贸易方面,由于涉及各国的直接利益,因此各国对服务如何进行界定的争议很大。① 目前,对服务的界定主要集中在经济领域内,并且几乎每一个研究服务的学者都有一个从自己的角度给服务所作的界定。

美国营销专家菲利普·科特勒(Phillip Kotler)认为:"服务是指某一方提供他方的任何活动或利益,其本质上是无形的,且无法产生对任何事物的所有权。服务的生产可能与某一项实体产品有关,也可能无关"②。北欧学者格诺斯(Gronroos)指出"服务是一个或一连串的活动,在本质上具有或多或少的无形性,且通常都发生在消费者与提供服务一方的人员、实体资源、物品或系统之互动中,而服务的提供主要是用以解决消费者的问题"③。1963年,美国学者里根(Regan)的定义是:"直接提供满足感(如客运、住宿等)的活动,或者与有形商品或其他服务(信用、货运等)一起提供满足的不可感知活动。"英国学者K.布罗依斯的定义是,服务是主动提供销售的一种活动,这种活动能够带来好处和满意,而又不导致商品的物质形态发生变化。J.B.奎因等人给出的定义是:包括所有产出为无形产品或建构品的全部经济活动,通常在生产时被消费,并以便捷、愉悦、省时、舒适或健康的形式提供附加值。④ 泽斯曼与彼特勒则认为:"服务为一种行为、过程及效能。"⑤A.佩恩的定义为:"服务是某些涉及无形性因素的活动,它包括与顾客或他们拥有财产的相互活动,它不会造成所有权的更换。条件可能发生变化,服务产出可能或不可能与物质产品紧密相连。"⑥

此外,也有学者从服务的手段与效用的角度认为:"服务是服务提供者提

---

① L. Drechsler,1990,A Note on the Concept of Service,Review of Income and Wealth,Series 36,No.3.
② Kotler, P., Marketing Management,1988,Analysis,Planning,Implementation and Control,6th Ed., p.477,Prentice-Hall.
③ C. Gronroos,1990,Service Management and Marketing,Lexington books,Lexington,Mass,p.6.
④ James Brian Quinn,Jordan J. Baruch, and Penny Cushman Paquette,1987,Technology in Services,Scientific American 257, N,6,December.
⑤ Zeithaml, V. A. and Bitner, M. J. (2000), Service Marketing:Integrating Customer Focus across the Firm, McGraw-Hill, 1990.
⑥ 〔澳〕A·佩恩:《服务营销精要》,郑薇译,中信出版社2003年版,第6页。

供其技术、专业、知识、信息、设施、时间或空间给顾客,以期为顾客办理某些事情,解决某些问题,或者娱乐顾客、服侍顾客,让顾客心情愉悦、身心舒畅等。"①希尔于 1977 年在一篇文章中,从服务生产者与服务消费者之间的关系的角度指出:"服务是指状态的变化,这种变化可以发生在某个人身上,也可以发生在某个经济主体的身上,这种状态的变化是另一个经济主体的劳动结果。"②他认为"生产者的活动会改善其他一些经济单位的状况,这种改善可以采取消费单位所拥有的一种商品和一些商品的物质变化形式。另一方面,改善也可以关系到某个人或一批人的肉体或精神状态。随便在哪一种情形下,服务生产的显著特点是,生产者都不是对其商品或本人增加价值,而是对其他某一经济单位的商品或个人增加价值。"③他同时指出,"在服务为服务接受者带来一种变化时,它是提供时间,地点和形态效用的经济活动。服务是靠生产者对接受者有所动作而产生的;接受者提供一部分劳动;和/或接受者与生产者在相互作用中产生服务。"④格鲁伯与沃克认为希尔的这个定义,是一个具备一致特征,并被现在经济学家广泛采用的一般定义⑤。而服务另一常见的定义为美国营销协会(American Marketing Association,AMA,1960)所提供的,即"通过直接销售或伴随货品销售而提供的活动、利益或满足感"⑥。

鉴于服务含义的不确定性,有些学者在其著作中回避了对服务进行直接界定,他们往往从其他角度先给出服务的范围,然后在此基础上展开论述。例如,美国经济学家福克斯的《服务经济学》,日本经济学家井原哲夫的《服务经济学》都是如此。也有学者虽然给出了自己关于服务的定义,但同时又表示并不满意。例如,G. 佩里切利在其《服务营销学》中对其他学者关于服务的界定进行总结后认为:"产品是各种因素组合的结果。产品分两种:以可以触知的内容为主的,我们称之为有形产品;以不可触知的内容为主的我们称之为无形产品,即服务。"但是他紧接着又承认:"很清楚,这个定义还没有完全解决问题。"⑦A. 佩恩也认为"许多作者都在寻找服务的定义式描述,但是

---

① 《服务业质量管理》,我国台湾地区"质量学会"2002 年版。
② Hill T. P. 1997,On goods and Services,The Review of Income and Wealth,Series 23,Vol. 23,pp. 315—338. 转引自潘海岚:《中国现代服务业发展研究》,中国财政经济出版社 2008 年版。
③ 〔加〕赫伯特·G·格鲁伯、迈克尔·A.沃克:《服务业的增长——原因与影响》,陈彪如译,上海三联书店 1993 年版,第 37 页。
④ 同上。
⑤ 同上。
⑥ 转引自彭艳君:《顾客参与及其对顾客满意的影响研究》,知识产权出版社 2008 年版,第 17 页。
⑦ 〔意〕G·佩里切利:《服务营销学》,张密编译,对外经济贸易大学出版社 2000 年版,第 33 页。

目前还没有被普遍认可的定义出现……由于服务的多样性,不适合任何定义的服务例子常常可以找到"。并指出"某作者纵览十多个不同的服务定义后指出,他检验所有的定义都过于局限"。① 他接着还指出:"在此领域有些术语常常搞混。我们把产品(product)这个词看作能为顾客提供某种价值的物体或者一个过程,同时商品(good)和服务(service)可以被划分为描述成产品的两种类型。但是,即使在同一服务行业也没有普遍约定的使用,类似'产品''服务'或'服务产品'的词语都可以互换使用。与其关注服务的定义,不如去探索它们是什么和拿什么贡献给顾客,更为有用。"②

三、服务本质的信息解读

尽管对服务的含义见仁见智,学者们在各自提供的概念中包含了以下共识:(1) 服务的本质是活动;(2) 服务的目的是为他人的利益;(3) 服务的对象是他人的身体、精神、或为他人指定事物;(4) 服务的方式是体力、智力或者两者的结合与延伸;(5) 服务的原料是实物或信息资源。

人们对于服务本质的认识,主要来自于服务与一般的有形产品的比较。菲利普·尼尔森就是从搜索特征、经验特征和信任特征的表现程度来比较一般商品与服务的,他认为搜索特征在一般商品中占主要地位,而在服务中占主要地位的则是经验特征和信任特征。③ 而罗纳德 L. 贝利对一般商品与服务的区分则显得非常的直观:商品是"一件物品、一种器械、一样东西",而服务则是"一次表演、一项努力、一个活动"。④ 实际上,如果说表演是一项具体的服务,那么也可以把服务看成是一种抽象的表演,服务的进行类似于剧本的上演,服务人员是演员,顾客则是观众。

不少学者从总体上对服务的特征进行了归纳。菲利普·科特勒(Phillip Kotler)指出服务具有四个主要特性:(1) 无形性:服务是无形的,它并不像实体产品一样,在购买之前服务是无法看到、品尝、感觉、听到或闻到的。(2) 不可分割性:服务的生产与消费通常是同时进行的,这与产品必须经由制造、储存、配送、销售,最后才得以消费的程序是不同的。如果服务是由人员所提供的,则提供服务的人员亦是该项服务的一部分。(3) 可变性:服务具有高度可变性是因为随服务提供者的不同,或提供服务的时间与地点不同所导致。(4) 易逝性:服务是无法储存的。当需求呈稳定的情况时,服务的

---

① 〔澳〕A·佩恩:《服务营销精要》,郑薇译,中信出版社 2003 年版,第 6 页。
② 同上。
③ Phillip Nelson,1970,Information and Consumer Behavior,Journal of Political Economy 78 No. 20, pp. 311—329.
④ Leonard L. Berry,1980,Service Marking is Different,Business,May-June,56.

易逝性并不是问题,但当需求变动很大时,提供服务的公司便遭遇难题。而消费者可能因无法及时得到服务,使得满意程度降低。① 我国台湾地区学者魏启林则指出除了上述四大特性外,事实上,服务还具有:(1)产品实体的复杂性:即产品实体虽系以无形性为主,但仍须以有形性加以衬托,如航空公司虽以无形服务为主,但仍受飞机大小、机内装潢等有形性之产品的影响。(2)产品本身的过程性:即产品标的系一系列主要"过程"与次要"过程"的结合,其效益因提供人而异,因此要控制其"过程"使之标准化。② 佩恩也是从"服务与商品的不同是在什么程度上",来讨论"服务具有独特的能与商品和工业制品区别开来的"四个特征:(1)无形性——服务在很大程度上是抽象的和无形的;(2)不一致性——服务是不标准的和非常可变的;(3)不可分割性——典型服务的产生和消费是在同时完成的,顾客参与到过程之中;(4)无存货性——不可能像存货那样保存服务。③ W.额尔萨斯等人认为,服务的特征主要有无形性、非同质性、产出易腐性和生产消费同步性。A.帕纳苏纳曼等人也有类似的认识,即认为服务具有无形性、异质性、同步性与易逝性的特征。

现代经济分析强调商品和服务在两个根本的方面是相同的:"首先,在消费理论中,最终商品和服务两者的消费都被看作提供效用,增加福利。这一理论还提出把在竞争市场上买卖商品和服务的价值相加而得出国民收入与生产总值的基本原理。应当注意,商品和服务两者都可以直接消费,也可用作进一步的生产投入。在后一种用途中,它们在下述意义上也是无法区别的,即它们增加最终产出的价值,其数量等于完全竞争情形下这些投入的市场价格。其次,在生产理论中,商品与服务没有根本的区别。两者都需要资本、劳动、技术及中间生产阶段的商品和服务,在充分就业经济中,商品生产的增加要求服务产出的减少,反之则反是。因为在消费和生产理论中,商品与服务是等同的,现代经济学教科书独特地不理睬一切定义问题而称之为'商品与劳务',或简单地称为'商品',即暗含作为效用提供者的服务。"④

《企鹅经济学辞典》对服务下的定义就是"服务主要是不可捉摸的、往往在生产的同时就被消费的消费品或生产品"⑤。福克斯在其研究服务经济的经典著作《服务经济学》中谈到服务部门的范围时也指出:"几乎所有这些行

---

① P·Kotler:《营销管理学》,方世荣译,台北东华书局 2000 年版,第 511—514 页。
② 魏启林:《策·营销》,台北时报文化 1993 出版,第 249—250 页。
③ 参见〔澳〕A.佩恩:《服务营销精要》,郑薇译,中信出版社 2003 年版,第 7 页。
④ 〔加〕赫伯特·G·格鲁伯、迈克尔·A.沃克:《服务业的增长——原因与影响》,陈彪如译,上海三联书店 1993 年版,第 33—34 页。
⑤ 转引自同上书,第 36 页。

业都生产一种无形的产品"①。菲利普·科特勒(Phillip Kotler)区分了从纯商品变化到纯服务的四种分类:(1) 纯有形商品。如香皂、盐。产品没有附加服务。(2) 附带服务的有形商品。这是为了提高其对顾客的吸引力。计算机就是这个例子。(3) 附带少部分商品的主要服务和服务。例如空中旅行的头等舱。(4) 纯服务。如照顾小孩和心理治疗。②"像教育那样的服务无疑是非常无形的,然而,饭店的顾客寻找的是高度有形的产品——高品质的食品。很清楚,从高度无形到高度有形之间存在一个连续谱。服务与商品两者的区别在于有形程度的不同"。③

图 5.1 有形和无形的连续谱④

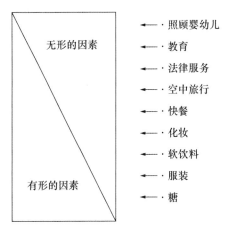

由上述关于服务特征的分析可以看出,在服务的诸多特征中,任何学者无法回避与首先确认的本质特征就是服务的无形性,无形是服务最本质、最核心的特征。我们知道,知识产权的客体的本质特征也在于其无形性,正是对其无形性根源所持观点的不一致,才产生了关于知识产权概念的不同学说。通过本章的分析研究,实际上已经清楚,虽然服务与知识产权的客体都表现为无形,但产生的原因并不相同:前者源于信息,后者因为活动。而服务作为一种利他性的活动,不是服务提供者的内在活动,而是与外界环境的相互作用。

信息哲学认为,人类通常可以在不同的水平和层次上,以三种不同的身份与所处的环境发生相互作用:"首先,人以一般直接存在性在自在的水平上

---

① 〔美〕维克托·R.富克斯:《服务经济学》,许微云、万慧芬、孙光德译,商务印书馆1987年版,第27页。
② 参见〔澳〕A.佩恩:《服务营销精要》,郑薇译,中信出版社2003年版,第7页。
③ 同上书。
④ 同上书,第8页。

与外界不断交换着信息；其次，人又以认识主体的身份在自为、再生的水平上把握和加工处理着环境和体外信息；再次，人还通过自身的社会实践改造环境，并在这一改造过程中实现着自己的目的性信息。"①这是人类信息活动的三种基本形式与层次。第一种是人类无意识的新陈代谢等活动；第二种是人类与环境的直接地进行信息同化与异化；第三种是通过对自然的改造与外界环境间接地进行信息的异化与同化。从信息活动的主体性来说，第一种信息活动是无主体的自在活动；第二、第三种信息活动是有主体的信息活动，前者人类是直接信息活动主体，后者人类为间接信息活动主体。服务作为一种利他活动，具有两种信息活动形式：(1) 作为认识主体对他人的主观世界进行直接信息异化，如教育、咨询、中介、心理疾病治疗等信息活动是；(2) 作为实践主体对他人的客观躯体或他人指定的客观事物进行间接的信息异化，实现其信息目的，如理发、美容、洗浴、生理疾病治疗，以及修理、来料加工、建筑施工是。当然，在很多情况下，这两种形式的服务是不可能截然分开的。

第三节 服务劳动的价值创造

传统经济理论根据马克思经济学的理论，将创造价值的劳动或价值来源问题归结为生产劳动问题，并认为"生产劳动是劳动者为创造物质财富而付出的劳动，它包括一切生产领域中劳动者的劳动和作为生产过程在流通领域中的继续的那部分劳动(包装、保管等劳动)以及各种生产性劳务(货物运输等)。与此相对应的是非生产劳动，即不创造物质财富的一切非生产部门的劳动者的劳动。(商业店员、各种服务员、管理员和脑力劳动者，他们的劳动中有某些部分也是生产劳动，但主要是属于非生产劳动。)"②也就是说，生产劳动与非生产劳动之分是以是否创造物质财富为标准的。本书认为这并不符合马克思的本意。

一、生产劳动与非生产劳动

从历史上看，生产劳动与非生产劳动之分是由亚当·斯密首先提出的。斯密指出："有一种劳动，加在物上，能增加物的价值；另一种劳动，却不能够。前者因可生产价值，可称为生产性劳动，后者可称为非生产性劳动"③。接

---

① 邬焜：《信息哲学——理论、体系、方法》，商务印书馆2005年版，第110页。
② 许涤新：《政治经济学词典》(上卷)，人民出版社1980年版，第112页。
③ 〔英〕亚当·斯密：《国民财富的性质和原因的研究》(上卷)，郭大力、王亚南译，商务印书馆1972年版，第303页。

着,斯密以制造业工人与家仆的劳动为例,作进一步阐述,"制造业工人的劳动,通常会把维持自身生活所需的价值与提供雇主利润的价值,加到所加工的原材料的价值上。反之,家仆的劳动,却不能增加什么价值。制造业工人的工资,虽由雇主垫付,但事实上雇主毫无所费。制造业工人把劳动投在物上,物的价值便增加。这样增加的价值通常可以补还工资的价值,并提供利润。家仆的维持费,却是不能收回的。"① 在此,斯密是从劳动的物质规定性与社会规定性这两个方面,来分别界定生产劳动与非生产劳动的:从劳动的社会规定性来看,生产劳动是同资本相交换的劳动,而非生产劳动则是同收入相交换的劳动;从劳动的物质规定性来看,生产劳动是能够产生价值并"可以固定并且实现在特殊商品或可卖商品上"②的劳动,而非生产劳动是"通常是做了完了……不形成价值,也不会固定或实现在任何耐久的物品或可卖品中"③、随生随灭的劳动。

然而,马克思在接受斯密对生产劳动与非生产劳动的提法的同时,明确指出:"对劳动的物化等等,不应当像亚·斯密那样按苏格兰方式去理解"④。因为"劳动的物质规定性,从而劳动产品的物质规定性本身,同生产劳动和非生产劳动之间的这种区分毫无关系"⑤。马克思还进一步指出:"生产劳动和非生产劳动始终是从货币所有者、资本家的角度来区分的,不是从劳动者的角度来区分的"⑥。"作家所以是生产劳动者,并不是因为他生产出观念,而是因为他使出版他的著作的书商发财,也就是说,只有在他作为某一资本家的雇佣劳动者的时候,他才是生产的"⑦。可见,马克思对生产劳动与非生产劳动的区分的目的还是在于揭示资本主义生产的本质:生产劳动是能够为"货币所有者、资本家"生产用以出卖的商品,从而实现其剩余价值的劳动;而非生产劳动则不以生产可出卖的商品为目的,是直接为"货币所有者、资本家"自身提供消费,不能为资本家带来使用价值的劳动。前者为卖而生产,后者为自身而生产,两者都是相对于"货币所有者、资本家"而言的。

---

① 〔英〕亚当·斯密:《国民财富的性质和原因的研究》(上卷),郭大力、王亚南译,商务印书馆1972年版,第303页。
② 同上。
③ 同上书,第304页。
④ 〔德〕马克思:《剩余价值理论》(第一册),中共中央马克思恩格斯列宁斯大林著作编译局译,人民出版社1975年版,第163页。
⑤ 同上书,第150页。
⑥ 同上书,第148页。
⑦ 同上书,第149页。

二、商品价值与商品形态

进而言之,马克思认为商品的价值与商品的实物性也没有关系:"如果我们从商品的交换价值来看,说商品是劳动的化身,那仅仅是指商品的一个想象的,即纯粹社会的存在形式,这种存在形式和商品的物体实在性毫无关系"①;从商品的使用价值来看,"使商品产生出来的那种具体劳动,在商品上可能不留任何痕迹"②。相反,在一些非物质生产领域中,满足精神需要的使用价值必须以实物形式表现出来,"一切艺术和科学的产品,书籍、绘画、雕塑等等,只要它们表现为物,就都包括在这些物质产品中"③。显然,马克思在此所说的"物质产品"是就其形式而不是性质而言的。再如被马克思称为"第四个物质生产领域"的运输业④,出售的也只是"位置的变化",至于客运"位置变化只不过是企业主向乘客提供的服务"⑤。

三、服务劳动的商品性质

关于服务的性质,马克思说:"服务这个名词,一般地说,不过是指这种劳动所提供的特殊使用价值,就像其他一切商品也提供自己的特殊使用价值一样;但是,这种劳动的特殊使用价值在这里取得了'服务'这个特殊名称,是因为劳动不是作为**物**,而是作为**活动**提供服务的"⑥。在此,马克思明确指出服务是与物相区别的人的活动,而且服务是劳动本身而非劳动的能力。并且在此,马克思将服务与"其他一切商品"作比较,表明了服务也是一种商品。

对于服务与其他商品的关系,马克思接着进一步阐明了服务作为一种商品,与其他商品在商品流通中的关系并无区别:服务商品不是作为物而是作为活动"这一点并不使它例如同某种机器(如钟表)有什么区别。我给为了你做,我做为了你做,我做为了你给,我给为了你给,在这里是同一关系的、意义完全相同的几种形式"⑦。马克思还从服务的接受者和提供者两个方面,阐述了服务与其他商品的同质性。他以工人购买缝纫服务为例说:"工人自己可以购买劳动,就是购买以服务形式提供的商品,同他的工资花费在购买其

---

① 〔德〕马克思:《剩余价值理论》(第1册),中共中央马克思恩格斯列宁斯大林著作编译局译,人民出版社1975年版,第163—164页。
② 同上书,第164页。
③ 同上书,第165页。
④ 同上书,第444页。
⑤ 同上书,第445页。
⑥ 同上书,第435页。
⑦ 同上。

他任何商品上,是没有什么不同的"①。在另一处谈到服务劳动时,马克思进一步明确:"由于这种劳动的使用价值,由于这种劳动以自己的物质规定性给自己的买者和消费者提供服务。对于提供这些服务的生产者来说,服务就是商品"②。马克思还对服务的使用价值和交换价值进行了阐述:服务形态的使用价值"包括一切满足个人某种想象的或实际的需要的劳动"③。而服务的交换价值,马克思说:"服务的价值,是由并且可以……由维持他们的生活或者说把他们生产出来所必需的生产费用来决定"④。

马克思还指出了商品的使用价值的两种存在形式:(1)"物化、固定在某个物中";(2)"随着劳动能力本身活动的停止而消失"⑤。即前者以静态的实物为载体,后者以动态的行为为载体。静态形式的使用价值是"具有离开生产者和消费者而独立的形式,因而能在生产和消费之间的一段时间内存在"⑥;动态形式的使用价值是"不以物品资格但以活动资格供给的特别的使用价值"⑦。对于实物商品,其使用价值承载在该物质实体上;对于服务商品,其使用价值既可以实物为载体,亦可直接附着在服务行为上。⑧

通过上面的分析和引证,至少可以得出如下几点认识:(1)生产劳动与非生产劳动之分不是以是否创造物质财富为依据,而是以是否为卖而劳动即是否生产商品为标准;(2)商品的使用价值和价值与商品是否具有物质性没有关系;(3)服务是劳动本身而非劳动力,服务也是一种商品;(4)服务商品与其他商品在商品流通中的关系是相同的;(5)服务商品的使用价值是满足人们某种需要的劳动,价值由产生和维持服务劳动的生产费用来决定;(6)商品的使用价值有静态与动态之分,前者以静态的实物为载体,后者以动态的行为为载体;服务商品的使用价值既可以实物为载体,亦可直接附着在服务行为上。

---

① 〔德〕马克思:《剩余价值理论》(第1册),中共中央马克思恩格斯列宁斯大林著作编译局译,人民出版社1975年版,第436页。
② 同上书,第149页。
③ 同上书,第165页。
④ 同上书,第151页。
⑤ 同上书,第157页。
⑥ 同上书,第442页。
⑦ 〔德〕马克思:《剩余价值学说史》,考茨基编,郭大力译,生活·读书·新知联合发行所1949年版,第398页。
⑧ 从本质上看,所有服务商品都是以人的行为为其所有价值的第一载体的。

第四节 服务活动的非人身性

综合上面的分析可以得知,在马克思的眼里,商品至少有四种存在形式:(1) 劳动力商品;(2) 实物商品;(3) 知识商品①;(4) 服务商品。然而,经济学中的概念并非当然就属于法学的范畴;经济学中的价值,也并非一定能构成财产权的客体。关于中间两种形式的商品,分别属于物权和知识产权的客体,这已无须再议。下面将依据经济学的理论和财产权客体的一般要求,来论证劳动力商品与服务商品作为财产权客体的适格性问题。

一、市场经济条件下的劳动力商品

劳动力成为商品是产生剩余价值的前提,这是马克思在对资本主义生产关系进行深刻分析的基础上得出的一个基本结论。在我国当代社会主义条件下,劳动力是否还能够成为商品,是我们讨论劳动力概念能否属于法学范畴的前提。根据马克思关于劳动商品的一般原理,劳动力成为商品必须同时具备两个条件:第一个条件,劳动者必须有人身自由,可以自由支配自己的劳动力;第二个条件,劳动者没有任何生产资料和生活资料,不得不把自己的劳动力当作商品出卖。但是,在社会主义条件下,只具备第一个条件,而不具备第二个条件。这是否就意味着,劳动力商品这个"到目前为止人类所开发的最高级商品"②就无法为社会主义国家所利用呢?答案是否定的。在劳动者占有生产资料的社会主义条件下,只要出现以下三种情况之一,劳动力就可能成为商品:(1) 对生产资料的占有并非是以个人直接的形式,而是通过劳动者结合体的方式间接占有时;(2) 直接占有的生产资料的数量不足、质量不高,难以使劳动者作为实现自己劳动的物资条件时;(3) 直接占有的生产资料与劳动者技能不合、志趣不符时。③ 可见,"劳动力成为商品的最直接的'土壤'是商品经济,只要存在真正意义上的商品经济,劳动者就会进入市场,劳动力也就会成为商品。"④ 显然,在我国社会主义市场经济条件下,我们是不能拒绝"劳动力成为商品"的,也就同样无法拒绝将劳动力商品作为一个法学范畴。

但是,作为一个法学范畴的劳动力商品,要成为财产权的客体,还必须具

---

① 从上文的阐述可知,马克思虽然没有直接提出知识形态的商品的概念,但在其论述中也承认了其作为商品的一种存在形式。
② 叶书宗:《劳动力商品的历史再认识》,载《上海师范大学学报》1997 年第 1 期。
③ 参见范恒山:《劳动者是主人 劳动力是商品》,载《瞭望》1993 年第 2 期。
④ 同上。

有与人身分离的独立性。而劳动力是人的劳动能力或潜力,是人的"体力和精神力的总和,它存在于一个人的身体中,他的活的人体中"①。按照马克思给劳动力所下的定义我们可以清楚地认识到,劳动力商品作为劳动者体力和脑力的总和,是不可能以独立的形态存在的,也是无法与劳动者分开的。劳动力商品的这种特性,显然不能满足上述财产概念中的"必须与人身相分离"的要件,也是与近代民法体系的"人身与财产两分"的范式不相符的。那么,服务商品是否也是这样呢?从本质上看,服务与劳动虽然都是人类的行为,但服务商品与劳动力商品在性质上是不同的:首先,从社会关系上看,服务商品是人类社会分工的产物,是生产力发展的表现;而劳动力商品是劳动者将自己的体力和脑力出卖给他人的结果,是生产关系发展的表现。其次,从生产要素上看,服务商品的特点是,除了服务对象由商品的购买者提供或指定以外,商品提供者必须具备劳动力和生产资料;劳动力商品的特点则是,劳动对象和生产资料都由商品的购买者提供,商品的提供者仅具备劳动力。因此,从经济学来看,服务商品与劳动力商品是两个性质不同的范畴。② 然而,上述的不同还不足以使服务商品达到财产权适格客体的程度,问题的关键还是在于服务商品能否与人身相分离,能否以独立的形态存在。

那么,如何判断一件商品的提供能否与人身相分离呢?

1. 商品使用价值的存在形式不能作为判断的依据。通过前文的分析我们知道,马克思将商品的使用价值分成静态和动态两种形式。但是,对服务商品而言既有实物为载体的静态使用价值的形式,也有直接以行为为载体的动态使用价值的形式。前者的例子是,以人的身体为对象的生活服务和以物质产品为对象的维修服务等;后者的例子是,以人的精神为对象的教育信息服务和提供"位置变化"的运输服务等。显然,不能以此为依据而得出,前者的服务商品可以与人身相分离,而后者的服务商品就不能与人身相分离的结论。

2. 商品本身的物理性质也不能作为判断的依据。我们知道,劳动力与服务在最终表现上都是人的行为。劳动力商品作为人的"体力和脑力的总和",通过劳动即人的动态的行为作为价值的承载体,这是其与实物商品的根本区别的地方;同时,这也是其与服务商品的性质一致之所在。从现象上看,人的行为本身当然与人的身体不可分离。但是,实际生活的体验告诉我们:当我们将风衣、西服等送到干洗店接受干洗服务时,我们只需到时去取回洗

---

① 〔德〕马克思:《资本论》(第1卷)(上),郭大力、王亚南译,人民出版社1953年版,第157页。
② 参见黄维兵:《现代服务经济理论与中国服务业发展》,西南财经大学出版社2003年版,第18页。

熨一新的服装,而无须关心是由什么人、在什么时间对服装进行洗熨的;当我们将需要维修的汽车开到"4S 店"接受维修服务时,我们要做的也只是按照约定的时间开回依约维修好的汽车,至于其他具体过程我们也完全可以在所不问。我们接受了服务,可我们不知服务的具体提供者,我们也不管服务的具体过程。在这里,服务分明就是与其具体提供者的人身是相分离的!

二、服务商品与劳动力商品的区分

为什么最终的表现同是人的行为,对于劳动力商品就无法与人身分离,而对于服务商品就可以与其提供者的人身分离呢?本书认为,至少有以下几方面的因素:

1. 商品提供的要求不同。劳动力商品的提供是劳动者"在一定时间段内体力与脑力的总和",要求的是在这个"一定时间内"劳动者"体力与脑力"的完全提供。由于,劳动者的体力与脑力无法直接衡量,所以这里的"完全"主要是指劳动者在这个"一定时间内",不能进行提供该劳动力以外的其他活动,强调的是过程;服务商品的提供则不然,要求的是对服务商品接受者提供或指定的服务对象,在质和量上达到约定的效果,接受者关注的是结果。

2. 商品提供的方式不同。劳动力商品的提供是具体劳动者的直接供给,具有直接性;服务商品的提供是抽象服务者的间接行为,表现为间接性。①

3. 供需双方的关系不同。劳动力商品的提供者与接收者之间是员工与雇主的关系;服务商品的提供者与其接受者之间是服务机构(服务人员的行为是职务行为)与客户的关系。

4. 行为涉及的范围不同。劳动者的劳动行为内化在其受雇的机构之内;服务者的服务活动外化于整个社会。

5. 接受商品的对价不同。劳动力商品的接收者不但要支付劳动力商品

---

① 这种间接性一般体现在以下几个方面:
    (1) 有些服务必须由多人有机结合构成的一个整体共同提供,单个人无法直接提供,如宾馆所提供的住宿服务;
    (2) 有些服务商品虽然可以由单个人来提供,但提供者不是作为一个具体特定的自然人,而是作为一个抽象不特定的服务商品的"运送者",如家电维修业的上门维修服务;
    (3) 有些服务行业服务的实施与服务结果的接收不同步,如上述的服装洗熨和汽车维修;
    (4) 由于机械的发明,使人的体力劳动产生的间接性,计算机的发明使人的脑力劳动产生了间接性,使得虽然服务的提供与接收同步,但具体的服务人员与服务商品的接受者之间产生间接性,如在线游戏的玩家与为虚拟环境的运行提供服务的工程技术人员;
    (5) 有些服务需要复杂的设施和特定的环境,服务从业者主要通过对这些设施和环境等的维护来保证服务目的的达到。

本身的对价,还要承担劳动者的劳动伤害风险及养老保险等费用;服务商品的接受者除为其接受的服务本身支付对价以外,不承担任何其他费用。

劳动力商品之所以与服务商品之间存在上述诸多不同,从本质上看,对于劳动力商品而言,其所有人出卖的是"劳动的能力或潜力",交付的是不附带任何生产资料的"裸劳动";对于服务商品而言,其所有人出卖的是劳动本身,交付的是包含生产资料的"综合劳动"。前者的"裸劳动"必须完全按照其购买者的意愿并在其监督下,物化到商品中去;后者的"综合劳动"则由其所有者自主地进行安排,并与自己占有的生产资料相结合,为其购买者提供最终的使用价值。概言之,由于服务商品在上述方面与劳动力商品有本质的区别,使得它与其直接提供者的人身相分离;也正是上述方面的原因,使得服务商品成为财产权的适格客体。另外,作为商品的服务还具有对象的明确性(他人或他人指定的事物)、对价的确定性(一般不会因为服务提供过程中的不确定因素而改变对价)和目的的具体性的特点。

第五节 服务财产权的基本范畴

服务财产权在本质上属于支配权,只是不同形式的服务财产权,其支配的形式不同而已。由于服务种类与形式不断创新,服务的创造、交付与消费不再一直同步进行,服务财产开始面对第三人,传统的服务合同再也不能有效保护服务财产权。

一、服务活动的财产性探究

"人财两分"与"物债二元"是传统民事权利体系的基本范式。学界一般认为,要给财产权下一个明确的定义非常困难,原因在于,理论上难以找到一个为大家公认的标准。

胡长清先生曾对关于财产权的三种学说逐一提出质疑:(1) 财产权是以经济利益为客体的权利。对此他认为,一些无经济上利益的权利,如好友之书简、爱妻之遗发等,如果不被承认为财产权显然不合情理。(2) 财产权是可以作为处分行为的客体的权利。对此他又提出自己的看法,一些专属于某人的权利,如雇佣权等,倘若不被归入财产权的范畴也是于理不符。(3) 财产权是以某种可以处分的利益为客体的权利。对此胡长清先生则认为,一些并不可以处分的利益,如使人唱歌或奏乐等的权利,如果不被称为财产权,则仍是不合逻辑。① 财产权是"以财产为标的，以经济利益为内容的权利"。有鉴于此，胡长清先生在其著作中拒绝直接给出财产权的定义，而称财产权为"非人身权利之权利"。②

应当承认，胡长清先生对财产权概念的这一处理似拙实巧。因为，自从人类废除奴隶制以来，人身就不再成为财产权的客体，而人身以外的任何外界资源都有成为财产权客体的可能。因为财产本来就是一个主观的概念，财产权客体所负载的使用价值与交换价值也都离不开人类的认识与实践，随着人类认识与实践范围的不断拓展，一些原来并不被认为是财产权客体的事物不断进入财产的范畴，如作为知识产权客体的作品、发明、商标以及商业秘密等。

从世界的哲学本原角度观之，构成整个世界的事物无非是物质与意识，而人身之外的外界资源都属于物质的范畴，作为客观实在的物质概念也不仅仅局限于物质实体，还包括已经被纳入物权客体的能量，以及属于知识产权客体的创生性信息等。胡长清先生在对财产权三种学说质疑所举事例中的"好友之书简"，就载体而言与"爱妻之遗发"同属于物权的客体，就内容而言则属于知识产权的客体；而雇佣权与使人唱歌或奏乐等的权利，其客体则分别属于劳动力和服务的范畴。劳动力与服务既不属于物权的客体也不属于知识产权的客体，将它们划归到财产权客体的范围之内是胡长清先生认识上的可贵之处。当然正如前文所分析的那样，劳动力由于不能脱离人身故不能成为民法意义上的财产权的客体，而服务则是民法必须承认的一类新的财产权客体。

基于市场竞争与交易自由的考量，1986 年诺贝尔经济学奖获得者布坎南在《财产是自由的保证》一文中指出，"不能只给个人作为卖者——供应者提供服务的自由，也必须给他们变为'交易'者的自由，在更广泛的意义上能够自由地组织生产单位，制造和提供物品和服务——这些物品和服务最终将要换取有个人能力的人们提供的那些服务。生产性服务提供者的经济地位由两组相互补充的产权的潜在运作得以保护……单位供应者保留了从与任何购买者的交换关系中退出的权利，而任何其他人都保留了进入与提供生产性服务的个人进行交易的权利。"③可见，服务作为一项财产与"物品"一样，其权利人都应获得进入市场交易的自由，并且权利人的经济地位应由"产权

---

① 参见胡长清：《中国民法总论》，中国政法大学出版社 1999 年版，第 40 页脚注。
② 江平：《民法学》，中国政法大学出版社 1999 年版，第 82 页。
③ 〔美〕布坎南：《财产是自由的保证》，载〔美〕查尔斯·K·罗利编：《财产权与民主的限度》，刘晓峰译，商务印书馆 2007 年版，第 27—81 页。

的潜在运作得以保护"。而以服务为客体的财产权,即服务财产权的性质问题,则是财产法必须予以回应的。

二、服务财产的支配性探析

客体的存在是权利产生的前提,客体性质的不同则是权利性质差异的基础。德国学者拉伦茨从权利的差异性角度,区分了两种不同层次的财产权客体:第一种是支配权与利用权的标的,属于第一顺位的权利客体;第二种是可以通过法律行为予以处分的标的,属于第二顺位的权利客体。① 按照拉伦茨的区分,作为物权客体的物与作为知识产权客体的作品、发明和商标等,它们都是具有客观性的资源,可以作为支配权与使用权的标的,属于第一顺位的客体;而基于前者之上的权利,如所有权、债权、质权等,它们都是主观权利本身,可以作为处分行为的对象,属于第二顺位的客体。②

在严格意义上,财产是就第一顺位意义而言的。因为,"财产这个名词的含义是:一种支配财物的绝对权。"并且"这个概念涉及人们支配财物关系的权利与义务,特权与限制。人们随时随地都要求占有其生存所必需的,或在文化方面有价值的东西。这些东西是由于对它们的需求的结果而会变得珍贵起来。习惯以及有组织社会所实施的法律是在控制对这些所需要的东西的竞争,并保证对它们的享用。概括地说凡是被保证某人所有的东西就是财产。"③这里所界定的财产,显然属于拉伦茨意义上的第一顺位的财产,即作为支配权与利用权之客体的财产。

从价值角度观之,第一顺位的权利客体指向的是一种使用价值,第二顺位的权利客体则指向一种交换价值。拉伦茨的权利客体区分理论,从客体的角度为财产权性质的认定提供了新的理论进路。按照这一理论,服务活动本身具有使用价值,能够满足他人的特定需要,因而,以其作为客体的权利,在性质上应当属于支配权。而支配权的概念以物权为典型,但不局限于物权。"综观相应的文献史料,支配权概念的产生一直与物权概念的定义及判断标准紧密联系在一起;但从其产生时起,支配权就脱离了物权的藩篱,迅速成长为一种独立的、涵摄甚广的权利。"④

就支配性财产权而言,物质财产权是通过对物的实际占有而保证其支

---

① 参见〔德〕卡尔·拉伦茨:《德国民法通论》,王晓晔等译,法律出版社 2003 年版,第 377—378 页、第 377—380 页、第 399—400 页、第 402—404 页。
② 同上。
③ 《不列颠百科全书》(第 15 卷),第 15 版,第 46—56 页,翁德伟译,载上海社会科学院法学研究所编译:《外国法学知识译丛·民法》,知识出版社 1981 年版,第 45—82 页。
④ 金可可:《论支配权概念——以德国民法学为背景》,载《中国法学》2006 年第 2 期。

配，信息财产权是通过对信息利用的垄断来体现其支配。而服务财产权既然是一项支配性权利，其支配的实现形式也应当明确。

为此，必须首先厘清支配权的概念。史尚宽先生曾在两种意义上阐述支配权的概念：从权利客体层面来看，"支配权者，普通谓直接支配权利标的之权利也。物权、无体财产权、亲属权等皆属之。"①在此意义上，梅迪库斯从客体类型的角度，将支配权理解为"支配（Beherrschung）某种客体或某种其他的、无体的财产"的权利，"如所有权旨在支配某物，专利权旨在支配某项发明。"②而德国学者图尔对支配权的阐述，则侧重于客体的外部性，认为支配权是"提供对外在于主体的外部世界之部分——客体——的支配"的主观权利。③ 由于顾及到这一层面的定义"不免有以问答问之嫌"④，史尚宽先生又给出了从权利主体之行为角度的支配权定义，即"支配权者，直接对于权利之标的，得为法律所允许范围内之行为之权利也"⑤。与此类似，德国学者科勒（Köhler）与汉斯（Hans Brox）则从权利主体支配力的角度，或认为"支配权是对某个标的享有支配力（Herrschaftsmacht）的权利"⑥，或认为："支配权赋予持有人以对特定对象的绝对、直接的支配权力"。⑦ 拉伦茨也强调支配权人的意思对于客体的单方作用："事实上，必须允许所有权人根据自己的意思行使对自己所有的物的'法律的力'"。⑧ 那么，服务财产权的所有权人，如何根据自己的意思行使对自己所有的服务的"法律的力"呢？为了回答这个问题，首先必须厘清服务财产的不同类型。

三、服务财产权的类型化探寻

不容回避，服务活动在本质上是人类有意识、有目的的一种行为，离开了他人的行为，服务显然无从谈起。而支配权的基点就是权利人无需他人意思的协作，即可在客体上单方面实现自己意思的"法律的力"。就此而言，支配

---

① 史尚宽：《民法总论》，中国政法大学出版社 2000 年版，第 25 页。
② 〔德〕迪特尔·梅迪库斯：《德国民法总论》，邵建东译，法律出版社 2000 年版，第 61 页。
③ 转引自〔德〕卡尔·拉伦茨：《德国民法通论》（上册），王晓晔等译，法律出版社 2003 年版，第 264 页。
④ 史尚宽：《民法总论》，中国政法大学出版社 2000 年版，第 25 页。
⑤ 同上。
⑥ Helmut Köhler, BGB Allgemeiner Teil, 20, völlig neubearbeitete Auflage, C. H. Beck'sche Verlagsbuchhandlung, München 1989, S. 37. 转引自金可可：《论支配权概念——以德国民法学为背景》，载《中国法学》2006 年第 2 期。
⑦ Hans Brox, Allgemeiner Teil des BGB, 24, neubearbeitete Auflage, Carl Heymanns Verlag, Köln·Berlin·Bonn·München 2000, S. 274. 转引自金可可：《论支配权概念——以德国民法学为背景》，载《中国法学》2006 年第 2 期。
⑧ 〔德〕卡尔·拉伦茨：《德国民法通论》（上册），王晓晔等译，法律出版社 2003 年版，第 277 页。

权的非协作性与服务活动的主动性之间似乎是泾渭分明、互不相涉。

然而,根据上一节的分析可知,由于一些服务活动的提供是抽象服务者的间接行为,与具体服务者的人身之间不具有直接性。这类服务活动的具体提供者与服务接受者之间(如网络服务商、移动或固定电话服务商与客户等)甚至根本不需接触。对于此类服务,权利人只要支付了相应的对价,就可以无须服务提供者的具体、直接协助,而直接支配其服务。

细察服务的具体形式与过程,可以看到,即使是服务提供者与服务对象直接接触的服务,权利人也是可以直接支配属于自己的服务。

有一类服务,如长途客运、城市公交、电影播放、文艺演出等,虽然服务提供者与接受者之间有接触,但由于此类服务的提供并非是针对具体单个的服务对象,服务的提供与接受是一对多的关系,对于某个特定的服务接受者而言,只要在法定或约定的范围之内,无论其如何支配(如放弃、转让)其服务,都不会与服务提供者的人身直接关联,因而也就可以无需寻求服务提供者的具体协助。

还有一类服务,如出租车客运,虽然服务的提供与接受是一对一的关系,但这种服务仍然是面向社会的营业行为,而非个人的受雇行为。乘客上车后也可以在法定的范围内对其服务进行支配,如设定方向、选择道路、停车、开车、下车等。驾驶员也并非是乘客的受雇者,而是服务业务的经营者,其驾驶行为在性质上并非是对乘客服务财产权行使的协助,而是为乘客所购买(订购)的服务财产客体的生产,从而使得出租车客运服务具有直接的使用价值,属于拉伦茨意义上的第一顺位客体。

当然,必须指出的是,从表面上看,如果出租车驾驶员不服从乘客的"支配",乘客的服务财产权就无法实现,似乎可以据此得出,服务财产权非经他人协助无法实现的结论。然而,应当清楚的是,出租车驾驶员只有在满足乘客意思的前提下乘客才具有服务财产。如果出租车驾驶员不服从乘客的意思,乘客实际上就没有得到服务财产权,由于服务财产因为驾驶员不服从乘客的意思,而根本没有生产出来,当然就无所谓权利人的行使权利需他人协助的问题。实际上,在实物商品生产领域这种现象也为常见。譬如,一些厂家按客户的订单要求进行生产,如果厂家不服从客户的意思,那么,就根本没有客户所需的产品产生,也就不存在客户的财产权问题,支配更是无从谈起。可见,服务提供者对接受者意思的服从,与实物生产者对客户意思的服从性质一样,不属于对权利人行使权利的协助,换句话说,这种服从只是一种商品生产活动,属于事实行为。

要而言之,服务财产权在本质上属于支配权,只是如对信息的支配不同于对物的支配一样,对服务的支配也与对物及对信息的支配不同而已,并且不同形式的服务财产权,其支配的形式也不同。

应当明确,由于一些传统的服务活动在客观上不可能涉及第三人,服务的生产、交付与消费同步进行,不存在第三人介入的时间与空间,也就无需财产权的对世性功能,因而由服务合同就完全可以调整与规范,不必刻意强调财产权问题,服务的财产属性也因此隐而不彰。但是,由于现代服务业的日益繁荣,服务种类与形式不断创新,生产、交付与消费不再一直同步进行,服务财产开始面对第三人,传统的服务合同再也不能有效保护服务财产权,因此,必须将服务财产权从服务合同中剥离出来,承认其独立财产属性,赋予其对抗第三人的功能。

基于上述分析,从财产权设立的角度来考量,本书首先将服务分为"一对一服务"与"一对多服务"两种类型,前者是一个服务提供者[①],在一个时间段内只为一个对象提供服务,例如,出租车客运、理发、干洗、修理、咨询、中介、医疗等;后者为一个服务者同时为多个对象提供服务,例如,长途客运、城市公交、电影播放、文艺演出、体育比赛、教育培训、在线游戏、在线即时通讯,以及移动和固定电话、电子邮箱服务等。

"法律的生命不在于逻辑而在于经验"[②]。霍姆斯大法官的这句名言,对服务财产权的类型化具有很强的针对性指导意义。

一般而言,对于"一对一服务",虽然有服务财产的逻辑存在,但由于服务的生产、消费与服务合同的履行同步进行,没有为第三人介入留下时间与空间,实践中也就没有必要在其上设立服务财产权。

对于"一对多服务",又可以分为两种类型,一为"钥匙化服务",二为"非钥匙化服务"。所谓的"钥匙化服务",是本书所采用的一种比喻说法,指的是现代服务业为了便于服务接受者直接支配上述"一对多服务",在出售其服务的同时交给购买者一个类似于"房屋钥匙"的事物(本书称其为"服务钥匙"),如 QQ 号、电话卡、车牌[③]、公交月票卡、电子邮箱账号等[④]。这样,服务财产权利人就可以像对房屋钥匙的占有而支配房屋一样,通过占有这些"服务钥匙",也就可以无需他人的协助直接支配其服务财产。

[①] 可以是单个人,也可以是多人合作。
[②] Holmes, The Common Law, Little, Brown and Company, Boston, 1963, p.1.
[③] 车牌在本质上是政府对公共交通资源(一种政府交通服务,如修建、维护道路、管理交通秩序等)的分配。当公共交通资源稀缺时,除用于公务以外,一部分资源就会财产化,私人就可以通过对车牌的占有而占有和接受这种服务。
[④] 必须指出,"钥匙化"仅仅是一种比喻意义,不能等同于钥匙,如钥匙丢失了权利人可以自己或找他人重新配制,而服务财产的有些钥匙化事物,如电话卡、车船票遗失(或灭失)了,权利人就不可自行或找他人再制作一张。

应当指出,人们常常用"服务钥匙"的价值来指代服务财产的价值,以至于出现了天价手机号①、天价 QQ 号②、天价车牌号③现象。从本质上看,手机号、QQ 号、车牌号之所以"天价",并非是那些阿拉伯数字所组成的号码本身"天价",也不是压印有特定阿拉伯数字之车牌的铁皮本身"天价",而是这些号码与相应的服务活动结合,从而使得这些服务在原有的使用价值基础上增添了新的使用价值——使消费者获得愉悦感、吉祥感、纪念意义或者记忆更方便等方面的满足"天价"④。概而言之,对于一些消费者来说,服务的使用价值已经超越了其原初意义,附有特殊号码的服务与一般的服务是不同性质的服务。从经济学的意义来看,特殊号码的服务是非常稀缺的资源,能满足人们的特定需要,因此其获得"天价"也是符合经济理性的。正是在这种意义下,2007 年 5 月 12 日,阿联酋商人塔拉尔以 680 万美元的价格买下只有一个数字"5"的车牌。⑤ 可以设想,当塔拉尔开着挂有一个数字车牌的汽车进行商务活动时,不但其自己的感觉不一样,给其业务伙伴与社会公众传达的信息,应当更是不一般。

总而言之,由于对"钥匙化服务"的购买和消费可以非同步进行,即可以先购买后消费、一次购买多次消费,这样就为第三人的介入留下了机会,因此,必须设立服务财产权。而"非钥匙化服务"的购买与消费一般是同步进行的,即边购买边消费、一次购买一次消费,因此就无需财产权的设立。要而言之,应当确立服务财产权的是"一对多钥匙化服务"。

当然,上述类型化是基于概念的典型性而言的,在实际社会生活中,这种分类的边界并非绝对清晰,会出现模糊的情况。但是,即使是这样,上述类型划分也具有重要意义,因为它们可以作为类推的基点和判断的原则。

行文至此,笔者可以而且也应当对作为财产权客体的服务概念作出界定了。服务是民事主体利用物质与信息资源,根据他人的某项具体需要,为改变他人的精神世界,或者改变包括人体在内的他人指定的物质对象所进行的具有明确对价的活动。在此基础上,服务财产权的概念应该是:权利人依法对特定的服务享有直接支配和排他的权利。

---

① 参见郭进:《浙江温州出现天价手机号 9 个 8 手机号叫卖 298 万元》,http://finance.cctv.com/20080716/101841.shtml,访问日期:2008 年 7 月 16 日。
② 参见王纳:《天价 QQ 号"99999"创"新高"卖得人民币 30 万》,载《广州日报》2009 年 7 月 3 日。
③ 参见周俊朗、郑鹏:《浙 88888,拍出 166 万元》,载《温州都市报》2006 年 7 月 27 日。
④ 这种现象并非只限于天价车牌:譬如,衣服的基本功能是保暖,一套名牌西装动辄上千,甚至上万,试问其保暖功能究竟占其价值几何? 再如,手表的基本功能是计时,一块名牌手表动辄上万,甚至十万、百万,试问其计时功能究竟占其价值又为几何?
⑤ 参见:《天价车牌售出,680 万美元买下一个数字车牌号》,见 2007 年 5 月 14 日"中新网"。

四、服务财产权的内容、限制与保护

服务利益在本质上是一种非物质性的无形财产利益。一般而言,服务的过程既是服务产生的过程,又是服务的交付与消费的过程,涉及服务利益的权利人与服务利用的消费者之间以及他们与第三者之间的利益分配关系。服务财产权作为一种制度工具,赋予权利基本内容、设定利益分配方式、制裁不法侵害行为,对基于服务活动所发生的各种社会关系进行调整与规范。

服务财产权的内容。服务财产权作为一种无形财产权,是一种基于客观资源而产生的权利,其内容包括对服务财产的占有、消费、收益与处分诸项权能。具体而言,与物权对物的直接占有不同,服务财产意义上的占有一般是通过对相应的"服务钥匙"的占有而占有服务,而不是通过直接占有服务活动或行为来实现其占有的。因为,服务的生产都是和其消费同步进行的,对服务的直接占有实际上就是对服务的消费。同时,对服务的消费与对物的使用以及对信息的利用也不同,对服务的消费须臾不能离开其生产者生产活动的支持;而无论是物质财产还是信息财产,其生产与使用(或利用)活动是分离的,即对物质财产或信息财产的使用(或利用)无需其生产者生产活动的持续支持。作为一项财产权,服务财产的收益权能也是不容忽视的。就网络虚拟财产权利人而言,他们可以"在虚拟财产上进行投资,使虚拟财产的价值在互联网的作用下不断升高。虚拟财产的交易以及由此产生的巨大利益,不仅带来权利主体的收益,而且支撑着、刺激着整个互联网的发展和网络游戏业的繁荣。"[①]一般而言,处分权是权利人对其拥有的财产利益进行消费与转让的权利,包括事实处分与法律处分。由于对服务财产的利用过程,就是对其消费的过程,所以对服务财产的利用行为就是一种对其进行事实处分的行为。而对"服务钥匙",如有效电话卡与车船票的抛弃、虚拟人物与道具的删除等行为,也属于对服务财产的事实处分。服务财产还可以通过转让来进行法律处分,并以相应的"服务钥匙"的交付来实现其所有权的转移。

服务财产权的限制。服务财产权的限制包括服务时间限制与内容限制。作为一项无形财产权,服务财产权与知识产权一样有其时间限制,但是与知识产权不同的是,服务财产权的时间限制并非来自于法律的规定,而是来自于服务自身的属性。一般而言,服务财产权的时限取决于具体服务活动的时限,可以是连续的一段时间(如长途客运服务、电子邮件服务),还可以是一个长时段与多个短时段(如移动固定电话服务)的结合等。服务活动的内容限

---

① 林旭霞:《论虚拟财产权》,福建师范大学 2007 年博士学位论文,第 54 页。

制主要基于公序良俗原则的考量。公序良俗原则作为现代民法的一项重要原则,是指"一切民事活动不得有违于公共秩序和善良风俗,否则该行为将受到否定性的评价"①。在德国的相关判例中,公序良俗被表述为"一切公平和正义的思想者之礼仪感"(Anstandsgefühl aller gerecht und billig Denkenden)②。从内容上看,公序良俗是"公共秩序"和"善良风俗"的合称,一般认为,前者是"自外部的社会秩序方面言之"③,包括政治、经济、文化秩序等;后者是"自内部的道德观念言之"④,涉及社会存在和发展所必要的一般道德、伦理、风俗等。公序良俗原则要求服务活动的内容,必须有序、健康、正当,符合"社会国家健全的发展目标"⑤。因此,任何服务活动如果违反公序良俗原则,那么基于其上的服务财产权悉为无效。

服务财产权的保护。服务财产权的法律保护,涉及侵权与救济两方面问题。前文已经阐明,服务财产权是一种支配权,因此得为侵权行为的对象。侵犯服务财产权的行为,是指未经许可擅自消费、处分他人服务财产,或妨碍他人消费、处分自己服务财产的行为。前者如盗打他人电话、盗卖他人QQ号、删除他人在线游戏装备等行为;后者如向他人电子邮箱、手机发送垃圾邮件、短信,擅自修改他人的"服务钥匙",如电子邮箱密码、QQ密码等行为。权利人在自己的服务财产受到他人的非法侵害时,可以援引侵权行为法对其权利进行救济。提起服务财产侵权之诉的主体即为权利主体,既可以是服务财产的生产者,也可以是服务财产的继受者。以盗打固定电话为例,如在公共部分擅接电话线盗打电话,服务财产的权利人是电话服务商,因此侵权之诉的主体也应是电话服务商;如在私人部分偷接电话线盗打电话,服务财产的权利人是电话用户,因此侵权之诉的主体也应是电话用户。必须指出,对服务财产权的侵害,一般是服务财产的创造者与继受者之外的其他人所为。服务财产的创造者与继受者之间,因服务的创造、提供、消费而产生的法律关系,属于服务(买卖)合同关系,一般并不涉及直接的财产侵权问题。但在一些特殊情况下,服务生产者也有可能侵害服务消费者的服务财产,主要有:(1)错误删除、更改服务数据,致使消费者的服务财产遭受损失,如游戏营运商错误删除玩家游戏装备、角色;(2)疏于管理、防护,致使消费者的服务财产遭受损失,如消费者没开通国际长途通话服务而被他人盗打国际长途电话;(3)员工利用职务之便,盗窃、侵占消费者的服务财产,如深圳某网络公

---

① 赵万一:《民法的伦理分析》,法律出版社2003年版,第145页。
② 转引自邵建东:《德国反不正当竞争法研究》,中国人民大学出版社2001年版,第45页。
③ 史尚宽:《民法总论》,中国政法大学出版社2000年版,第40页。
④ 同上。
⑤ 同上。

司员工利用负责系统监控工作的便利,盗窃 QQ 账号后与他人合谋倒卖牟利达 8 万元①。

第六节 "一对一服务"的实证分析——以冠名权为例

在当代经济生活中,市场经营者越来越关注社会公众的"注意力",由"注意力"而产生的经济现象被美国物理学家米歇尔·古德汉伯称为"注意力经济",并直言不讳地指出"在新的经济下,注意力本身就是财产,金钱将与注意力一起流动"②。通常,"注意力经济"也被人们形象地称为"眼球经济"③,它是通过吸引公众的注意力——眼球,而提高市场竞争力、产生经济效益的一种经济现象。在此背景下,凡是能够有效地吸引公众注意力的事物都具有了经济价值,也成了交易的对象。在商业实践中,冠名活动日益受到商家的青睐,从举世瞩目的盛大活动、著名建筑,到校园日常的文体竞赛、学术讲座,都是精明商家的冠名对象与资源;从高达数亿美元的巨额冠名盛事④,到仅为数百元人民币的校园冠名表演⑤,皆为世所常见的冠名现象与事例。冠名活动无疑是"注意力经济"的生动诠释,而由此产生的"冠名权"问题则是法学,尤其是财产法学必须予以回应的。

一、冠名权概念的一般评析

与实践中冠名现象日益普遍形成鲜明对比的是,理论界目前对冠名权的认识还仅处于概念形成与性质探讨阶段。笔者查阅了包括《辞海》《牛津法律大词典》等在内的多部通用与专业工具书,只有《现代汉语词典》设有冠名权词条。该词典将冠名权界定为,"在某种事物前面加上自己名号的权利",所举的例子为,"一家知名企业取得本次赛事的冠名权"⑥。

法学界对冠名权概念的界定可谓见仁见智,对冠名权性质的认识也是人言人殊,归纳起来主要有如下三种:

---

① 陶瑜:《腾讯员工涉嫌与人合谋盗取 QQ 号码被提起公诉》,中新网 2005 年 12 月 16 日电。
② Michael H. Goldhaber:《注意力经济:网络的自然经济》,方兴东译,载方兴东:《创新式摧毁力:跨越互联网断层》,北京大学出版社 2004 年版,第 122 页。
③ 余明阳主编:《公关经理教程》,复旦大学出版社 2005 年版,第 245 页。
④ 据报道成立于 1892 年的利物浦足球俱乐部(Liverpool Football Club),将以 1 亿英镑的价格出售新球场的冠名权,这意味着"安菲尔德"这个拥有悠久历史的名字将从此消失。参见李怡然:《利物浦欲效仿阿森纳 弃安菲尔德出卖球场冠名权》,荆楚网—体育周报(http://sports.sohu.com/20100114/n269578110.shtml),访问日期:2018 年 6 月 10 日。
⑤ 现在校园内文艺活动、体育竞赛,也常常寻求一些商家冠名赞助,其数额一般不大,多则几千不到一万,少则几百元人民币。
⑥ 《现代汉语词典》,商务印书馆 2005 年版,第 506 页。

1. "商品化权说"。此说认为,冠名权是"法人、经济组织或自然人继受取得原始主体具有的社会广泛认知性的所属物、商业或公益活动设定名称的权利",属于一种"商品化权利"。① 在此意义下,认为体育冠名权是"指体育单位、法人及特殊的自然人组合对其拥有的具有社会认知性所属物的名称依法转让,以使受让人享有名称传播的权利",并指出"商品化权的这一提法反映了体育冠名权的本质特征和内涵,体育冠名权应该属于商品化权的范畴,同时也属于知识产权的范畴"。②

2. "人格权说"。此说认为,"冠名的要义就在于利用他人的冠名机会展示冠主的名号,因此应该将冠名权列为一种具体的人格权,而非财产权。"③按照这种认识,冠名权的目的与价值在于彰显权利人的人格,是权利人的固有人格要素与某事物的原名组合在一起形成新的名称,从而使权利人的人格要素得以扩展和丰富。

3. "行政许可权说",就道路冠名权而言,认为"道路冠名是指国家有关行政管理部门,根据法律和法规,对新辟或无名道路进行命名,及对某些道路进行更名的行为。这种行为属国家行政行为,道路冠名的权利也仅属于国家,属公权范畴"。④ 在此基础上,其他学者进一步指出,"将道路冠名权赋予企业或其他经济组织是国家行政机关的一种行政许可权"。⑤

本书认为,上述三种关于冠名权概念与性质的学说,都没能反映冠名权的本质内涵,因此不能采为立论的依据,具体分析如下:

1. 通说认为,商品化权的保护对象包括真实人物形象与虚拟角色形象两类。⑥ 而所谓的商品化,就是将真实人物形象或虚拟角色形象与特定的商品结合,从而提升该商品的市场竞争力,为商家带来更高的经济利益。而冠名的含义就是"冠以名称",即"在某种事物前面加上自己名号",由此得出冠名权就是"在某种事物前面加上自己名号的权利"这一概念。细究商品化与冠名的含义,可以发现二者有明显区别:(1) 从行为的对象来看,商品化与冠名都是将两种事物结合在一起,但商品化的对象是"形象"属于显示事物间接存在的信息,且仅限于真实人物与虚拟角色这两类形象;而冠名的对象并非是某一事物的形象,而是该事物直接存在本身,且只要符合公序良俗,不受任

---

① 马昌骏:《试论冠名权合同法律关系——兼评东部公司与申花俱乐部冠名权合同纠纷》,载《法律适用》2003 年第 11 期。
② 常娟、李艳翎:《体育冠名权及其法律界定》,载《北京体育大学学报》2005 年第 10 期。
③ 朱体正:《冠名权概念解析》,载《北方法学》2008 年第 4 期。
④ 周健、江寄鸥:《略论道路冠名商业化中的法律问题》,载《法商研究》1997 年第 3 期。
⑤ 何晓华:《对道路冠名权的法律思考》,载《河北法学》1998 年第 4 期。
⑥ 参见吴汉东、胡开忠:《无形财产权制度研究》,法律出版社 2005 年版,第 444—445 页。

何限制。(2) 从行为的方式来看,商品化是将商品与形象不拘形式地形成关联;而冠名仅限于将名号冠于某事物的称呼之前。(3) 从行为的性质来看,商品化行为可以直接支配其对象,即真实人物或虚拟角色形象的信息;而冠名行为则不能支配其对象,事物直接存在本身。可见,商品化与冠名之间差别甚多,因而在此基础上成立的权利显然难以相互融合。

2. 客观说来,冠名权确实涉及人格因素,但并不能以此就确定其为人格权。财产权与人格权,一般看似界限分明,有时却也难分彼此。问题的关键在于判断依据,"权利标的所指向的利益是划分财产权与人格权的基本标准"①。就冠名权而言,其标的所指向的利益显然是经济性质的而非人格意义的,而冠名权本身正是法学对作为一种经济现象的"注意力经济"的积极回应之一。虽然,人格利益也包含财产因素,但非直接;人格损害也会经济补偿,但非当然。另外,必须指出,冠名权所冠之名也并非一定是企业名号,还可以是商标②等其他信息。可见,冠名权实属财产权,而非人格权。

3. 就国有道路而言,其冠名的权力确实属于国家。然而,当这项权力属于稀缺的资源具有直接的经济意义时,就可以私有化为权利了。事实上,基于行政授权与许可产生的私有权利也并非少见,如专利权、如商标权,再如机动车行驶权(车牌)。实际上,像上海出售车牌那样,将稀缺的公共资源私有化,正是财产权的重要来源之一。而道路的命名也并非都属于国家行政管理的范围,譬如对校园内道路的命名就无须政府的许可。

二、冠名权属性的本质探讨

权利的性质取决于权利的客体,不同的权利类型正是基于不同的客体样态所作的制度设计。有基于此,在探讨冠名权性质之前,须厘清冠名权客体的样态。然而,上述诸多关于冠名权性质的界定,都有意无意地回避了对其客体样态的阐述,这实际上也间接反映了冠名权客体难以确定这一事实。

应当承认,虽然冠名权不属于商品化权,但确与商品化权最为接近:(1) 权利前的限定语都属动宾结构,"冠名"一词为动宾结构自不待言,商品化权的另一种表述为实际上是"形象商品化权",可见也为动宾结构;(2) 权利的形成一般都涉及两个主体,商品化权是将属于他人的"形象"进行商品化的权利;冠名权是在属于他人的"事物"上进行冠名的权利;(3) 权利设定之

---

① 吴汉东、胡开忠:《无形财产权制度研究》,法律出版社2005年版,第445页。
② 如2005年,武烟集团出资350万元,在红安县城南建设一条长1.5公里的红色文化一条街,并以其旗下的中国驰名商标"红金龙"将该街命名为"红金龙大道"。参见张发喜、祝尚斌:《红安打造"红色一条街"》,新浪网(http://news.sina.com.cn/c/2005-10-11/07067137865s.shtml),访问日期:2018年6月10日。

目的都是为了有效地吸引公众的眼球,因而都属于"注意力经济"在法学领域的反映。

因此,借鉴商品化权客体的确定思路,应当有助于冠名权客体的确定。通过前文阐述已知,商品化权的客体是"形象",包括真实人物形象与虚拟角色形象两类。那么,冠名权的客体是否也类似的为"名号"呢?显然不是,因为冠名权"不同于姓名权或商号权(名称权),后者是对权利主体自身姓名、名称所享有的专有权,而冠名权则是针对权利主体所属财产、有权控制的特定事件(如一场文艺演出或体育比赛)及特定团体(足球队、篮球队、演唱组合等)的名称而享有的专有权"①。可见,冠名权的客体并不能如同商品化权的客体一样,是其修饰语动宾结构中的"宾"。如此类似的两种权利,为何客体的位置不一样呢?进一步分析可知,商品化权中的"形象"是属于他人的,是在他人提供的"形象"上建立自己的权利;而冠名权中的"名号"是权利人自己的,如果以此为客体则是在权利人自己的"名号"上建立权利,显然,这是传统意义上属于人格权的命名权,与冠名权的含义不符。基于上述分析,可以得出这样一个结论:无论是商品化权还是冠名权,其通常客体原属于他人,是在他人的客体上建立的自己权利。由此,再来考察冠名权的客体是否有可能为动宾结构中的"动"。对商品化权来说,其"动"为商品化,而商品化的行为是权利人自己完成的,不属他人,按照上述结论商品化的行为不能成为权利客体,这符合商品化权客体的事实。再看冠名权,其"动"为冠名,那么冠名行为是否是他人进行的呢?看起来不是,因为从冠名权的语义上看,好像是权利人自己在他人的事物上冠名,即冠名的行为是由权利人自己来完成。事实上,这种认识并非符合冠名的实际。下面结合《托普集团冠名上海申花足球队协议》②,来说明这一问题。

2001年3月1日,东部公司与申花俱乐部签订一份《托普集团冠名上海申花足球队协议》,协议主要约定了如下内容:东部公司取得从2001年3月1日至2004年2月28日申花足球队副冠名权,东部公司为此应支付1000万美元的冠名费;东部公司从2001年3月1日起取得申花俱乐部所属原上海申花足球队副冠名权,即上海申花足球队变更为上海申花托普足球队;东部公司有权在自身广告宣传和推广活动中使用申花俱乐部的名称和标志;东部公司有权选择申花俱乐部4名以上球员参加不超过6次的各类商业推广活

---

① 程合红:《商事人格权论——人格权的经济利益内涵及其实现与保护》,中国人民大学出版社2002年版,第187页。
② 参见《上海东部软件园有限公司与上海申花足球俱乐部有限公司冠名权合同纠纷案判决书》[(2002)沪二中民四(商)初字第21号]。

动,每次活动时间不超过4小时;自本合同生效之日起,申花俱乐部的球员比赛服的前胸位置必须印有东部公司指定的名称和标志;2002年和2003年,申花俱乐部应就实施本协议的业务内容(如增加宣传广告位、举办推广等系列活动)作出调整。

另外,协议还对如何正确使用冠名名称、电视、车身广告以及赛事广告等分别作了如下约定:关于正确使用冠名名称的申花俱乐部需要保证冠名期间上海市主要媒体使用正确的冠名名称进行相关报道,否则视为严重违约,申花俱乐部有义务敦促其他地方、地区媒体使用正确的冠名名称。关于电视、车身等广告:东部公司承担自己选定的由申花俱乐部提供的所有电视广告、车身广告、展示促销活动用品等的制作费用。申花俱乐部承诺东部公司拥有的电视广告、报纸期刊广告、车身广告、赛场内广告等,东部公司可委托申花俱乐部制作,也可委托其他广告公司制作,委托申花俱乐部制作的,由申花俱乐部全面负责制作、发布及广告质量。委托其他广告公司制作的,申花俱乐部不得收取任何费用,并应按本合同约定为东部公司发布;每年申花俱乐部必须给东部公司提供10辆市区公共汽车车身两侧的广告权利,广告内容可与俱乐部或球队有关(如涉及使用教练、球员肖像,肖像权费用由东部公司提供),也可以是东部公司指定的广告。关于赛事广告时间:在每次主场赛事直播期间保证东部公司拥有两个30秒的广告时间,广告内容由东部公司确定,全年的广告时间累计为780秒;在电视专栏节目中保证东部公司每次拥有一段15秒的广告时间。

可以看到,这份冠名协议所约定的冠名活动的具体内容包括:(1)命名,即上海申花足球队变更为上海申花托普足球队;(2)申花名称与标志的使用,东部公司对申花俱乐部的名称和标志的使用;(3)商业推广,申花俱乐部球员参加商业推广活动;(4)东部公司名称与标志的佩戴,球员比赛服印制东部公司名称和标志;(5)保证与敦促,申花俱乐部保证并敦促媒体使用正确的冠名名称;(6)广告制作与发布,电视广告、报纸期刊广告、车身广告、赛场内广告等,如受东部公司委托申花俱乐部应予制作,制作好的广告由申花俱乐部发布;(7)直播与电视广告保证,保证东部公司在每次主场赛事直播拥有两个30秒的广告,在电视专栏每次15秒的广告。

由此,可以得出关于冠名活动特征的三点启示:(1)冠名活动不仅仅局限于一时的命名行为,而是以命名为核心的一系列综合性活动;(2)冠名活动不仅仅依赖于冠名者的冠名意愿,更是须臾离不开冠名提供者的行为支持;(3)冠名活动虽然也离不开冠名者的活动,但是绝大部分是由被冠名者来实现与完成的。

回到上面的问题,答案已经一目了然,冠名活动实际上是由"他人",即冠名提供者进行的。根据上文关于商品化权与冠名权客体的确定原则:无论是商品化权还是冠名权,其客体原属于他人。可以认为,冠名权的客体是冠名活动。而冠名活动是包括命名行为在内的,主要由冠名提供者完成的以命名为核心的一系列综合性活动。可见,从本质上看,冠名活动属于一种服务活动,且属于"一对一服务"。要言之,冠名权应归于服务财产权。

另外,有学者认为,因为权利人无权对冠名权再转让,因而冠名权"不是一种独立的、完整的财产权利"①。根据前文的分析,由于"一对一服务"的产生、提供与消费是同步进行的,实际上,不是权利人无权对冠名权再转让,而是无法再转让,而且冠名服务又不属于"钥匙化服务",因此权利人也不能通过转让"服务钥匙"来变相地实现对冠名权的再转让。

虽然,冠名活动作为一种经济现象,具有十分巨大的市场潜力,但是,冠名活动与社会公共生活紧密关联,因此针对其批评的声音也不断出现。就道路冠名而言,在我国,"持较为保守意见的专家的看法是,道路冠名是完完全全的政府行为,应保持其权威性,道路冠名权不应商品化,'此风不可长'。"②美国南卡罗莱纳大学法学院的安·巴图教授更是严厉地指出,"这些冠名行为常常不民主、不公平、不合法、不适当地将公共资源用于私人目的,并且构成一种限制性的强制语言形式(a Limited Form of Compelled Speech)"③。也有一些学者基于经济资源与公共利益的综合考量,认为"拍卖道路冠名权,必然会牺牲地名的公共性质,但并非不可以更改","从法律法规的角度来看,现在虽然没有行政法来约束这种行为,但是从长远的眼光和行政合法的角度来讲,应当通过民意表达来促进相关的地方立法,规范街道命名的原则、手段和方式"④。

最后引用利物浦商业主管艾尔的一句直言不讳之语,来结束本节的论述:"冠名权现在已经成为兴建任何新球场可以被接受的一部分,很多全球品牌都对投资足球圈很感兴趣,如果我们不把握机会出售冠名权,那么我们肯

---

① 程合红:《商事人格权论——人格权的经济利益内涵及其实现与保护》,中国人民大学出版社2002年版,第189页。
② 周健、江寄鸥:《路名商品化中的法律问题研究——欧德力路冠名权转让法律问题研讨会综述》,载《法学》1996年第12期。
③ Bartow Ann, Trademarks of Privilege: *Naming Rights and the Physical Public Domain*, 40 U. C. DavisL. Rev. 919.
④ 张磊:《兰州拍道路冠名权遭质疑 公共资源商业化需三思》,见 http://news.sohu.com/20091104/n267958142.shtml,访问日期:2018年6月10日。

定是疯了。"①

第七节 "一对多服务"的实证分析
——以网络虚拟财产为例

计算机及以其为物理支撑的互联网的发明,为人类开辟了信息生活的新领域、提供了信息活动的新方式,进而创造了人类活动领域的第二世界——虚拟世界②。虚拟世界里的物品也能够产生真实世界里的利益。虚拟世界里,人类的财产利益无处不在,而且"对虚拟世界物品的争夺也能够产生真实世界里的后果。"③

第二人生(Second Life)是美国林登实验室(Linden Lab)开发并运营的商业化三维在线虚拟社区。林登实验室将虚拟土地直接卖给客户,客户支付1675美元和每月的295美元的管理费,就可以拥有属于他们自己的65536平方米的岛屿。虚拟世界里的第一位百万富翁产生于2006年,当时这位叫Anshe Chung的在线玩家在第二人生中集聚的资产已超过一百万美元。④"早在2005年初,美国的行业分析师就已经作出预测,全球的网游第二市场(虚拟物品交易)将在2009年增长到70亿美元。"⑤

在我国,自2000年第一款网络游戏《万王之王》出版以来,网络游戏很快成为整个出版业的一个经济增长点。热门网络游戏中的虚拟财产非常抢手,最值钱的游戏道具一把刀可以卖到1万—2万元人民币,一个游戏身份标识号码(ID)全国最高可以卖到5万—6万元人民币(而且不含装备)。⑥ 随着互联网的普及和网络游戏玩家的增加,虚拟物品交易在中国已成行成市。中国音数协游戏工委正式发布了2018上半年中国游戏产业报告,对中国游戏产业环境、中国游戏产业发展状况、市场细分等内容进行了详细的阐述。报告中显示,2018年1—6月,中国游戏市场实际销售收入达到1050.0亿元人民币,同比增长5.2%。中国自主研发网络游戏市场实际销售收入798.2亿元,同比增长15.1%。另外,中国游戏用户规模已达5.3亿人,同比增长4.0%。

---

① 李怡然:《利物浦欲效仿阿森纳,弃安菲尔德卖球场冠名权》,见http://sports.sohu.com/20100114/n269578110.shtml,访问日期:2010年1月14日。
② 关于虚拟世界有广义和狭义之分。广义的虚拟世界与网络世界(空间)或"赛博空间(Cyberspace)"同义;狭义的虚拟世界仅指由网络游戏开发和运营上建立的在线游戏环境。
③ Steven J. Horowitz, Competing Lockean Claims to Virtual Property, 20 Harv. J. Law & Tec 443.
④ Ibid.
⑤ 陈亮等:《虚拟财产交易将被立法禁止 网民反对"一刀切"》,载《南方日报》2006年12月12日。
⑥ 巫伟等:《分析评论:谁来保护网络世界虚拟财产》,载《南方日报》2003年8月7日。

其中,移动游戏用户规模4.6亿人。① "虚拟物品交易彻底演变成了一种社会经济"②。虚拟财产在产生的巨大的经济利益的同时,也带来了越来越多的现实纷争,并对现实世界里的法律制度,特别是财产制度提出了挑战。

由于虚拟环境扮演了扩大商业与公共生活的角色,对虚拟财产进行规范就变得越来越重要了。③ 虚拟财产现象带来的问题从根本上看,就是网络虚拟财产的本质及其权利属性问题。对这两个问题,业界和学者都进行了诸多探讨,但均有较大的分歧。网络无国界,因网络经济发展所带来的问题,不论是从理论还是实践层面都对传统的制度体系和思维模式提出了很大挑战。同样,产生并发展于互联网络中的网络虚拟财产的本质与法律属性问题,也是目前许多国家法学研究者所共同面临的一项世界性难题。

一、网络虚拟现象的客观性

根据其与实在世界④的关系,互联网上的财产可以分两类:第一类是在实在世界里就已经存在,虚拟世界只是其另一类载体或作用领域,如计算机及网络软件、商标等;第二类只存在于互联网上的虚拟世界里,如电子信箱、域名、在线游戏装备、角色、环境等。前者来自实在世界,是知识产权的客体,不属于虚拟财产。后者又分两种情况:第一种如电子信箱、域名网上实时通讯的定位号码(如QQ号)等,它们虽然只能存在于虚拟世界,但并非是对实在世界事物的模拟(它们虽然"虚"但是没有"拟"),具有实在世界的事物所不具备的实在的新功能。从严格意义上来说,它们具有实在性,因此也不属于真正的"虚拟"财产。对于这类财产,本书以下称之为网络财产。第二类是真正意义上的虚拟财产,它们不但是只能存在于虚拟世界,而且是对实在世界里自然或人为事物的模拟,如在线游戏世界里的装备(如宝剑、匕首、毒药等)、角色(人物、动物等)、环境(如土地、树木等)等。这种"真正意义上的"虚拟财产(以下简称为虚拟财产),是一种虚拟现实。虚拟现实,英译为"Virtual Reality",简称"VR",是20世纪80年代末由美国VPL公司创建人拉尼尔(Jaron Lanier)率先提出的概念。"随着计算机技术的飞速发展,'虚拟现实'

---

① 游戏观察:《〈2018年1—6月中国游戏产业报告〉发布收入达1050亿》,见http://www.youxiguancha.com/hangyezixun/50166.html,访问日期:2018年6月10日。
② 毛晶慧:《虚拟商品交易遭遇双重困境》,《中国经济时报》2006年8月16日。
③ See Anna Lichtarowicz, Virtual Kingdom Richer than Bulgaria: A virtual country has entered into the world economy, BBC NEWS, Mar. 29, 2002, http://news.bbc.co.uk/1/hi/sci/tech/1899420.stm,访问日期:2008年4月28日。
④ 这里的"实在世界"只是作为与虚拟世界相对的一个概念来使用,并不据此意味着虚拟世界是绝对非客观的。

逐步成为一个引起技术、人文等领域广泛关注的新兴议题。"①而网络在线游戏的兴起与不断创新所产生的虚拟财产,更是引起了国内外法学界的强烈关注,它对现有的法律体系,特别是财产法体系提出了空前的挑战。

值得注意的是,在英文中表示"虚拟"的词语不是"unreal"(不真实的)、"visional"(虚幻的)、"pretended"(虚假的)或"fictious"(编造的),而是"virtual"。作为名词的虚拟(virtual)一词来自于拉丁文中的"virtus",意味着力量和能力。在牛津英语词典里,"Virtual"的拉丁文有两个意思,一是"virtus",二是"virtuosus"。与它相关的词语"virtue"是指一个人的品质,是一种产生各种结果或有一种效果的能力。有人甚至主张事物的"Virtue"就是它的"能力和功效或效验"②,但虚拟更是一种开放的、具有创造性的潜能。今天,虚拟一词(the virtual)仍然保留着"virtue"这个概念难以掩盖的痕迹。③

随着当代计算机及其网络技术的飞速发展,"虚拟"一词被赋予了新的时代内涵,成为计算机与软件工程的专业术语。计算机科学家用"虚拟内存"(VM,Virtual Memory)表示计算机的随机存取存储器(RAM)的一部分,这种存储空间或存储磁盘,可以像计算机硬盘那样来用,却不必受实际的机械磁盘的物理限制。"虚拟"一词的含义随着计算机和网络技术的发展,成了计算机及其网络领域内的一种普遍现象和通用名词,从计算机网络上的虚拟邮件到虚拟工作组,到虚拟图书馆甚至虚拟大学、虚拟社区等。"当我们把网络空间称为虚拟空间时,我们的意思是说这不是一种十分真实的空间,而是某种与真实的硬件空间相比而存在的东西,但其运作则好像是真实空间似的"。④从本质上看,这种虚拟财产也并非是"只虚不实"的一种精神存在,"作为原型的现实事物与它的间接再现的虚拟事物实为一体,'它们都不过是客观世界的两种存在方式'"⑤,因此它们也具有客观性。

要而言之,互联网上的财产都具有客观性,只是其表现形式不同。同时存在于实在世界的知识产权客体,其实在的财产性无需探讨。对于网络虚拟财产(包括上述的网络财产和虚拟财产),其是否具有独立的财产权客体的属性,是理论与司法实务界都密切关注的问题。

---

① 陶富源等:《论虚拟现实的客观实在性》,载《高校理论战线》2005年第4期。
② Haraway,D. The Promise of monsters: a regenerative politics for inappropriate/d others'. In L. Grossberg, Cary Nelson and Paula Treichler (eds). Cutural Studies. New York: Routledge, 1992: p. 325.
③ 参见胡小安:《虚拟技术若干哲学问题研究》,武汉大学2006年博士学位论文,第70页。
④ 〔美〕迈克尔·海姆:《从界面到网络空间:虚拟实在的形而上学》,金吾伦等译,上海科技教育出版社2000年版,第136—137页。
⑤ 陶富源等:《论虚拟现实的客观实在性》,载《高校理论战线》2005年第4期。

二、网络虚拟事物的财产性

目前,我国的司法实践和学术观点都倾向于肯定网络虚拟事物的财产属性。发生于 2003 年的国内第一起虚拟财产纠纷的判决及其评论,在对网络虚拟事物的财产属性方面,都持肯定的态度,但对其具体的财产类别却存在较大的认识分歧。

游戏玩家李宏晨从 2001 年开始花费了几千个小时的精力和上万元的现金,在一个名为"红月"的在线收费网络游戏里积累和购买了各类虚拟"生化武器"几十种,这些装备使他一度在虚拟世界的战场上所向披靡。但 2003 年 2 月的一天,当他再次进入游戏时,却发现自己在红月优雅处女服务器的 ID "国家主席"内所有的虚拟装备都丢失了,其中包括自己最心爱的 3 个头盔、1 个战甲和 2 个毒药等物品。于是,李宏晨开始在现实世界里进行一场"另类战争",他先与游戏运营商交涉,希望找到盗走其武器的玩家,结果被游戏运营商以"玩家资料属个人隐私,不能提供"为由拒绝,后又到公安机关报案,也没有得到解决。最后,他以游戏运营商侵犯了他的私人财产为由,一纸诉状将游戏运营商北京北极冰科技发展有限公司告上法院,要求被告赔礼道歉、赔偿他丢失的各种装备,并赔偿精神损失费 1 万元。①

在该案的判决中,法院认为:"虽然虚拟装备是无形的,且存在于特殊的网络游戏环境中,但并不影响虚拟物品作为无形财产的一种,获得法律上的适当评价和救济。玩家参与游戏需支付费用,可获得游戏时间和装备的游戏卡均需以货币购买,这些事实均反映出作为游戏主要产品之一的虚拟装备具有价值含量。"②

理论界对该案的判决给予了充分的肯定,并认为:"通过判决对网络游戏中的虚拟财产予以法律保护,这在我国的司法实践中还是第一例。作出这一判决的法官的智慧与勇气非常值得赞赏,但尤为值得赞赏的,是这一判决给我们带来了更多的理论联想……本案法官认为'虽然虚拟装备是无形的且存在于特殊的网络游戏环境中,但并不影响虚拟物品作为无形财产的一种获得法律上的适当评价和救济',这是一个十分正确的判断。"③在肯定网络虚拟物品的财产属性的基础上,还有学者还进一步将网络虚拟财产界定为,"网络虚拟财产是指存在于与现实具有隔离性的网络空间中、能够用现有的度量标

---

① 李京华:《国内首例虚拟财产纠纷案网络游戏玩家获赔偿》,见 http://china.findlaw.cn/info/minshang/zwzq/lunwen/68186_2.html,访问日期:2018 年 6 月 10 日。
② 同上。
③ 陈甦:《虚拟财产在何种情形下应受到现实法律的保护》,载《人民法院报》2004 年 2 月 12 日。

准度量其价值的数字化的新型财产。"①"基于虚拟财产所具备的法律意义上的财产属性,对其实施法律保护也是毋庸置疑的,问题的关键是如何界定虚拟财产所依托的法律权利的属性。"②

然而,正是在"如何界定虚拟财产所依托的法律权利的属性"这个"问题的关键"上,学术界产生了较大的分歧,主要有"物权本质说""债权性质说"和"知识产权说"三种。③ 本书对上述的三种观点均持否定意见,具体分析如下:

1. "物权本质说"具体又分为两种观点。一种观点认为虚拟财产本质上是一组电磁记录数据,是玩家付出了精力、时间等劳动性投入或者直接通过货币购买而取得的,享有当然的物权。并认为,把网络虚拟财产确认为一种特殊的物是最为准确的。本书认为,对价对于物权而言,既非充分条件,又非必要条件,显然不能以此定性。更为重要的是,物权是无须借助他人行为,直接支配物的权利。而电磁记录数据本身并不能直接满足游戏玩家需要,虚拟财产必须借助运营商的持续服务。另一种观点虽然不同意虚拟财产权是基于电磁数据的物权,但通过对物权的"支配性"的解释,认为"虚拟财产的外观表现是有形的'载体物',而实质是特定的数字信息。虚拟财产权形式上是对虚拟的'载体物'的占有、使用、收益、处分,而实质上是对具有独立性、特定性、实在性的信息资源的法律上的支配。"从而得出虚拟财产"具备物权客体的属性,应使用物权规则"的结论。④ 但是,下文将详细论述,虚拟财产在本质上就并非"信息资源",同时法律上的支配性与客观上的支配性不能等同,法律上的支配性特征也并不必然导出"具备物权客体的属性",这实际上也是知识产权在本质上不同于物权之处。

2. "债权性质说"认为,网络游戏是一项商业化的娱乐服务,虚拟财产来源于玩家与游戏运营商之间的服务合同关系,是玩家得以请求游戏运营商为其提供特定的服务内容的证据。由此在游戏运营商和玩家之间形成了一种基本的服务(消费)合同关系。根据这一合同关系,在对虚拟财产的使用过程中,游戏运营商通过合同让渡了虚拟财产的部分权能,对受让这些权能的玩家而言,他们享有的对虚拟财产的权利的性质,实质上是一种通过合同确立的债权。"债权性质说"虽然解决了虚拟财产对运营上的持续依赖性问题,但

---

① 杨立新等:《论网络虚拟财产的物权属性及其基本规则》,载《国家检察官学院学报》2004年第6期。
② 林旭霞等:《论网络游戏中虚拟财产权利的法律属性》,载《中国法学》2005年第2期。
③ 参见林旭霞:《论虚拟财产权》,福建师范大学2007年博士学位论文,第45页;杨立新等:《论网络虚拟财产的物权属性及其基本规则》,载《国家检察官学院学报》2004年第6期;徐涤宇:《网络游戏中虚拟财产权利属性之分析——二元模式是否可靠》,载《电子知识产权》2005年第6期;石杰等:《论网络虚拟财产的法律属性》,载《政法论丛》2005年第4期。
④ 林旭霞:《论虚拟财产权》,福建师范大学2007年博士学位论文,第51页及中文摘要。

不能解释玩家对虚拟财产的随意转让以及基于玩家的行为而使虚拟财产增值的问题。更为重要的是,"债权性质说"无法赋予虚拟财产对世性功能,从而无以对抗第三人的侵害。

3. "知识产权说"也有两种观点。一种观点认为:虚拟财产应属于网络游戏开发商的智力成果,应列为知识产权范畴,对于玩家来说,则限于该著作权中的使用权;另一种观点认为:虚拟财产是玩家耗费时间和精力取得的,是玩家的智力劳动成果,因此可以将虚拟财产视为玩家的知识产权。本书认为,"知识产权说"的两种观点都没能把握虚拟财产现象的实质。对于前者,应当说这一观点认识到了虚拟财产对网络游戏开发商的知识产权的依赖,但网络游戏开发商的智力成果的表现形式是计算机软件,是实实在在的著作权的客体,不是虚拟财产。而且,如果按照这种观点,只要网络游戏开发商许可玩家使用其作品就可以了,那也就根本无须网络运营商了。对于后者,虚拟财产的产生并非基于玩家劳动,玩家在虚拟财产上耗费的精力也不具有知识产权法意义上的创造性。

要而言之,现有的制度体系并无网络虚拟财产的存身之所,旧瓶装新酒带来的只能是削足适履式的尴尬。那么,属于网络虚拟财产的制度家园到底在哪里呢?回答这个问题之前,必须解决客体意义上的网络虚拟财产到底是什么。

三、网络虚拟财产的服务性

虽然,离开了人类任何自然资源都是没有意义的,更谈不上使用价值和价值,但是人类的生存须臾离不开自然资源,甚至人本身也是自然的一部分。那么,虚拟财产到底是主观世界里的人的处分本身——主观权利,还是客观世界里的处分对象——自然资源呢?

通过前文的分析我们知道,网络虚拟财产首先不是软件,软件早已"名花有主"——属于它的开发者的实在财产,并且对于一套网络游戏系统来说软件只有一套,所有的玩家都在这同一套软件所营造的虚拟环境下演绎自己的"第二人生"。同时,玩家在虚拟环境里所耗之"力",虽主要体现为"智力",但却不具创造性的前提。因为,玩家在虚拟环境里耗时、耗力所得到的"价值添附",也是游戏软件预先设计好的,具有相对确定性的有限结果之一,不能满足知识产权客体所要求的创造性条件。[①]

[①] 根据知识产权的基本原理,如果设计软件的不是虚拟世界的造物主——软件开发商,而是实在世界的造物主——上帝,那么玩家的"额头流汗"也许就有创造性了。因为这时虚拟世界里的玩家就相当于实在世界里的科学家了,但其劳动成果也不能成为知识产权的客体,就像居里夫人不能对其发现的镭和钋享有专利一样。

有学者在不同意虚拟财产"仅仅存在债的关系"的同时,认为"虚拟财产从其表现形式上看,有类似于证券的特征……证券权利虽不以载体物为客体,却必须通过载体物而存在。与此相仿,作为虚拟财产外在表现的虚拟'物',也'承载了一个并不以自身而以其他事物,即一定的信息资源为客体的权利'"。因此"无论载体物是什么,虚拟财产本质上都是对信息资源享有的权利。"[①]应该说,将虚拟物看成为虚拟财产权客体的承载体,是接近于真理的[②],但认为虚拟财产权客体的本质是信息资源,就与真理拉开了距离。因为,虚拟世界本来就是个纯粹的信息世界。虚拟世界里的信息资源,如果是支撑整个虚拟世界的软件系统,上文已述,是属于游戏开发商的实在财产;如果是虚拟角色、环境、武器装备的形象外观,作为独立的美术作品,其著作权也是属于游戏开发商的实在财产。换句话说,虚拟财产的价值既非软件本身,也非这些形象外观,前者是虚拟财产的公共平台,后者则只是虚拟财产的一个标志,虚拟财产的价值不是由这个标志所决定的。[③] 网络虚拟财产也不是虚拟世界里的其他任何电磁数据记录,因为离开了游戏运营商支持的任何孤立的电磁记录本身对虚拟财产而言并无实际意义。

由上述分析可知,离开网络虚拟环境,脱离虚拟财产的产生和作用发生的机制,孤立地讨论虚拟财产的客观实质,是不可能从根本上得到问题的正确答案的。为此,我们有必要了解一般的在线角色扮演类游戏平台的结构。

多人在线角色扮演类游戏一般都构筑了一个有基本健全的社会环境和经济系统的虚拟世界,玩家在游戏虚拟世界中扮演特定角色,通过自己的游戏技能及其他各方面投入,实现自己所扮演的角色在游戏虚拟社会中的生存和成长,并参与游戏虚拟世界的人际沟通及社会活动等。上海巨人网络科技有限公司在 2006 年 10 月 28 日宣布,其旗下大型角色扮演类网络游戏"征途"最高同时在线人数达到 63.42 万人。到了 2007 年 4 月 26 日,这个数字达到了 210 万。[④] 面对如此庞大且仍在飞速增长的玩家人群,一台普通的服务器无法完成所要完成的工作。因此,通常是要由一组多台服务器共同完成一个完整游戏世界的功能,即"战区"的概念。一个战区实际上就是由多台服务器构成的一个集群系统,每个玩家所处的游戏世界就是一个战区。由于一

[①] 林旭霞:《论虚拟财产权》,福建师范大学 2007 年博士学位论文,第 41 页。
[②] 这比将虚拟物品本身当成虚拟财产权的客体前进了一步。本书后面将分析,"载体"的表述也不准确,应为客体的表现形式。
[③] 就如附着在商品上面的商标,商标只是商品的标志,买回了商品并不等于拥有了商标;同时,商品的价值在本质上也不是由商标决定的,否则一包"红塔山"卷烟的价值就有可能大于一辆汽车的价值了,如果这辆汽车的商标没有什么名气的话。
[④] 参见巨人公司网站:《逾越巅峰》,见 http://www.ztgame.com/yydf.html,访问日期:2008 年 4 月 28 日。

个战区所能容纳的玩家数量是有限的。因此,针对海量级的玩家还要把玩家分散到不同的战区中去,以满足玩家数量的增长。大型游戏平台的建立,一般要耗资上亿元人民币。以巨人公司开发在线游戏平台"征途"为例,其总耗资为人民币2亿元。一个典型的游戏平台的总体架构,通常分为横向和纵向两个方面[①]:

从横向上看,一款游戏平台一般要有四层次的网络结构:(1) 表示层:用户接口部分,担负用户与应用间的对话功能;(2) 通信层:负责游戏服务器和客户端之间数据交换的服务器,管理所有的玩家终端和游戏服务器连接,并且负责客户端的登入登出、计费校验等工作;(3) 功能层:实现网络游戏世界中的所有业务处理逻辑,其处理所需的数据是从表示层或数据层取得的,具体又可分为数据库和游戏服务模块。(4) 数据层:负责存放并处理所有玩家资料及其相应的数据,采用通用的大型关系数据库系统。

从纵向上看,一般有三个功能模块,即系统服务模块、受控安全模块和启动平台模块:(1) 系统服务模块包括数据库、数据库接口、游戏场景服务器、网关服务器、列表服务器、入口服务器、角色存盘接口及存盘服务器、第三方合作接口和游戏计费系统;(2) 受控安全模块包括数据库接口服务监控端、存盘服务器信息查询工具、游戏管理员工具、计费系统监控、平台配置系统和WEB服务(账户站、玩家论坛和游戏官方网站);(3) 启动平台模块包括平台初始启动程序、列表程序、游戏客户端和下载工具。每个模块功能的实现,需要多个服务器构成的服务器群来支持。

由此可见,网络游戏平台的特点有两多:一是服务器多,并且分布在全国(甚至全球)各地;二是服务多,有数据库服务、网络(web)服务、平台增益(DBI)服务、网关(Gate)服务等。大量的服务器群构成一个完整庞大的分布、协作的游戏系统。同时需要众多平台管理员,来实时管理这些服务器主机,起停主机上的各种服务等一系列繁琐工作。

总体而言,以上在线游戏平台功能的实现,需要硬件系统和软件系统两个方面。在此前提下,游戏运营商还必须确保该平台的硬件和软件两个系统,每天24小时不间断正常运转,这样才能保证虚拟财产的产生及其功能的实现。据报道,2007年3月23日晚,"征途"同时在线人数突破86万时,在巨人总部晚间值班的"征途"员工就有近500名之多。[②]

[①] 参见付东来等:《一种大型网络游戏平台架构方案的设计与实现》,载《计算机与数字工程》2008年第3期;曾国聪:《依托PON高速特性,打造品牌化高速网络游戏平台》,载《电信科学》2008年第10期。

[②] 参见巨人公司网站:《〈征途〉同时在线人数变动史》,见http://www.ztgame.com/yydf.html.访问日期:2008年4月28日。

换句话说,玩家手中的所谓虚拟财产,就是游戏运营商利用上述的硬件和软件两个系统,每时每刻所提供的服务,且属于上述的"一对多服务"。不同的服务类型构成不同的虚拟财产:虚拟财产的名称是服务的名称,虚拟财产的不同功能是服务的不同内容。而虚拟财产的不同外形则是服务的不同钥匙,进而玩家的ID就是存放"服务钥匙"的保险箱。

本 章 小 结

服务是民事主体基于他人的某项具体需求,利用物质和信息资源,为改变他人的精神世界,或者改变包括身体在内的他人指定的物质对象所进行的具有明确对价的活动。服务财产权则是权利人依法对特定的服务享有直接支配和排他的权利。

在服务的诸多特征中,任何学者无法回避与首先确认的本质特征就是服务的无形性,无形性是服务最本质、最核心的特征。虽然服务与知识产权的客体都表现为无形,但产生的原因并不相同:前者源于信息,后者因为活动。而服务作为一种利他性的活动,不是服务提供者的内在活动,而是与外界环境的相互作用。

作为一种利他活动,服务具有两种信息活动形式:(1)作为认识主体对他人的主观世界进行直接信息异化,实现其信息目的;(2)作为实践主体对他人的客观躯体或他人指定的客观事物进行间接的信息异化,实现其信息目的。

生产劳动与非生产劳动之分不是以是否创造物质财富为依据,而是以是否为卖而劳动即是否生产商品为标准。商品的使用价值和价值与商品是否具有物质性没有关系。服务是劳动本身而非劳动力,服务也是一种商品。服务商品与其他商品在商品流通中的关系是相同的。服务商品的使用价值是满足人们某种需要的劳动,价值由产生和维持服务劳动的生产费用来决定。服务商品的使用价值既可以实物为载体,亦可直接附着在服务行为上。

服务商品与劳动力商品相比有如下不同:(1)商品提供的要求不同;(2)商品提供的方式不同;(3)供需双方的关系不同;(4)行为涉及的范围不同;(5)接受商品的对价不同。由于服务商品在上述方面与劳动力商品有本质的区别,使得它与其直接提供者的人身相分离;也正是上述方面的原因,使得服务商品成为财产权的适格客体。

服务财产权在本质上属于支配权,只是不同形式的服务财产权,其支配的形式不同而已。然而,由于一些传统的服务活动在客观上不可能涉及第三人,其创造、交付与消费同步进行,不可能存在第三人的问题,故由服务合同就完全可以调整。但是,由于服务种类与形式不断创新,创造、交付与消费不再一直同步进行,服务财产开始面对第三人,传统的服务合同再也不能有效保护服务财产权。因此,必须将服务财产权从服务合同中剥离出来,承认其独立财产属性。一般而言,对于"一对一服务",虽然有服务财产的逻辑存在,但由于服务的生产、消费与服务合同的履行同步进行,没有为第三人介入留下时间与空间,实践中也就没有必要在其上设立服务财产权。而"一对多服务",又可以分为两种类型,一为"钥匙化服务",二为"非钥匙化服务"。由于对"钥匙化服务"的购买和消费可以非同步进行,即可以先购买后消费、一次购买多次消费,这样就为第三人的介入留下了机会,因此,必须设立服务财产权。而"非钥匙化服务"的购买与消费一般是同步进行的,即边购买边消费、一次购买一次消费,因此就无需财产权的设立。

通过对冠名权的分析揭示,冠名活动是包括命名行为在内的,主要由冠名提供者完成的一系列的综合性活动。从本质上看,冠名活动属于一种服务活动,且属于"一对一服务"。要言之,冠名权应归于服务财产权。

互联网上的财产可以分两类:(1)在实在世界里就已经存在,虚拟世界只是其另一类载体或作用领域;(2)只存在于互联网上的虚拟世界里。前者来自实在世界,是知识产权的客体,不属于虚拟财产。后者又分两种情况,第一种虽然只能存在于虚拟世界,但并非是对实在世界事物的模拟(它们虽然"虚"但是没有"拟"),具有实在世界事物所不具备的实在的新功能。第二种是真正意义上的虚拟财产,它们不但是只能存在于虚拟世界,而且是对实在世界里自然或人为事物的模拟(它们既"虚"且"拟")。而玩家手中的所谓虚拟财产,就是游戏运营商利用硬件和软件两个系统,每时每刻所提供的服务,且属于"一对多服务"。不同的服务类型构成不同的虚拟财产:虚拟财产的名称是服务的名称,虚拟财产的不同外形则是服务的不同钥匙,而玩家的ID就是存放"服务钥匙"的保险箱。

第三编

无形财产权体系化的外部协调

知识财产权、资信财产权以信息为其权利客体,作为下位概念构成了信息财产权的主体。必须指出,随着人们对信息需求的不断扩大,新信息类型与样态将不断涌现,信息财产的外延也将进一步扩大。吴汉东教授曾撰文对信息财产权的发展作出展望与规划:"一般说来,信息财产有三种类型:一是智力劳动创造的知识信息;二是原处于非专有领域的公共信息;三是自然生存的资源信息。第一类信息可作为智力成果,受到传统知识产权的保护;第二类信息虽缺乏独创性,但由于投入了人力、资金,可以数据库名义得到专门法的保护;第三类信息没有人的劳动介入,具有生物体的自组织系统的本质特征,有待创设新的权利制度予以保护,这就是遗传资源专有权。"[①]可见,信息财产权是一个开放的体系,可以预见,非独创性的数据库与遗传资源信息在不久的将来,也会成为信息财产权体系中的新类型。

概而言之,信息财产权与服务财产权概念的建立,从信息及其活动无形的角度诠释了无形财产权的体系内涵,完成了无形财产权内部体系的建构。作为财产权体系的下位概念,无形财产权体系化的完成,还涉及如何与整个财产权体系的融合,即无形财产权体系的外部协调。反映在理论上,就是有形财产权、无形财产权以

---

① 吴汉东:《关于遗传资源客体属性与权利性态的民法学思考》,载台湾《月旦民商法学杂志》(第13卷)2006年7月。

及债权的层次构架问题;反映在民法典的编纂上,则是民法财产权体系的布局安排问题。

康有为有言:"凡天下之大,不外义理制度两端。"[1]从义理到制度,本编的构架,正基于此。

---

[1] 康有为:《康子内外篇(外六种)》,中华书局1988年版,第33页。

第六章 财产权理论的体系分析

> 从最广泛的意义来说，法是由事物的性质产生出来的必然关系。……由此可见，是有一个根本理性存在着的。法就是这个根本理性和各种存在物之间的关系，同时也是存在物彼此之间的关系。
>
> ——〔法〕孟德斯鸠①

第一节 财产形体的内涵与物债二元的隐喻

对无形财产流动的调整亦为债权制度无可回避的职志；实现债权所进行交付的对象，不仅仅是物权的客体，还应包括无形财产权的客体，只是基于对象的不同，"交付"的方式不一样而已。

一、"形"与"体"的逻辑内涵

一般认为，"在罗马法中所有权之外的权利常被拟制为'无体物'，被纳入物和客体的范畴。"②实际上，在罗马法时代，还没有抽象出主观权利的概念来，更不存在所谓"客体的范畴"。罗马人将物分为有体与无体的前提是，物与财产不分，物就是财产。换言之，对罗马人来说，作为有体物的奴隶与作为无体物的债都是具有金钱价值的财产，罗马人正是在财产的意义上将无体物与有体物平等看待，不分层次。这与我们现在从权利本体的角度将有形财产与无形财产同等看待，不作区分，实为殊途同归。正如前文所论证的那样，只有在客体的层面上，财产的有体与无体之分，才有理论价值；也只有在客体的层面上，权利的有形与无形之别，才具有实际意义。

可见，发轫于罗马法的无体物理论，自从诞生之日起就一直生活在"物即为财产"的历史局限和"所有权以外之权利无体"的双重逻辑悖论之中。自从知识产权作为一项法定的私权，成为财产权体系中的一个重要概念之后，无

---

① 〔法〕孟德斯鸠：《论法的精神》（上册），许明龙译，商务印书馆1959年版，第1页。
② 马俊驹、梅夏英：《无形财产的理论和立法问题》，载《中国法学》2001年第2期。

形财产权便与罗马法意义上的无体物概念廓清了界限,并且在"知识无形"的时代命题引领之下,走出了上千年的理论迷雾,摆脱了自我迷失的认知窘境,露出了洗净铅华的清晰身影。

"客体的对象性表明,一定类型的客体总是同一定类型的权利联系在一起,或者说是某种权利所指向的目标。"①本书第一章第四节论述了无形财产概念只能在"知识无形",进而是"信息无形"的意义上才能阐述其内涵;第五章第二节又将"行为无形",进而是"活动无形"的含义纳入无形财产体系。立足于"信息无形"与"活动无形"之上的无形财产体系,与建基于"实物有形"之上的有形财产体系,都以客体的性质来廓清界限、各成体系。值得注意的是,服务产权与"知识产权的保护对象确实是无形的,但是它与其他财产的本质区别在于它的非物质性,而不是无形性"②。之所以要将无形性与非物质性相区分,其目的在于权利类型化的标准,主要是基于权利客体而非权利本体。

二、"物"与"债"的理论隐喻

传统物债二元财产体系的分野起于古罗马,成于德国。"德国民法典上法律行为、债权与物权这三个概念是我们认识这一体系的基石。由于物权与债权的二元划分。法律行为依其作用的效果不同就必然分为物权行为与债权行为。"③法国学者则认为:"物权与对人权的区分构成了财产权利的'脊梁'。"④确实如此,正是在此"脊梁"支撑之下,财产权利理论得以顺利展开,如"物权具有绝对性,债权具有相对性,因此,具有绝对性的物权需要公示,而债权不需要公示"⑤;物权应当法定,当事人不能任意创设,债权通过约定,当事人可以合意建立;法律行为依其作用的方式不同也必然分为绝对支配行为与相对请求行为,等等。这些都是物债二元界分所隐喻的理论价值之所在。当我们认为人类的恋物情结所表现出来的"天真淳朴的观念,就像原始人必须通过图腾才能理解宇宙"⑥的同时,是否也应思考一下物债二分背后的这些理论隐喻呢?

---

① 吴汉东:《无形财产权的若干理论问题》,载《法学研究》1997年第4期。
② 张玉敏:《知识产权的概念和法律特征》,载《现代法学》2001年第5期。
③ 李永军:《物权与债权的二元划分对民法内在与外在体系的影响》,载《法学研究》2008年第5期。
④ 尹田:《法国物权法》(第2版),法律出版社2009年版,第25页。
⑤ 李永军:《物权与债权的二元划分对民法内在与外在体系的影响》,载《法学研究》2008年第5期。
⑥ 王涌:《私权的分析与建构——民法的分析法学基础》,中国政法大学1999年博士论文。

研究表明,物债二分学说的发展经历了四个阶段①:(1) 对物诉讼与对人诉讼阶段,即从罗马法开始到中世纪日耳曼法为止的这一阶段;(2) 对物权与对人权阶段,即从罗马法复兴到自然法学为止的这一阶段;(3) 物债二分说建立阶段,即从萨维尼(Friedrich Karl von Savigny,1779—1861)到 1896 年《德国民法典》颁布这一阶段;(4) 物债二分说批判与发展阶段,即 1896 年以后的这一阶段。

探本溯源,大陆法系物债二分理论发端于罗马法的诉讼程式中的对物诉讼(actio in rem)与对人诉讼(actio in personam),这是物债二分说理论的生长点与萌芽。前者是为了收回特定物之实体,后者可以向特定人提出要求,但由于罗马法时期还没有抽象出权利的概念,所以这种划分仅具有程序意义,还没涉及权利。通说认为,民法中对物权(jus in re)与对人权(jus ad rem)的概念,是由注释法学派的代表人物伊洛尼里乌斯(Irnerius)与亚佐(Azo)在 11—13 世纪首先提出来的。"在那一时期,ius(权利)的概念开始转变为一个普通的名词,成为法律认识社会的基本手段"②。"jus in re/rem"的英文意思是"right in or over a thing",其中文意思是"在物之上的权利",即现在所称的"对物权",在现代英语中的对应词是"right in rem"或"real right",其法语对应词是"droit en rèel"。它是"与某物而不是人相联的权利"③,由该权利所指向的物,无论该物到了什么地方,落入何人之手,都不能阻断权利的效力,这是其对物性的一面。

可以看出,对物性是受拘于有形物的,因为只有有形的实体物,才可以通过实体的返还来实现这种权利。正是基于这种无论"到了什么地方,落入何人之手"都要"返还"的对物性,使得该权利拥有了任何第三人都不能侵犯的对世性与绝对性,即是"一种可以对整个世界行使的权利"④。在此意义上,它就不再受拘于有形物了,甚至可以覆盖到身份权利、人格权利等等。换句话说,"所谓物权(right in rem)无需与有体物'res'相联,所以今天,人们的荣誉不受无理攻击这一权利也被称为物权(right in rem),因为这项权利的效用是人们普遍不得违反它的。这表明了这一概念如何远远地从罗马法对物诉讼(actio in rem)中发展而来,因为一个诉请保护他的荣誉的人所要求的并不

---

① 金可可:《对人权与对物权的区分理论的历史渊源——从罗马法的复兴到自然法学派》,载吴汉东主编:《私法研究》(第 4 卷),中国政法大学出版社 2004 年版。
② 冉昊:《"对物""对人"概念的几层含义及其来源》,载吴汉东主编:《私法研究》(第 4 卷),中国政法大学出版社 2004 年版。
③ Black's Law Dictionary, Bryan A. Garner as editor in chief, 7th ed., West Group, 1999, p. 1324.
④ 同上。

是一个特定的物。"①

要而言之,对物(in rem)这一术语大致涵摄如下几重意义②:(1)对物的,即可收回物质实体的;(2)对世的,即相对于一切人的;(3)支配的,即可以直接行使的;(4)绝对的,即对世的且支配的。

德国学者论及物权时所用的"dingliches Recht"一词,一般应当被翻译为"对物权","指的是特定的人对广义的物(包括有体物、无体物以及其他具有财产意义的物)的直接支配之权"③。因此,从概念的位阶上看,对物权是一个比物权更上位的概念,物权只是对物权的一种具体形式①。只是,"日本学者在继受翻译的过程中,将'对物权'省略成了'物权'。"⑤而《德国民法典》中物与债在形式上的对应,客观上使得债权也取代了对人权,从而,"对物权"与"对人权"的对应,变成了"物权"与"债权"的对立。这样,高位阶的"对物"与"对人"关系降格为低位阶的物债二元对立。英美法系则没有经历这样的概念位阶变化过程,与"对物权"和"对人权"对应的一对概念是"财产权"和"合同权"。可以看出,大陆法系"对物权"与"对人权"的概念,准确地反映了英美法系"财产权"与"合同权"的性质。

由此必须承认,"债权与物权是权利的两个代表,将这两者区别开来,在私权上十分重要。"⑥"以物权、债权为中心的民法上的权利与法律效果直接相关,因此,正确地把握了权利的体系同时,有利于更准确地理解民法的构造。"⑦问题是,如何即使物债二分的理论价值得到发挥,又使无形财产权的地位在此框架内得到承认。这就需要运用体系化思维,对物权的概念作进一步的抽象,"抽去"其客体的实物性,即有形(体)性特点,使其能够包容以"信息""服务"为客体的无形财产权。

然而,物权与债权的理论分野,从逻辑上排斥了居于两者之外的无形财产权的存在。与债权制度规范财产的"动态流动"功能不同,以"信息"与"活动"为客体的无形财产权制度与以"物"为客体的有形财产权制度,都体现了财产制度规范客观资源"静态归属"的意义。事实上,"支配权的客体主要有

---

① G., W. Paton, A Textbook of Jurisprudence, 4thed., 1972, p. 300. 转引自冉昊:《"对物""对人"概念的几层含义及其来源》,载吴汉东主编:《私法研究》(第4卷),中国政法大学出版社2004年版。
② 参见冉昊:《"对物""对人"概念的几层含义及其来源》,载吴汉东主编:《私法研究》(第4卷),中国政法大学出版社2004年版。
③ 孙宪忠:《德国当代物权法》,法律出版社1997年版,第22页。
④ 参见同上。
⑤ 冉昊:《"对物""对人"概念的几层含义及其来源》,载吴汉东主编:《私法研究》(第4卷),中国政法大学出版社2004年版。
⑥ 〔日〕北川善太郎:《日本民法体系》,李毅多、仇京春译,科学出版社1995年版,第50页。
⑦ 同上书,第53页。

两种:物和无体财产,其中物是物权的客体,无体财产是无体财产权的客体。"①可见,无形财产权所具有的绝对性、支配性,在物债界分的体系中表现出了强烈的"亲物性"。与此同时,对无形财产流动的调整亦为债权制度无可回避的职志;实现债权所进行交付的对象,不仅仅是物权的客体,还应包括无形财产权的客体,只是基于对象的不同,"交付"的方式不一样而已。

一个传统的认识误区是:将债的履行行为与物权的客体并列看待,认为"物权的对象为物,债权的对象是行为"②。我国台湾地区学者在阐述债务人履行行为的性质时,更是进一步指出:"债权如果要获得利益,唯有介入债权人的行为,故债权人的行为,可说是债权的目的,债权并没有像物权那样的直接支配性。物权的对象是物,而且非特定的物不可。债权的对象却是人的行为"③。然而,笔者从这段论述得出的结论是,既然"介入债权人的行为"是为了"获得利益",那么,债权的目的显然是利益,而不是"债权人的行为"。萨维尼曾指出:"债权所支配的是其他自由人格的具体行为","以对他人行为的部分支配为其材料"④。康德也认为,通过合同"我并未直接获得某件外在物,而只是获得了该人的行为"⑤。问题是,债权人果真能够获得债务人的行为吗?本书对此试举一例:张三欠李四1万元人民币过期不还,被李四诉至法院。法院审理后判李四于判决生效之日起的15日内,归还所欠张三人民币1万元。15日期满后张三仍不还款,李四只好申请法院强制执行。法院查明李四在银行有存款1万元人民币,遂裁定并通知银行协助执行,将张三该笔存款划给李四。这样李四实现了其债权,但张三的"自由人格的具体行为"始终没见受到支配。事实上,在该案中给付"行为"最终是由银行来完成的。张三没有给付"行为"却失去了存款,李四没有得到张三的给付"行为"但实现了债权。在整个过程中,张三既没有主观给付意愿,也无客观给付行为;李四也根本没有"获得张三的行为",但却得到了张三的存款。可见,他人的行为作为一种人身范畴,在没有与其主体剥离的前提下,是不可能成为财产权客体,并被他人"获得"的。

日本学者给出的债权的定义为:"是通过义务者的行为而取得一定利益

---

① 苏号朋:《民法总论》,法律出版社2006年版,第81页。
② 刘春田主编:《知识产权法》,中国人民大学出版社2006年版,第6页。
③ 苏孙波:《债权实现与债务解决》,台湾书泉出版社1985年版,第4页。
④ Friedrich Carl von Savigny,system des heutigen römischen Rechts,Erster Band,Berlin 1840,S. 369. 转引自金可可:《债权物权区分说的构成要素》,载《法学研究》2005年第1期。
⑤ Immanuel Kant,Metaphysische Anfangsgründe der Rechrslehre,Erster Teil von Die Metaphysik der Sitten,in Immanuel Kant Werkausgabe,VIII,vierte Auflage,Insel Verlag Wiesbaden,1952,S. 385—386. 转引自金可可:《债权物权区分说的构成要素》,载《法学研究》2005年第1期。引文内着重号为笔者所加。

的权利"①。可见,在债权关系中,义务者的给付行为只是手段,取得一定的利益才是债权的目的。我国有学者就明确指出:"构成债务关系内容的是给付或者是对权利、法益以及利益的顾及或者称保护"②。事实上,这里的"对权利、法益以及利益的顾及或者称保护"才是债的关系的真正内容。换而言之,与人身权相对应,包括债权在内的财产权,是"以财产为标的,以经济利益为内容的权利"③,而给付行为本身既不可能是财产,也不能直接表现为经济利益。因为,作为一项财产权,债权的价值并不取决于给付行为本身,而是取决于给付的内容。从本质上看,债务人对债务的履行,作为一项法律行为,不可能是债权的客体,它属于债务关系的内容,是债务人的一项义务,与此项义务相对应的是债权人的履行请求权。在概念层次上,债权制度中的履行行为,相当于物权制度中的返还原物、排除妨害、消除危险、修理、重作、更换、恢复原状等行为④。可见,作为物权客体的物与作为债务关系内容的给付行为,并非居于同一层次。给付行为不符合财产权客体(或标的)的要求,不是债权客体(或标的)。对此,也有学者指出:"债务人为或不为一定行为实际上是从义务的角度描述债的内容。将债权客体界定为债务人的行为,实际上混淆了债权客体与债务的内容。上述'行为'说或'给付'说,实际上就是将债的内容当成了债之客体,是一种错误的观点。"⑤

解构固然重要,建构亦为必须。那么,债权的客体或曰对象究竟是什么呢? 由于"债法的主要作用是变更债务关系当事人当前的法益状态,实现法益从债务人向相债权人的移动……这里的法益既可以是金钱,也可以是商品、其他物品或者劳务。"⑥有鉴于此,笔者认为,债权的客体是约定或法定的财产权利(利益)。⑦ 前者适用于合同之债,后者涵摄不当得利、无因管理以及侵权行为之债。这里的利益可以是有形的,也可以是无形的;可以是特定的使用价值,也可以是不特定的交换价值。可见,作为债权客体,"'财产利益'是一切财产权的共同指向,它包含了不同的财产形态"⑧,囊括了所有的财产类型。只有这样,债权制度才能担当起规范财产流动、分配财产利益的

---

① 〔日〕北川善太郎:《日本民法体系》,李毅多、仇京春译,科学出版社1995年版,第50页。
② 卢谌、杜景林:《德国民法典债法总则评注》,中国方正出版社2007年版,第2页。
③ 江平主编:《民法学》,中国政法大学出版社2000年版,第82页。
④ 参见《物权法》第33—36条;《民法通则》第143条第1款第1—6项。
⑤ 季秀平:《对债权客体的重新认识》,载《南开学报》(哲学社会科学版)2007年第2期。
⑥ 卢谌、杜景林:《德国民法典债法总则评注》,中国方正出版社2007年版,第2页。
⑦ 关于人身权客体的界定问题,对此较有参考意义。我国民法学界的主流观点人身权客体的界定,采用的是"法定无形利益说"。参见王利明主编:《人格权法新论》,吉林人民出版社1994年版,第24页;杨立新:《人身权法论》,中国检察出版社1996年版,第26页。
⑧ 吴汉东:《论财产权体系——兼论民法典中的"财产权总则"》,载《中国法学》2005年第2期。

使命。

虽然,《德国民法典》第 90 条规定:"本法所称的物为有体物"①。但是,"即使是在《德国民法典》的其他各编中,例如债务关系法一编中,物也不仅仅指有体之物,而是也指可以成为民法上的财产的无体物而言。所以德国民法上关于物仅仅是有体物的规定,主要是对确定物权法的调整具有特别重要的意义,根据该规定,民法物权的支配范围有了一个明确的限定。"② 另外,"德国民法学著述常常有将物权认同于对物权的观点,也有许多人把物权法的原理应用于工业产权法的解释和实践,因为物权和对物权、工业产权确实也有许多相同的性质"③。对此,拉伦茨也指出:"物权法上的物一般情况下不应该包括精神产品这种无体物。但是因为物权法为一切财产法的基础,故上述规则并不妨碍依据物权法原理对知识产权的拥有和行使的解释,也不妨碍物权保护方法在知识产权法中的运用。"④

在认识到知识产权与物质产权(物权)之间区别的同时,基于体系化的考察,我国学界也重视对它们相同之处的研究。有学者就认为,知识产权法与物质财产法的相同之处主要体现在两个方面:(1) 它们的权利客体属于同一个上位概念,即都属于具有客观性的外部定在;(2) 它们在功能上也是类似的,即都具有规范财货归属功能。⑤ 因此,"就财产方面言之,基本上可以说物权和知识产权具有基本相同的性质和功能",同时"知识产权法和物质财产法在法律价值上也必然具有相同之处"。⑥ 张玉敏教授则站在物权理论所蕴含的极具普适性价值的高度指出:"其实,知识产权在本质上也是一种财产权,只不过其保护对象是非物质性的信息,并由此导致其与物质财产权(物权)的一些区别。我们既要看到知识产权与物权的区别,又要重视它们之间的共性,以便准确运用物权理论研究的成果"⑦。

第二节 客观资源的财产与主观制度的财产

我国台湾地区学者曾世雄先生将财产权之客体划分为自然资源与制度

---

① 郑冲、贾红梅译:《德国民法典》,法律出版社 1999 年版,第 17 页。
② 孙宪忠:《德国当代物权法》,法律出版社 1997 年版,第 2 页。
③ 同上书,第 22 页。
④ Karl Larenz, Allgemeiner Teil des Deutschen Bürgerlichen Renchts, 7. Auflage, Verlag C. H. Beck, 1989. Seite 296—97. 转引自孙宪忠:《德国当代物权法》,法律出版社 1997 年版,第 4 页。
⑤ 王太平:《知识产权客体的理论范畴》,知识产权出版社 2008 年版,第 99—100 页。
⑥ 同上书,第 101 页。
⑦ 张玉敏:《知识产权的概念和法律特征》,载《现代法学》2001 年第 5 期。引文下面的着重号为笔者所加。

资源,并指出"法律上之主体经由法律上所设计之'权利'而享有生活资源,其种类最杂,涵盖自然资源及制度资源,或原始需求资源及社会公共资源。先以自然资源及原始需求资源而论,包括主体之外,有体之物资或劳务。主体之外体如人身之健康;有体之物资如食物、工具;劳务最终样式必为自然人提供脑力或体力之服务。"①借用曾世雄先生的自然资源与制度资源的提法,稍作调整为基于客观资源的财产与主观制度的财产,前者指以具有客观使用价值的资源为客体的财产,如物、信息、服务财产权;后者指以前者为客体,对前者的变动进行规范的财产,如债权、继承权。

一、基于客观资源的财产

基于人类学的考察,美国著名人类学家摩尔根曾指出:"人们以财产代表积累的生活资料而对它产生占有支配的欲望,这在蒙昧社会是完全没有的事,但由无到有,到今天则已成为支配文明种族心灵的主要欲望。"②为了阐述物权之意义,史尚宽先生则论述道:"吾人必须藉外界物资以生活,而物资有限,不能不定分以息争,在一定范围对于外界物资之支配,认为权利,以使互不侵犯而保障物资之安全利用,此为物权之社会作用。"③在此,无论是作为人类学家的摩尔根所言及的人们"对它产生占有支配的欲望"的"生活资料",还是作为民法学家的史尚宽所阐述的吾人对其"支配,认为权利"的"外界物资",皆为外在于人类的资源,即客观资源。

人类是自然之子,自然资源是人类生存、发展的客观基础。人类的一切财富最终都来源于自然资源,人类的劳动与生产活动是对自然资源的改造与加工,从而产生人造自然,获得不同于原初状态,新的层次上的"自然资源"。无论是原初状态的自然资源还是印有人类印记的自然资源,它们都是外在于人类,具有客观属性的资源。一般而言,资源概念指的就是这种意义上的客观资源。资源一词的辞典含义并不一致,《现代汉语词典》称,资源为"生产资料或生活资料的天然来源"④。《辞海》中的资源一词除指"资财的来源外,一般指天然的财源"。还有第二层含义,即"一国或一定地区内拥有的物力、财力、人力等物质要素的总称。分为自然资源以及社会资源两大类。前者如阳光、空气、水、土地、森林、草原、动物矿藏等;后者包括人力资源、信息资源以

---

① 曾世雄:《民法总则之现在与未来》,中国政法大学出版社2001年版,第128页。
② 〔美〕路易斯·亨利·摩尔根:《古代社会》(上册),杨东莼等译,商务印书馆1977年版,第6页。
③ 史尚宽:《物权法论》,中国政法大学出版社2000年版,第1页。
④ 《现代汉语词典》,商务印书馆2005年版,第1801页。

及劳动创造的物质财富。"①

基于经济考量,于光远先生主编的《经济大辞典》也在两个层面上理解资源一词,但其外延比《辞海》所给出的更广:"(1)通常指自然存在的天然物质财富。按恢复更新的能力,可分为:不可恢复的(如各种矿石、石油等),可恢复的(如土壤、陆上和海洋中的自然植物和有益动物),取之不尽的(如水能和太阳能)。(2)在现代管理学中,它不仅包括物资、设备和资金,还包括人力资源。有人还把时间也列入资源的范畴,并认为时间是最稀有的资源。"②

就民法体系的建构而言,"民法可以还原成人与自然这两个要素,把它进一步具体化,到一定阶段就可以遇到构筑民法体系的构成要素。"③至于物质财产权,"作为权利客体的物,或是在自然界中已经存在的(土地、山林、矿山),或者是人们利用自然资源的结果生产出的物(建筑物或一般商品)。从这种物与人之间的直接的或间接的关系中(所有关系、利用关系等),产生了法应该保护的重要价值和利益。"④必须承认的是,这里对"作为权利客体的物"所作的分析,既可以适用于以物质财产权客体为代表的有形物,也可以适用于以知识财产权与服务财产权为代表的无形物。换句话说,它们都是基于其本身物理属性的使用价值,都是作为客观资源所产生的价值和利益。

从历史上看,"物权是目的,债权开始只不过是手段"⑤,"在支配作用达到极点时,所有权就成为手段被债权否定了"⑥。然而不容否认的是,规则毕竟是对利益调整的手段而不是利益本身,人类最终不能仅仅依靠自己设计的游戏规则来生活。借用一句德国学者柯勒(Josef Kohler)的话:债的作用是使"过去可为将来服务,将来可为过去服务,时间障碍被打破,人类可以自由地征服时间与空间"⑦。如果把债比喻成连接时间与空间的桥梁,那么在柯拉这句话里,最终能为"过去"与"将来"服务的还是客观资源,毕竟,不依法律规定而事实存在的客观资源才是拉伦茨的"第一顺位的权利客体"⑧。换言之,人类的财富不是印钞机印出来的,财产制度所鼓励的是"对财富的进取心",而这种进取心的最终回报应该是作为"客观财富的糖"的增加,而不是被"权利稀释了的糖水"的泛滥。金融资产的创新最终不能代替客观财富的创造,

---

① 《辞海》(1999年版缩印本),上海辞书出版社2000年版,第4802页。
② 于光远主编:《经济大辞典》,上海辞书出版社1992年版,第2002页。
③ 〔日〕北川善太郎:《日本民法体系》,李毅多、仇京春译,科学出版社1995年版,第55页。
④ 同上书,第54页。
⑤ 〔德〕拉德布鲁赫:《法学导论》,米健等译,中国大百科全书出版社1999年版,第64页。
⑥ 我妻荣:《债权在近代法中的优越地位》,王书江等译,中国大百科全书出版社1999年版,第17页。
⑦ 转引自同上书,第6页。
⑧ 〔德〕卡尔·拉伦茨:《德国民法通论》,王晓晔等译,法律出版社2003年版,第377—388、404页。

鼓励创造财富与合理分配财产不能顾此失彼。否则,法律的天平就会向天马行空式的巧取豪夺倾斜。可见,任何主观权利的最终指向都应当是具有客观实在性的外在资源,离开了客观资源,任何权利都只能是空中楼阁。① 正如康芒斯在评价麦克劳德关于债务的财富理论时,所指出的那样:"实际上,债务与所有权都不是财富。它们是制度。"②

"财产是自由的保证"③,"无财产即无人格"④。从本源上看,财产还是客观资源意义上的。正如尹田教授所言,"离开物质生存条件,何谈自由?何谈安全?何谈尊严?"⑤

二、基于主观制度的财产

基于主观制度的财产权是指通过人为制度设定的,不以即时资源支配为目的,而以将来财产分配为诉求的财产性权利,债权、股权、证券权、票据权即是,它们在本质上都属于债权。一般认为,债的概念源始于罗马法。优士丁尼大帝之《法学纲要》称:"债是依国法使他人为一定给付的法锁(juris Vinculum)。"⑥在罗马法上,债(Obligatio)产生的原因,大体分为"契约、私犯、其他复类原因(Variae Causerum Figurae)三项"⑦。后世注释法学派,将这三种原因归纳为四种:"一曰契约、二曰私犯、三曰准契约、四曰准私犯。"⑧其中准契约相当于现代法上的不当得利与无因管理,而私犯与准私犯则都属于现代民法上的侵权行为,只是前者因犯罪而产生,后者为一般民事侵权。就合同之债而言,其历史更为悠久。早在公元前18世纪古巴比伦的《汉穆拉比法典》中就有了契约之债的详尽规定。⑨ 在我国,公元前11世纪到公元前8世纪的西周律令中也出现了契约之债的规定。⑩

---

① 值得注意的是,这里的"空中楼阁"不同于我们通常认为与之同义的"水中之月"和"镜中之花"等,前者是根本不存在的,而后者则是一种间接的客观存在形式。
② 〔美〕R. 康芒斯:《制度经济学》(下),于树生译,商务印书馆1962年版,第14页。
③ 〔美〕詹姆斯·M. 布坎南:《财产是自由的保证》,载〔美〕查尔斯·K. 罗利编:《财产权与民主的限度》,刘晓峰译,商务印书馆2007年版,第27—81页。
④ 尹田:《无财产即无人格——法国民法上广义财产理论的现代启示》,载《法学家》2004年第2期。
⑤ 同上。
⑥ 周枏:《罗马法原论》,商务印书馆1994年版,第677页。
⑦ 陈朝璧:《罗马法原理》,商务印书馆2006年版,第112页。
⑧ 同上。
⑨ 参见《汉穆拉比法典》第39条:"如田园房屋系由其自行买得,则彼得以之遗赠其妻女,亦得以之抵偿债务"。第48条:"倘自由民负有有利息的债务,而阿达则淹没其田,或洪水毁其收获物,或因旱灾田不长谷,则被在此年得不付谷与债主,而洗去其文约;此年利息亦得不付"。
⑩ 在西周的律令中,确认"券"是买卖关系成立的合法依据。如果发生纠纷,乡绅和官府就按照"券"上的规定调解或仲裁判案。

在现代民法中,债的一般概念是由德国法学家首先提出的,并直接反映在《德国民法典》中。该法典第 241 条将债的关系定义为,债权人基于该关系,"有权向债务人要求给付。给付也可以是不作为。"① 在英美法上虽然没有"债"的概念,但分别有"Contract"(合同)、"Torts"(侵权行为)、"Negotiorum gestio"(无因管理)、"Unjust Enrichment"(不当得利)四项制度。在英国法上,债务人的积极义务多称为"Obligation",而对人格、财产等不为侵害的消极义务多称为"Duty"。因此,可以说"Obligation"是英美法上与债这一概念大体相当的语词。②

市场交换是市场经济的心脏,债与合同则是市场交换的普遍形式与手段。在市场交换中,"债就是连接交换者的'法锁',它以债权债务来分解交换的内容,将履行债务作为打开法锁的'钥匙';当法锁被打开,亦即实现了交换本身。"③"债的存在,意味着债权人的利益尚未满足,即价值尚未实现,而当债权人的利益得到满足时,也就是债权消灭之时,故债权对于债权人来讲,并非是一种既得利益,而是一种期待利益。债法的规范功能,就是保证在不同地域、不同时间的商品交换得以实现。这种商品交换的实现,也就是债权的满足。"④

从本质上看,债是一种法律上可期待的信用。在英文与法文中,债权人一词分别为"Creditor"与"Céancier",它们都源自于拉丁语的 Credo,意为信任、信誉、相信。作为一种法律上可期待的信用,债"是指以偿还为条件的价值的特殊运动形式。信用是在商品交换中让渡商品实现价值的状况下出现的差距。债的制度首先确定这种差距的合理性、合法性,同时又保证这种差距可以消除,即保证这种经济利益的不平等状态,趋于平衡,使暂时的不平衡可以获得平衡,因此,债权就成了一种财产权"⑤。债权作为一种财产权,它并非源于客观资源,而是基于主观制度而形成的,"作为分配资源的社会工具的一种制度产品"⑥。就其不具外在形体为其表现形式,不以物质实体为其客观定在而言,客观无形性财产与主观制度性财产有其共同性的一面,但是,"由于两者有着不同的性质和功用,因此只能成为不同权利的客体。"⑦ 以债权为代表的主观制度性事物之所以能够成为财产,"是因为法律上流通性的

---

① 郑冲、贾红梅译:《德国民法典》,法律出版社 1999 年版,第 49 页。
② 苏号朋主编:《民法学》,对外经济贸易大学出版社 2007 年版,第 408 页。
③ 张俊浩:《民法学原理》,中国政法大学出版社 1997 年版,第 542 页。
④ 江平主编:《民法学》,中国政法大学出版社 2000 年版,第 464 页。
⑤ 杨振山:《社会主义初级阶段理论与我国的民法学》,载《中国法学》1988 年第 5 期。
⑥ 吴汉东:《财产权客体制度论——以无形财产权客体为主要研究对象》,载《法商研究》2000 年第 4 期。
⑦ 同上。

发明",可是,"债权——债务只是一种流通的制度,一种经济上安全和服从的状态,一种具有未来性的经济量"①。

可见,主观制度性财产是"能够帮助人们形成在他与他人进行交易时的合理预期的一种社会工具"②,它的创立是为财产的流动与分配服务,不受客观资源的限制,可以进行权利的重复叠加。由此,必须指出的是,主观制度性财产在本质上属于以权利为客体的财产,其理论来源是盖尤斯与优士丁尼的无形物概念。对于无形物,"查士丁尼的明确含义是,无形事物都有其有形的对应物。换而言之,无形物与有形物之间具有紧密联系。"③从本质上看,无形物与有形物的联系,是权利本体与权利客体的对应;进一步来说,制度性财产与资源性财产也并非居于同一个概念层次,后者直接支配着客观资源,而前者以后者为客体和支配对象。

三、上述财产分类的意义

考夫曼曾超越物债二元的旧窠,从权利本体的角度将财产权分为两种类型,即"(1) 绝对财产权,亦即对有体物的权利,如物权(例如所有权、抵押权),以及对无体物的权利,如无体财产权(例如著作权、专利权);(2) 相对财产权,如债权(例如出卖人、买受人及承租人的权利)。"④不难看出,从客体的角度观之,考夫曼的绝对财产权与相对财产权,分别对应于本书的客观资源的财产与主观制度的财产。之所以对财产作如此分类,其意义是多方面的。

就价值层面而言,基于客观资源的财产追求的是财产的使用价值;基于主观制度的财产追求的是财产的交换价值。

就权利客体层面而言,基于客观资源财产的客体类型包括,物、信息与服务,其中物属于有形财产,信息与服务属于无形财产;基于主观制度财产的直接客体是权利,间接客体是物、信息与服务。

就权利内容层面而言,从支配性角度观之,基于客观资源的财产都是以占有或专有为前提,对客观资源现时的、直接的支配性权利;基于主观制度的财产都是以制度为依据,对客观资源将来的、间接的支配性权利。从请求权角度观之,基于客观资源的财产都是对义务人违反消极不作为义务的请求

---

① 〔美〕R.康芒斯:《制度经济学》(下),于树生译,商务印书馆1962年版,第34页。
② 〔美〕H.登姆塞茨:《关于产权的理论》,载〔美〕R.科斯、A.阿尔钦、D.诺斯:《财产权利与制度变迁——产权学派与新制度学派译文集》,刘守英译,上海人民出版社1994年版,第97页。
③ Peter Drahos, A Philosophy of Intellectual Property, Ashgate Publishing Company, 1996, p.18.
④ 〔德〕考夫曼:《法律哲学》,刘幸义等译,法律出版社2004年版,第160页。

权;基于主观制度的财产则是对义务人违反积极作为义务的请求权。

就制度规范层面而言,基于客观资源的财产可以准用大多物权理论的资源,如由"物权法定原则"而"客观资源财产法定原则"等;基于主观制度的财产可以准用大多债权理论的资源,如由"债权的相对性"而"主观制度财产的相对性"等。

可见,将民法所规范的财产类型化为"基于客观资源"与"基于主观制度",其意义在于突破物债二元所形成的樊篱,在客观资源的层面上,将"物"的概念延伸到信息与服务;在使用价值与交换价值的层面上,将物债二分所蕴含的理论隐喻扩展到资源与制度两个层次的财产形式。

本 章 小 结

物权与债权的理论分野,从逻辑上排斥了居于两者之外的无形财产权的存在。事实上,无形财产权所具有的绝对性、支配性,在物债界分的体系中表现出了强烈的"亲物性"。与此同时,对无形财产流动的调整亦为债权制度无可回避的职志;实现债权所进行交付的对象,不仅仅是物权的客体,还应包括无形财产权的客体,只是基于对象的不同,"交付"的方式不一样而已。

债权的客体是约定或法定的财产权利。前者适用于合同之债,后者涵摄不当得利、无因管理以及侵权行为之债。这里的利益可以是有形的,也可以是无形的;可以是特定的使用价值,也可以是不特定的交换价值。债权客体囊括了所有的财产类型。只有这样,债权制度才能担当起规范财产流动、分配财产利益的使命。

可以将财产划分为基于客观资源的财产与基于主观制度的财产两类,前者指以具有客观使用价值的资源为客体的财产;后者指以前者为客体,对前者的变动进行规范的财产。基于客观资源的财产,既可以适用于以物质财产权客体为代表的有形物,也可以适用于以知识财产权与服务财产权为代表的无形物。主观制度性财产在本质上属于以权利为客体的财产,其创立是为财产的流动与分配服务,不受客观资源的限制,可以进行权利的重复叠加制度性财产与资源性财产也并非居于同一个概念层次,后者直接支配着客观资源,而前者以后者为客体与支配对象。将民法所规范的财产类型化为"基于客观资源"与"基于主观制度",其意义在于突破物债二元所形成的形式樊篱,在客观资源的层面上,将"物"的概念延伸到信息与服务;在使用价值与交换价值的层面上,将物债二分所蕴含的理论隐喻扩展到资源与制度两个层次的财产形式。

第七章　财产权制度的体系安排

美国著名法学家艾伦·沃森曾指出,对民法典的制定,"立法者和起草者一般只有三个选择:(1)他们可能全盘地或稍加修改地继受某部现成法典。(2)他们能够以某部现成的外国法典提供的内容和结构的基本形式为参照,起草一部本民族的法典。(3)借助外国法典理论和实践正反两方面的经验,立法者和起草者可判断如何制定自己的'原创性'法典。"[①]基于21世纪的时代特点与我国的具体国情,显然,我国民法典的制定应当作第三种选择。为此,必须仔细考察大陆法系范式民法典的编纂体例,广泛参酌各国民事立法的经验教训,在此基础上,提出我国民法典的财产权体系构想。

第一节　范式民法典的财产权体系结构

> 人们并不是制定法律,他们不过发现法律而已……如果一种政体具有发现法律的最佳机制,那这个国家就再幸运不过了。
>
> ——〔美〕卡尔文·库利奇[②]

一、以法国为代表的"法学阶梯"模式

《法国民法典》在直接师承优士丁尼《法学阶梯》的"人""物""讼"体系基础上,对其结构中不足之处稍事裁剪增删之后,创立了以"人法""财产法""财产取得法"为内容的三编制民法结构体系。《法国民法典》体系结构的特点主要体现在以下几个方面:

1. 变物债一体为物债分设。出于对概念的逻辑体系的完善,法国民法典打破了优士丁尼《法学阶梯》将物权与债权同置于一编的结构,而将它们分

---

① 〔美〕艾伦·沃森:《民法法系的演变及形成》,李静冰等译,中国政法大学出版社1992年版,第156页。
② Coolidge, Have Faith in Massachusetts(1919)4. John Dickinson, Administrative Justice and the Supremacy of Law(1927),85—86n. 转引自〔美〕爱德华·S.考文:《美国宪法的"高级法"背景》,强世功译,生活·读书·新知三联书店1996年版,第1页。

编设置"财产法"与"财产取得法"。这是该法典的重大进步。

2. 扩无体物限于权利本体为无体物涵摄无形财产。"原来动产与不动产,自古概认为物之重要分类"①。这种分类直接体现在《法国民法典》的第 516 条:"一切财产,或为动产,或为不动产"。第 527 条又规定:"财产之作为动产,依其性质,或依法律的规定"。可见,"动产与不动产是法国民法上最为重要的对财产的基本分类"②。虽然,这里没有具体涉及以知识产权为代表的无形财产权问题,但却隐含了一个结论,即无体物概念从原初的仅限于权利本体,扩展到了作为"动产"的知识产权,且"知识产权作为无体物而被规定在物权中是可能的"③。这种有体物与无体物一体主义的可取之处在于,凸显了有体物与无体物在"对物"意义上所具有的一致性,不足之处在于无体物仍然没有从以债权为代表的权利无形意义上分离出来,这就为无形财产权概念埋下了含混、暧昧的种子。

3. 改债属于财产权本体为债是财产权取得方式。《法国民法典》将债权作为财产权取得的一种方法,而置于第 3 编"财产取得法"中,并将一时无法在逻辑上归纳分类的问题统统网罗在"财产取得法"一编中,使得该编如同一间杂货铺。对这一点,澳大利亚学者瑞安提出过严厉的批评,"任何科学的安排方法都不会在一编之中把继承和赠与、契约和侵权行为、婚姻财产、抵押和时效等这些毫不相干的内容都放在'取得财产的不同方法'之下"④。尽管如此,《法国民法典》所采用的财产与财产取得分编设置模式,对后来其他国家民法典中财产权体系的建构,还是产生了较大的影响,以至于欧洲、美洲、非洲一些国家的民法典都直接沿用了这种财产权体系设置模式。

《法国民法典》⑤是 1789 年法国资产阶级革命的产物,于 1804 年公布施行,经过多次修订,目前在法国仍在施行。作为资产阶级国家最早的一部民法典,《法国民法典》在西方国家里具有很大的影响。具体分三种情况:(1) 直接采用。这主要是原属法国因而自该法典施行之日起即属于它的效力范围的一些国家,以及法国的某些前殖民地国家。前者如比利时和卢森

---

① 史尚宽:《民法总论》,中国政法大学出版社 2000 年版,第 262 页。
② 尹田:《法国物权法》(第二版),法律出版社 2009 年版,第 74 页。
③ 陈小君、徐涤宇:《比较法视野下的中国民法典体系》,载吴汉东主编:《私法研究》(第 4 卷),中国政法大学出版社 2004 年版。
④ 〔澳〕瑞安:《民法导论》,楚建译,载《民法的体系与发展(民法学原理论文选辑)》,中国政法大学出版社 1991 年版,第 35 页。
⑤ 《法国民法典》的名称随着时势变迁经历了多次变更:最初定名为《法国民法典》,1807 年 9 月 9 日改称为《拿破仑法典》,1816 年又恢复《法国民法典》之称,1852 年再度改称为《拿破仑法典》,直到 1870 年第三共和国建立以后一直沿用《法国民法典》的名称,但习惯上仍称为《拿破仑法典》。

堡,后者如加拿大的魁北克省和美国的路易斯安那州①。(2)依为蓝本。即以该法典为蓝本制定本国的民法典。如,1838年的《丹麦民法典》与《荷兰民法典》,1940年的《希腊民法典》。(3)受其影响。即在民法典在编纂时或多或少地受到了该法典的影响。如,1855年的《智利民法典》、1867年的《葡萄牙民法典》、1869年的《阿根廷民法典》、1889年的《西班牙民法典》、1896年的《德国民法典》、1907年的《瑞士民法典》、1916年的《巴西民法典》等。

二、以德国为代表的"潘德克顿"模式

潘德克顿(Pandekten)一词来源于拉丁文的"Pandecta",是指《民法大全》(Corpu Juris. Civilis,又译为《国法大全》)中的《学说汇纂》(Digesta)。将《学说汇纂》加以体系化所形成的法学流派,称为潘德克顿(Pandekten)学派②,以《学说汇纂》为基础所创立的体系称为潘德克顿体系(Pandekten System)。③潘德克顿学说之所以能够转化为一种立法模式要归功于德国法学家的努力,德国学者胡果(Hugo)、海瑟(Heise)等人首先采用该体例进行著述。

《德国民法典》以其无与伦比的严谨、深邃和抽象,创立并诠释了潘德克顿式民法编撰体系。《德国民法典》全面演绎了以总论、债法、物权法、亲属法和继承法为内容,所构建的五编制潘德克顿学派民法体系。其概念之精准、逻辑之缜密、体系之严谨,令人叹为观止,后世学者对其更是不惜溢美之词,将其喻为"优良的法律计算机""非常精密的法律的精雕细琢""不寻常的精巧的金缕玉衣""任何时候都是具有最精确、最富有法律逻辑语言的私法典"④等。

从整体上看,法典有总则与分则之分,分则里又有总则与分则,可谓环环相扣、层层递推。在法典最开始,首先从具体制度中通过"提取公因子"方式,高度抽象化地提炼出各项一般性规范,并归纳排序结合在一起形成一个总

---

① 加拿大的魁北克省现行的《民法典》,部分以该法典为基础,部分以《巴黎习惯法》为基础;美国的路易斯安那州自1825年起采用了该法典,不过作了若干修改和补充。
② 潘德克顿(Pandekten)学派是指以研究《学说汇纂》为己任的一群德国法学家的总称,其杰出的代表有萨维尼(Savigny)、德里堡(Dernburg)、普赫塔(Puchta)、范格罗(Vangerow)和温得沙伊德(Windscheid)。他们毕生致力于《学说汇纂》的研究,试图诠释其中的法律主张在罗马时代的最初含义,并对那些制度提供分析的法学理论,竭力将那些制度的相关材料组成一个连贯的体系。萨维尼的《所有权》(Possilon,也译为《占有法》)和《现代罗马法制度》(System of Modern Roman Law)是该学派的经典著作。参见〔英〕戴维·M.沃克:《牛津法律大辞典》,李双元等译,法律出版社2003年版,第831页。
③ 参见〔日〕赤松秀岳:《十九世纪德国私法学的实像》,日本成文堂1995年版,第261页以下。转见自陈华彬:《潘德克吞体系的形成与发展》,载《上海师范大学学报》(哲学社会科学版)2007年第4期。
④ 〔德〕K.茨威格特、H.克茨:《比较法总论》,潘汉典等译,法律出版社2004年版,第220—221页。

则,作为第一编,用以统摄其余各编。总则编的设立是"哲学、数学和法学相结合的一项崭新的立法成就"①,它使得整部法典在形式上成为一个有机的整体,在内容上遵循一个共同的规范。在各编的内部构造上,也遵循先总后分、先抽象后具体、先一般后特殊的叙事原则。以债权编为例,该编在整体结构上设有债权总则与分则,契约法中设有契约总则与分则,买卖契约法中又设有买卖契约总则与分则。这样的编撰方法,使得整部法典表现为一个总分结合、位阶分明、逐层推进、结构严谨、逻辑缜密的概念体系。如此,体系化的价值诉求,在《德国民法典》中得以充分体现;《德国民法典》也因竭尽体系化之所能,而被奉为法典体系化之标范。一般认为,以《德国民法典》为代表的潘德克顿编纂体系的优点主要体现在四个方面:(1) 设立总则编,作为统御全部民商事关系的共同规则;(2) 建立物债并列体系,并将物债分编独设;(3) 区分财产法与身份法,将人格与能力归于总则编,亲属独立成编;(4) 设置专编规定继承等等。②

《德国民法典》在充分享受潘德克顿式体系化成果之甜美的同时,也不得不面对这种体系化缺憾之苦涩。就财产权体系的设置而言,这种缺憾主要体现在物债二分这一体系安排上。《德国民法典》根据支配权与请求权区分理论,在严格界定物权与债权概念的基础上,按照逻辑位阶关系演绎构建了宏大严谨的物债二分财产权体系。这种体系安排固然克服了《法国民法典》在物权与债权处理上的逻辑混乱,但这种非此即彼的结构模式,也不可避免地留下了两方面的先天不足:(1) 过于僵化,无法接纳亦此亦彼的财产权利;(2) 过于封闭,没有预留其他财产权的制度空间。③

总体说来,作为体系化的巅峰成就,潘德克顿式民法编纂体例,对近现代各国民法典的编纂产生了极为深远的影响。大陆法系的德意志法系国家与地区的民法典编纂,大都采取了这一体例。譬如,西方的瑞士、希腊、奥地利和土耳其等;再如,亚洲的日本、韩国、越南,以及我国的台湾地区均采该体系。④

三、以荷兰为代表的"财产总则"模式

"法学阶梯"与"潘德克顿"式的财产权构建体系,作为 19 世纪始末两部

---

① 陈小君、徐涤宇:《比较法视野下的中国民法典体系》,载吴汉东主编:《私法研究》(第4卷),中国政法大学出版社 2004 年版。
② 〔日〕松坂佐一:《民法提要》(总则),日本有斐阁 1979 年版,第 39 页;胡长清:《中国民法总论》,中国政法大学出版社 1998 年版,第 11 页。
③ 吴汉东:《论财产权体系——兼论民法典中的"财产权总则"》,载《中国法学》2005 年第 2 期。
④ 参见陈华彬:《潘德克吞体系的形成与发展》,载《上海师范大学学报》(哲学社会科学版) 2007 年第 4 期。

范式民法典的核心,无疑具有开一代风气之先的垂范意义。然而,毋庸讳言的是,这两种财产权构建体系分别存在明显的缺陷,并且随着时代的进步,这些缺陷表现得越来越突出。有鉴于此,"荷兰新民法典作为20世纪的范式民法典"①,一改"法学阶梯"式财产单编独纂体系之遗风,打破"潘德克顿"式物债二元财产体系之禁锢,站在更加宏观的时代高度,以更加开放的理论胸襟,创立了一种以财产总则编为引领、各种财产权利类型分编独设的多编制财产权立法体系。

荷兰旧民法典是1838年通过翻译《法国民法典》制定的,由于在该法典里面"可以轻易地找出100条以上的漏洞,而且可以更轻松地找出另外的100多条错误"②,以至于"与其修订这部民法典,不如制定一部全新的"③。从1947年林登大学教授梅捷尔斯(Eduard M. Meijers)受命领衔起草,到1992年通过,荷兰新民法典的制定共耗时45年。④《荷兰民法典》甫一问世,便获普遍赞誉,并被称为20世纪的范式民法典。该法典具有典范意义之处主要体现于其财产权体系的设置,在其总共9编的法典布局中⑤,竟有7编涉及财产权的内容。而其财产体系设置中,最引人注目的又在于该法典设立了财产法总则编,用以统摄涉及财产权的其余6编。《荷兰民法典》接受《德国民法典》设置民法总则编的教训⑥,放弃从总体上设置民法总则的努力,转而另辟蹊径以财产法总则取而代之,这是该部民法典最为耀眼的亮点。这样的构架为建立一个更加包容、开放的财产权体系奠定了基础。

然而,令人遗憾与沮丧的是,事情并没有按照预想的方向去发展。虽然,

---

① 吴汉东:《论财产权体系——兼论民法典中的"财产权总则"》,载《中国法学》2005年第2期。
② 〔荷〕亚科布·海玛:《荷兰民法典的立法过程》,载王卫国主编:《中国民法典论坛》,中国政法大学出版社2006年版,第225—226页。
③ 同上。
④ 1954年,梅捷尔斯教授在其去世前的几个月拿出了一部民法典草稿,接下来的工作由新的专家小组来继续。参见〔荷〕亚科布·海玛:《荷兰民法典的立法过程》,载王卫国主编:《中国民法典论坛》,中国政法大学出版社2006年版,第225—226页。
⑤ 其9编具体标题分别为,第一编:自然人(包括婚姻家庭);第二编:法人(通则、协会、公司、基金);第三编:财产法总则(适用于以下各编);第四编:继承法;第五编:物权法;第六编:债法总则;第七编:有名合同法;第八编:运输法;第九编:智力成果法。参见〔荷〕亚瑟·S.哈特坎普:《荷兰民法典的修订:1947—1992》,汤欣译,载《外国法译评》1998年第1期。另外,《荷兰民法典》共设10编,即除上述9编外还设有第十编:"国际私法"。参见〔荷〕亚科布·海玛:《荷兰民法典的内容和结构》,载王卫国主编:《中国民法典论坛》,中国政法大学出版社2006年版,第227—228页。
⑥ 对《德国民法典》总则编的诟病主要有:(1)法人只是财产权的主体,不能覆盖继承法与亲属法;(2)关于法律行为的规定,相当一部分不能覆盖继承法与亲属法;(3)物的一般规定,不能适用于债权和其他关于财产的请求权;(4)时效制度的规定,只能适用于财产请求权不能覆盖人身请求权(如配偶间的同居请求权)。参见陈小君、徐涤宇:《比较法视野下的中国民法典体系》,载吴汉东主编:《私法研究》(第4卷),中国政法大学出版社2004年版。

《荷兰民法典》为财产家族建造了一栋华美、宽敞的财产总则之"广厦",原本游离于物债二元体系之外,如知识产权之类的财产权"寒士",正欲"欢颜"接受"大庇",庆幸终有归属时,却被一道严厉的"禁令"挡在了门外。这道"禁令"就是财产总则编第 1 条与第 2 条对财产与物的概念所作的界定:"财产包括所有的物和所有的财产权利",而物则是"为人类所能控制的有形客体"。①

如此的财产定义,仿佛将我们带回到了公元 2 世纪,彼时盖尤斯在其《法学阶梯》中规定:"有些物是有形的,有些物是无形的","有形物是可以触摸的物品","无形物是那些不能触摸的物品,他们体现为某种权利"。② 可见,在财产概念的定义上,《荷兰民法典》又退回到了权利本体与客体不分的罗马法时代。虽然,按照这一财产概念,知识产权属于财产权,因而属于财产范畴,但这并非"所有的财产权利"的本意,因为在物就是财产的语境下,"所有的财产权利"指的是罗马法无体物意义上的"债权、继承权和用益物权"。其结果是,作为权利客体的智力成果,由于既不属于有体物,又不属于财产权利,只能艳羡财产总则之华美,终不得其门而入。与此同时,物权的客体却能名正言顺地登堂入室,如此歧视知识产权客体的做法实在令人费解。

从另一方面看,这也就决定了虽然该法典在其第 9 编设置了智力成果法,但是"财产法总则大部分规定并不能适用智力成果权。"③这样,整个《荷兰民法典》的财产权体系,终究没能做到形神合一、总分契合。

这部"20 世纪的范式民法典"所留下的缺憾,大概只能由必将诞生于 21 世纪的《中国民法典》来弥补了。但愿,将来的《中国民法典》能够不辱使命,成为一部开放不失严谨、融会又能贯通的 21 世纪范式民法典。

第二节 我国民法典的财产权体系构想

民事制度法典化是大陆法系的民法传统,也是大陆法系民事立法的最高追求。中国民法法典化的启动,以 1911 年完成的我国历史上第一部民法草案——《大清民律草案》为标志。此后出台的北洋政府主持编纂的第二部民法草案,以及 1929 年由南京国民政府主持制定并陆续颁行的我国历史上第一部民法典——《中华民国民法》都以《大清民律草案》为蓝本,或采德、日法典为范例。1949 年中华人民共和国成立之后,几次三番民法典编纂之努

---

① 参见王卫国主译,胡利玲、吴民许、陈龙、江喜佳译:《荷兰民法典第 3、5、6 编》,中国政法大学出版社 2006 年版,第 1 页。
② 〔古罗马〕盖尤斯:《法学阶梯》,黄风译,中国人民大学出版社 1996 年版,第 82 页。
③ 陈小君、徐涤宇:《比较法视野下的中国民法典体系》,载吴汉东主编:《私法研究》(第 4 卷),中国政法大学出版社 2004 年版。

力,终因经济市场化未成而夭折。进入21世纪以后,市场经济日趋成熟,民典编纂又成朝野之共识。学者为此翘首以盼,并深情呼唤:"中华民族将拥有一部可与法、德民法典编纂相媲美的现代民法典"①!

一、三部"草稿"中的财产权体系结构

在新一轮民法典编纂活动中,梁慧星、王利明两位先生分别领衔撰写了"民法典草案学者建议稿"(以下分别简称"社科院稿"和"人民大学稿"),全国人大法工委也提了一部"民法典草案"(以下简称"法工委草案")②。两部"民法典草案学者建议稿"和2002年提出的"法工委草案"(以下统称"两稿一草"),其体系结构均采用多编制,但有所变化。

"社科院稿"的体系结构为:第一编"总则";第二编"物权";第三编"债权总则";第四编"合同";第五编"侵权行为";第六编"亲属";第七编"继承"。

"人民大学稿"的体系结构为:第一编"总则";第二编"人格权";第三编"婚姻家庭";第四编"继承";第五编"物权";第六编"债法总则";第七编"合同";第八编"侵权行为"。

"法工委草案"的体系结构为:第一编"总则";第二编"物权法";第三编"合同法";第四编"人格权法";第五编"婚姻法";第六编"收养法";第七编"继承法";第八编"侵权责任法";第九编"涉外民事关系的法律适用"。

从编纂体系上看,上述"两稿一草"都以"总则编"作为法典之首,用以统摄和整合整个法典,这正是"潘德克顿"民法典体系模式的典型特征。在财产权体系布局方面,"社科院稿"与"人民大学稿"直接沿用"潘德克顿"式的物债二元体系设编,且都采用"物前债后"的德意志-撒克逊体例,这种安排不同于《德国民法典》"物后债前"的巴伐利亚体例。在债权体系构建中,二者都借鉴《荷兰民法典》采用"债总—合同—侵权行为"分列设编的模式来整合债权规则,使得法典在整体上形成"双层"结构。"法工委草案"在形式上没有直接采用物债二元分编设置的结构,而代之以"物权—合同—侵权责任"编排体例。这样的安排,一方面是"认为契约法与侵权行为法的相异之处大于共通处,无法用债权通则来整合它们"③,另一方面也让我们看到了突破物债二元体系的努力。

对于以知识产权为典型的无形财产权,上述"两稿一草"都没有为其分编

---

① 余能斌主编:《民法典专题研究》,武汉大学出版社2004年版,第19页。
② 另外,厦门大学徐国栋教授主持编写了一部《绿色民法典草案》,社会科学文献出版社2004年版。
③ 谢哲胜、常鹏翱、吴春岐:《中国民法典立法研究》,北京大学出版社2005年版,第12页。

单设,而是将其放在总则编来规定,具体处理方式又不相同。"社科院稿"与"人民大学稿"都从权利客体的角度来安排无形财产权,前者直接将智力成果规定在民事权利客体范畴内①;后者则在"民事权利客体"一章的前两节分别规定"物"与"有价证券"之后,将"智力成果和信息"放在第 3 节"其他民事权利客体"②进行规定,且明确了"民事权利客体的范围,不以本法规定的为限"③。"法工委草案"则从权利本体的角度来安排无形财产权,即在总则编第 6 章"民事权利"中,将"物权""债权""知识产权""人身权"分 4 节分别予以规定。

通过上述分析可以看出,在财产权体系构建方面,目前影响较大的"两稿一草"中,"两稿"仍然坚守物债二元体系,"法工委草案"则在编目安排中放弃了与物权编对应的债权编设置,采用以"物权—合同—侵权责任"为表现形式,以"归属—分配—保护"为逻辑结构的财产权编排体例,这是该草案在财产体系安排上的最大亮点。但是,"两稿一草"都没有采用《荷兰民法典》的"财产总则"体例,也没有对知识产权分编单设。

"无形财产的立法实际上涉及整个财产权体系的立法问题"④,而财产权体系的立法,则又涉及整部民法典的编纂问题。必须承认,"两稿一草"并没有将无形财产权放在与物权平等的地位来对待,其对作为无形财产权客体的智力成果与信息的若有似无的规定,仍然停留在 20 世纪 80 年代初出台的《民法通则》的水平上。根本没有反映近 40 年来知识产权发展的现状和我国知识产权研究的成果。应当说,这种淡化、漠视无形财产基础地位的财产权观念,缺乏将信息财产、服务财产与物质财产平等对待的开放胸襟,也没有反映知识经济与服务经济需求的时代情怀。毋庸讳言,按照这种财产权体系模式所制定出来的民法典,就财产权制度而言,理论上没能走出 19 世纪的"潘德克顿"旧窠,技术上还是停留在 100 多年前的《德国民法典》水平,因而是难

---

① "第 94 条[权利客体] 民事权利的客体包括:物、行为、人格利益、智力成果。民事权利也可以成为民事权利的客体。自然人的器官、血液、骨髓、组织、精子、卵子等,以不违背公共秩序与善良风俗为限,可以成为民事权利的客体。"参见梁慧星主编:《中国民法典草案建议稿》,法律出版社 2003 年版,第 19 页。

② "第 148 条[智力成果和信息] 民事主体对其智力成果依法享有的著作权、商标权、专利权及技术秘密、发现权、发明权及其他科技成果权能,受法律保护。民事主体对其经营信息享有的合法利益,受法律保护。"参见王利明主编:《中国民法典学者建议稿及立法理由:总则编》,法律出版社 2005 年版,第 259 页。

③ "第 149 条[客体的范围及可流通性的限制] 民事权利客体的范围,不以本法规定的为限。民事权利的客体,非依法律的强制性规定,不得禁止或者限制其流通。法律对民事权利客体流通的禁止或者限制,应当有充分的理由,并明确列举具体的民事权利客体的类型。法律限制民事权利客体流通的,应当明确规定具体的限制内容。"参见王利明主编:《中国民法典学者建议稿及立法理由:总则编》,法律出版社 2005 年版,第 259 页。

④ 马俊驹、梅夏英:《无形财产的理论和立法问题》,载《中国法学》2001 年第 2 期。

以担当 21 世纪范式民法典之称的。

二、本书对民法财产制度的体系安排

马俊驹教授、徐涤宇教授、冉昊研究员等均提出过,我国民法典可以考虑借鉴《荷兰民法典》的体例,设置一个财产法或财产权总则。吴汉东教授也赞成这一构想,并具体指出,这一总则可望解决 5 个方面的问题[①]:(1) 定义财产的概念,以提供建构开放的财产权体系最基本的概念构成;(2) 规定"物权一般规则",以规范物权的定义、效力、变动以及物权法的原则等问题;(3) 规定"债权一般规则",以统领合同法及侵权法,接纳难以另行归类的无因管理与不当得利,并不再设立债法总则;(4) 规定"知识产权一般规则",在知识产权不单独设编的情况下,既解决知识产权"入典"问题,又保留其民事特别法的体例;(5) 规定"其他财产权",以融涵物权、知识产权、债权、继承权等难以涵盖的其他财产权利。吴汉东教授关于财产总则的论述,对财产权总则的框架进行了体系化建构,对财产权的子项进行类型化区分,为民法典财产总则的制定作了有益的理论准备与实际示范。

考夫曼曾指出:"立法者的任务是去描述各种类型。此时,抽象概念在法律的建构上具有极大的重要性,因为它能给予这项建构所需的外形,并担保其法律安定性。"[②]有基于对无形财产权的类型化与体系化的思考,本书对财产总则的制定提出如下补充设想:(1) 将财产概念定义为"包括基于物、信息、服务的财产权和基于权利的财产权"。其理由是:①《荷兰民法典》将财产界定为"包括所有的物和所有的财产权利。"[③]将权利客体与权利本体混为一谈,回到了罗马法"物即是财产"的老路,并正如法国学者佛鲁尔(J. Flour)与罗倍尔(J. Aubert)指出的:"物和权利具有完全不同的性质,将之放在同一范畴里进行论述是毫无道理的。从逻辑上看,不应将物视为财产,因为具有经济价值的是物所包含的'财富'而非物自身,物仅仅是权利的标的。无任何人享有权利的物根本就不是财产。"[④]因此,应将财产界定为财产权利,而不应为物和财产权利;② "物"的概念是物权理论的基石,具有独特的理论内涵,不宜对其进行泛化,否则就动摇了整个物权制度的理论根基,这一点《荷

[①] 吴汉东:《论财产权体系——兼论民法典中的"财产权总则"》,载《中国法学》2005 年第 2 期。

[②] 〔德〕阿图尔·考夫曼:《类推与"事物本质"——兼论类型理论》,吴从周译,台湾学林文化事业有限公司 1999 年版,第 115 页。

[③] 王卫国主译,胡利玲、吴民许、陈龙、江喜佳译:《荷兰民法典 第 3、5、6 编》,中国政法大学出版社 2006 年版,第 1 页。

[④] 转引自尹田:《法国物权法》(第 2 版),法律出版社 2009 年版,第 60 页。

兰民法典》也不得不尊重①；③ 从哲学的高度将自然界的三种客观存在形式，物质、信息、服务界定为财产权的三类客体，协调了"客观资源财产法定原则"与财产权利开放性要求；④ 将基于信息和服务的财产权与物权归为一类，便于前者准用物权的相关理论。(2) 以"信息财产权一般规定"取代"知识产权一般规定"，将"知识财产权""资信财产权"等在本质上以信息为客体的财产权利收入其中，加以规范。(3) 增加"服务财产权一般规定"，接纳主要基于"一对多服务"而产生的服务财产权，以回应日益兴起与繁荣的服务经济对财产权制度提出的挑战。(4) 取消"其他财产权"一章，不再在立法中规定"复合性财产权利"。因为，随着经济的发展，市场对财产的利用与交易方式不断变换、整合，一些兼具客观资源性与主观权利性的复合财产形式，将不断涌现，立法不可能也没必要对其一一规定。因此，对如股权、信托权、票据权等兼以客观资源与主观权利为客体，因此难以分类的一些复合性财产权利，在司法实践中，可以将其进行分解，从而分别准用物权、信息财产权、服务财产权和债权的相应规定。(5) 调整"债权一般规定"在财产权体系中的排序，将其规定在最后。这样，一方面体现债权是以其他财产权为依据、为基础，另一方面也体现债权规范是对其他所有财产转移的制度安排。

总之，本书认为，我国将来民法典的编纂，要兼收《德国民法典》与《荷兰民法典》之长，并蓄"法典总则"与"财产总则"之优。我们的目标应当是，制定一部又有物质又有信息，又有统一又有差异，又有体系开放、又有逻辑严谨、层次分明，那样一种"21世纪的范式民法典"。

本 章 小 结

法国民法典体系结构在财产权安排方面表现出来的特点主要体现在以下三方面：(1) 变物债一体为物债分设；(2) 扩无体物限于权利本体为无体物涵摄无形财产；(3) 改债属于财产权本体为债是财产权取得方式。《德国民法典》以其无与伦比的严谨、深邃和抽象，创立并诠释了潘德克顿式民法编撰体系。《德国民法典》全面演绎了以总论、债法、物权法、亲属法和继承法为内容，所构建的五编制潘德克顿学派民法体系。这种体系安排固然克服了《法国民法典》在物权与债权处理上的逻辑混乱，但这种非此即彼的结构模式，也不可避免地留下了两方面的先天不足：(1) 过于僵化，无法接纳亦此亦彼的财产权利；(2) 过于封闭，没有预留其他财产权的制度空间。荷兰新民法典，

---

① 《荷兰民法典》"财产法总则"编第2条规定："物是为人类所能控制的有形客体。"参见《荷兰民法典：第3、5、6编》，王卫国主译，中国政法大学出版社2006年版，第1页。

一改"法学阶梯"式财产单编独纂体系之遗风,打破"潘德克顿"式物债二元财产体系之禁锢,站在更加宏观的时代高度,以更加开放的理论胸襟,创立了一种以财产总则编为引领、各种财产权利类型分编独设的多编制财产权立法体系。然而,在财产概念的界定上,《荷兰民法典》又退回到了权利本体与客体不分的罗马法时代,其财产法总则大部分规定并不能适用智力成果权。

"两稿一草"并没有将无形财产权放在与物权平等的地位来对待,其对智力成果与信息所作的若有似无的规定,仍然停留在20世纪80年代初出台的《民法通则》的水平上,没有反映近四十年来,知识产权发展的现状和我国知识产权研究的成果。按照这种财产权体系模式所制定出来的民法典,就财产权制度而言,理论上没能走出19世纪的"潘德克顿"旧窠,技术上还是停留在100多年前的《德国民法典》水平。我国将来民法典的编纂,要兼收《德国民法典》与《荷兰民法典》之长,并蓄"法典总则"与"财产总则"之优。我们的目标应当是,制定一部又有物质又有信息,又有统一又有差异,又有体系开放、又有逻辑严谨、层次分明,那样一种"21世纪的范式民法典"。

主要参考文献

一、中文文献

(一)译著文献

[1] 〔爱尔兰〕J. M. 凯利:《西方法律思想简史》,王笑红译,法律出版社 2002 年版。

[2] 〔澳〕A. 佩恩:《服务营销精要》,郑薇译,中信出版社 2003 年版。

[3] 〔德〕K. 茨威格特、H. 克茨:《比较法总论》,潘汉典等译,法律出版社 2004 年版。

[4] 〔德〕阿图尔·考夫曼:《类推与"事物本质"——兼论类型理论》,吴从周译,颜厥安校,台湾学林文化事业有限公司 1999 年版。

[5] 〔德〕迪特尔·梅迪库斯:《德国民法总论》,邵建东等译,法律出版社 2001 年版。

[6] 〔德〕恩斯特·卡西尔:《人论》,甘阳译,上海译文出版社 1985 年版。

[7] 〔德〕黑格尔:《法哲学原理》,范扬、张企泰译,商务印书馆 1961 年版。

[8] 〔德〕卡尔·拉伦茨:《德国民法通论》,王晓晔等译,法律出版社 2003 年版。

[9] 〔德〕拉德布鲁赫:《法学导论》,米健等译,中国大百科全书出版社 1999 年版。

[10] 〔德〕罗伯特·霍恩、海因·科茨、汉斯·G. 莱塞:《德国民商法导论》,楚建译,中国大百科全书出版社 1996 年版。

[11] 〔德〕罗尔夫克·尼佩尔:《法律与历史——论德国民法典的形成与变迁》,朱岩译,法律出版社 2003 年版。

[12] 〔德〕马克思:《剩余价值理论》(第 1 册),中共中央马克思恩格斯列宁斯大林著作编译局译,人民出版社 1975 年版。

[13] 〔德〕马克思:《资本论》第一卷(上),郭大力、王亚南译,人民出版社 1953 年版。

[14] 〔德〕马克思:《资本论》(《马克思恩格斯全集》第 23—26 卷),中共中央马克思恩格斯列宁斯大林著作编译局译,人民出版社 1975 年版。

[15] 〔德〕曼弗雷德·沃尔夫:《物权法》,吴越等译,法律出版社 2002 年版。

[16] 〔法〕弗朗索瓦·泰雷、菲利普·森勒尔:《法国财产法》,罗结珍译,中国法制出版社 2008 年版。

[17] 〔法〕弗雷德里克·巴斯夏:《财产、法律与政府》,秋风译,商务印书馆 2013 年版。

[18] 〔法〕亨利·莱维·布律尔:《法律社会学》,许钧译,上海人民出版社 2002 年版。

[19] 〔古罗马〕查士丁尼:《法学总论——法学阶梯》,张企泰译,商务印书馆 1989 年版。

[20]〔古罗马〕盖尤斯:《法学阶梯》,黄风译,中国人民大学出版社 1996 年版。

[21]〔荷〕亚科布·海玛:《荷兰民法典的立法过程》,载王卫国主编:《中国民法典论坛》,中国政法大学出版社 2006 年版。

[22]〔加〕赫伯特·G.格鲁伯、迈克尔·沃克:《服务业的增长——原因与影响》,陈彪如译,上海三联书店 1993 年版。

[23]〔美〕A.爱伦·斯密德:《财产、权力和公共选择——对法和经济学的进一步思考》,黄祖辉译,上海三联书店、上海人民出版社 1999 年版。

[24]〔美〕M. W. 艾森克、M. T. 基恩:《认知心理学》(第 4 版),高定国、肖晓云译,华东师范大学出版社 2004 年版。

[25]〔美〕N. 维纳:《控制论(或关于在动物和机器中控制和通讯的科学)》,郝季仁译,科学出版社 1963 年版。

[26]〔美〕R. H. 科斯、A. A. 阿尔钦、D. 诺斯:《财产权利与制度变迁——产权学派与新制度学派论文集》,刘守英译,上海三联书店、上海人民出版社 2005 年版。

[27]〔美〕阿尔温·托夫勒:《第三次浪潮》,朱志炎、潘琪、张炎译,生活、读书、新知三联书店 1983 年版。

[28]〔美〕阿瑟·R. 米勒、迈克·H. 戴维斯:《知识产权法:专利、商标和著作权》(英文版),法律出版社 2004 年版。

[29]〔美〕丹尼尔·贝尔:《后工业社会的来临——对社会预测的一项探索》,王宏、周魏、章玲译,商务印书馆 1984 年版。

[30]〔美〕康芒斯:《制度经济学》,于树生译,商务印书馆 1997 年版。

[31]〔美〕理查德·波斯纳:《法律的经济分析》,蒋兆康译,中国大百科全书出版社 1997 年版。

[32]〔美〕罗伯特·考特、托马斯·尤伦:《法和经济学》,张军等译,上海三联书店 1994 年版。

[33]〔美〕罗斯科·庞德:《普通法的精神》,唐前宏等译,法律出版社 2000 年版。

[34]〔美〕迈克尔·D. 贝勒斯:《法律的原则——一个规范的分析》,张文显等译,中国大百科全书出版社 1996 年版。

[35]〔美〕威拉德·蒯因:《从逻辑的观点看》,江天骥等译,上海译文出版社 1987 年版。

[36]〔美〕威廉·M. 兰德斯、理查德·A. 波斯纳:《知识产权法的经济结构》,金海军译,北京大学出版社 2005 年版。

[37]〔美〕维克托·R. 富克斯:《服务经济学》,许微云、万慧芬、孙光德译,商务印书馆 1987 年版。

[38]〔美〕约翰. E. 克里贝特、科温. W. 约翰逊、罗杰. W. 芬德利、欧内斯特. E. 史密斯:《财产法:案例与材料》(第 7 版),齐东祥、陈刚译,中国政法大学出版社 2003 年版。

[39]〔美〕约翰·亨利·梅利曼:《大陆法系》(第 2 版),顾培东、禄正平译,法律出版社 2004 年版。

[40]〔日〕北川善太郎:《日本民法体系》,李毅多、仇京春译,科学出版社1995年版。
[41]〔日〕大木雅夫:《比较法》(修订译本),范愉译,法律出版社2006年版。
[42]〔日〕富井政章:《民法原论(第一卷)》,陈海瀛等译,中国政法大学出版社2003年版。
[43]〔日〕吉藤幸朔:《专利法概论》,宋永林、魏启学译,专利文献出版社1990年版。
[44]〔日〕井原哲夫:《服务经济学》,李桂山译,中国展望出版社1986年版。
[45]〔日〕铃木録弥:《物权的变动与对抗》,渠涛译,社会科学文献出版社1999年版。
[46]〔日〕松坂佐一《民法提要》(总则),日本有斐阁1979年版。
[47]〔日〕我妻荣:《日本物权法》,有泉亨修订,李宜芬校订,台湾五南图书出版公司1999年版。
[48]〔日〕我妻荣:《债权在近代法中的优越地位》,王书江等译,中国大百科全书出版社1999年版。
[49]〔苏〕E. A. 鲍加特赫、B. И. 列夫琴柯:《资本主义国家和发展中国家的专利法》,中国科学技术情报所专制馆译,载《国外专利法介绍》,知识出版社1980年版。
[50]〔意〕G. 佩里切利:《服务营销学》,张密编译,对外经济贸易大学出版社2000年版。
[51]〔意〕安德雷斯·贝略:《智利共和国民法典》,徐涤宇译,北京大学出版社2014年版。
[52]〔意〕彼得罗·彭梵得:《罗马法教科书》,黄风译,中国政法大学出版社1992年版。
[53]〔意〕密拉格利亚:《比较法律哲学》,朱敏章、徐百齐、吴泽炎、吴鹏飞译,中国政法大学出版社2005年版。
[54]〔意〕桑德罗·斯奇巴尼选编:《物与物权》,范怀俊译,中国政法大学出版社1999年版。
[55]〔意〕乌蒙勃托·艾柯:《符号学理论》,卢德平译,中国人民大学出版社1990年版。
[56]〔英〕A. J. M. 米尔恩:《人的权利与人的多样性——人权哲学》,夏勇等译,中国大百科全书出版社1995年版。
[57]〔英〕F. H. 劳森、B. 拉登:《财产法》,施天涛等译,中国大百科全书出版社1998年版。
[58]〔英〕埃默·福德、格林·汉弗莱斯:《脑与心智的范畴特异性》,张航等译,商务印书馆2007版。
[59]〔英〕巴里·尼古拉斯:《罗马法概论》(第2版),黄风译,法律出版社2004年版。
[60]〔英〕哈特:《法律的概念》,许家馨译,法律出版社2006年版。
[61]〔英〕卡尔·波普尔:《客观知识》,舒炜光等译,上海译文出版社1987年版。
[62]〔英〕洛克:《政府论》(下篇),叶启芳、瞿菊农译,商务印书馆1964年版。
[63]〔英〕梅因:《古代法》,沈景一译,商务印书馆1984年版。

[64]〔英〕亚当·斯密:《国民财富的性质和原因的研究》(上、下),郭大力、王亚南译,商务印书馆1996年版。

(二)报刊文献

[1]〔美〕W.N.赫菲尔德:《司法推理中应用的基本法律概念》(上),陈端洪译,载《环球法律评论》2007年第3期。

[2]〔美〕W.N.赫菲尔德:《司法推理中应用的基本法律概念》(下),陈端洪译,载《环球法律评论》2007年第4期。

[3]〔德〕安斯加尔·奥利:《智慧所有权》,载《私法》2010年卷。

[4]陈华彬:《潘德克吞体系的形成与发展》,载《上海师范大学学报》(哲学社会科学版)2007年第4期。

[5]陈小君、徐涤宇:《比较法视野下的中国民法典体系》,载吴汉东主编:《私法研究》(第4卷),中国政法大学出版社2004年版。

[6]崔建远:《准物权的理论问题》,载《中国法学》2003年第3期。

[7]董笃笃:《虚拟财产法律学说的回顾与反思》,载《重庆邮电大学学报(社会科学版)》2013年第5期。

[8]方新军:《盖尤斯无体物概念的建构与分解》,载《法学研究》2006年第4期。

[9]符致海:《浅谈信息的本质问题》,载《现代哲学》1987年第2期。

[10]傅平:《信息论、控制论、系统论在认识论上提出的一些问题》,载《哲学研究》1981年第7期。

[11]何勤华:《布莱克斯通与英美法律近代化》,载《法律科学》1996年第6期。

[12]何祚榕《信息同物质与精神的关系的新揭示——评邬焜〈自然的逻辑〉一文》,载《中国社会科学》1991年第5期。

[13]黄湧:《案例分析的另一种进路:以四部民法典草案对不生效民事行为的规范为案例分析的基础》,载《法律适用》2011年第3期。

[14]金可可:《论支配权概念——以德国民法学为背景》,载《中国法学》2006年第2期。

[15]金渝林:《论作品的独创性》,载《法学研究》1995年第4期。

[16]〔美〕肯尼斯·万德威尔德:《19世纪的新财产:现代财产概念的发展》,王战强译,载《经济社会体制比较》1995年第1期。

[17]黎鸣:《力的哲学和信息的哲学》,载《百科知识》1984年第11期。

[18]黎鸣:《论信息》,载《中国社会科学》1984年第4期。

[19]李锡鹤:《对债权不可侵性和债权物权化的思考》,载《华东政法学院学报》2003年第1期。

[20]林旭霞:《虚拟财产权性质论》,载《中国法学》2009年第1期。

[21]林旭霞、张冬梅:《论网络游戏中虚拟财产权利的法律属性》,载《中国法学》2005年第2期。

[22]刘春田:《知识财产权解析》,载《中国社会科学》2003年第4期。

[23] 刘钢:《从信息的哲学问题到信息哲学》,载《自然辩证法研究》2003年第1期。

[24] 刘冠南等:《拿什么保护你,我的虚拟财产》,载《南方日报》2013年10月30日。

[25] 刘坤、赵万一:《财产权制度的存在基础》,载《现代法学》2004年第5期。

[26] 刘奇琦:《夫妻离婚法庭争产 网店成了"香饽饽"虚拟财产如何分割成焦点:首例淘宝店铺分家案》,载《中国审判》2013年第5期。

[27] 刘伸:《苏联哲学界关于信息概念的争论》,载《国外社会科学》1980年第7期。

[28] 柳经纬:《渐行渐远的民法典》,载《比较法研究》2012年第1期。

[29] 鲁品越:《信息概念与物质世界相互联系的图景》,载《中国社会科学》1985年第6期。

[30] 马法超:《体育赛事转播权的正当性》,载《体育学刊》2010年第4期。

[31] 马俊驹、梅夏英:《财产权制度的历史评析和现实思考》,载《中国社会科学》1999年第1期。

[32] 马俊驹、梅夏英:《无形财产的理论和立法问题》,载《中国法学》2001年第2期。

[33] 马新彦:《罗马法所有权理论的当代发展》,载《法学研究》2006年第1期。

[34] 马一德:《网络虚拟财产继承问题探析》,载《法商研究》2013年第5期。

[35] 茅盾:《关于艺术的技巧——在全国青年文学创作者会议上的讲演》,载《文艺学习》1956年第4期。

[36] 茅盾《〈子夜〉是怎样写成的》,载《新疆日报》1939年6月1日。

[37] 梅夏英:《当代财产的发展及财产权利体系的重塑》,载王利明主编:《民商法前沿论坛》,人民法院出版社2004年版。

[38] 梅夏英:《民法上公示制度的法律意义及其后果》,载《法学家》2004年第2期。

[39] 梅夏英:《民法上"所有权"概念的两个隐喻及其解读——兼论当代财产权法律关系的构建》,载《中国人民大学学报》2002年第1期。

[40] 梅夏英、许可:《虚拟财产继承的理论与立法问题》,载《法学家》2013年第6期。

[41] 潘乐山:《信息概念研究简介》,载《哲学动态》1984年第4期。

[42] 潘民、梁伟:《我国竞技体育职业化进程的联赛无形财产权》,载《体育学刊》2012年第5期。

[43] 裴丽萍、卢志刚:《广义民法物的立法模式分析》,载《中国社会科学院研究生院学报》2012年第6期。

[44] 冉昊:《比较法视野下的英美财产法基本构造》,载《法学》2005年第11期。

[45] 冉昊:《财产含义辨析:从英美私法的角度》,载《金陵法律评论》2005年春季卷。

[46] 冉昊:《对人"对人""对物"概念的几层涵义及其来源》,载吴汉东主编:《私法研究》(第四卷),中国政法大学出版社2004年版。

[47] 冉昊:《对物权与对人权的区分及其实质》,载《法学研究》2005年第3期。

[48] 冉昊:《两大法系法律实施系统比较——财产法律的视角》,载《中国社会科学》2006年第1期。

[49] 冉昊:《论两大法系财产法结构的共通性——英美法系双重所有权与大陆法系

物权债权二元划分的功能类比》，载《环球法律评论》2006年第1期。

[50] 冉昊：《论物权之对物对人之争》，载《政治与法律》2005年第5期。

[51] 冉昊：《论英美财产法中的产权概念及其制度功能》，载《法律科学》2006年第5期。

[52] 冉昊：《论"中间型权利"与财产法二元架构——兼论分类的方法论意义》，载《中国法学》2005年第6期。

[53] 冉昊：《"相对"的所有权——双重所有权的英美法系视角与大陆法系绝对所有权的解构》，载《环球法律评论》2004年冬季号。

[54] 冉昊：《制定法对财产权的影响》，载《现代法学》2004年第5期。

[55] 任公越：《信息疗法》，载《哲学研究》1980年第12期。

[56] 尚清锋：《试论商业标志权的变动模式》，载《知识产权》2011年第7期。

[57] 史忠植：《认知的信息加工理论》，载《哲学动态》1989年第6期。

[58] 宋红松：《知识产权法的体系化与法典化》，载《中华商标》2003年第1期。

[59] 粟源：《知识产权的哲学、经济学和法学分析》，载《知识产权》2008年第5期。

[60] 孙宪忠：《防止立法碎片化，尽快出台民法典》，载《中国政法大学学报》2013年第1期。

[61] 孙宪忠、常鹏翱：《论法律物权和事实物权的区分》，载《法学研究》2001年第5期。

[62] 田艳：《无形财产权家族的新成员——传统文化产权制度初探》，载《法学杂志》2010年第4期。

[63] 〔美〕托马斯·C.格雷：《论财产权的解体》，高新军译，载《经济社会体制比较》1994年第5期。

[64] 王利明：《法律体系形成后的民法典制定》，载《广东社会科学》2012年第1期。

[65] 王利明：《物权概念的再探讨》，载《浙江社会科学》2002年第2期。

[66] 吴汉东：《财产的非物质化革命与革命的非物质化财产法》，载《中国社会科学》2003年第3期。

[67] 吴汉东：《财产权客体制度论——以无形财产权客体为主要研究对象》，载《法商研究》2000年第4期。

[68] 吴汉东：《论财产权体系——兼论民法典中的"财产权总则"》，载《中国法学》2005年第2期。

[69] 吴汉东：《罗马法的"无体物"理论与知识产权制度的学理基础》，载《江西社会科学》2005年第7期。

[70] 吴汉东：《试论知识产权的"物上请求权"与侵权赔偿请求权——兼论〈知识产权协议〉第42条规定之实质精神》，载《法商研究》2001年第5期。

[71] 吴汉东：《无形财产权的若干理论问题》，载《法学研究》1997年第4期。

[72] 吴佳斌、宋帅武：《盗窃网络虚拟财产的定性》，载《人民司法》2013年第17期。

[73] 吴清旺、贺丹青：《物的概念与财产权立法构造》，载《现代法学》2003年第6期。

[74] 谢鸿飞：《民法典与特别民法关系的建构》，载《中国社会科学》2013 年第 2 期。

[75] 谢怀栻：《论民事权利体系》，载《法学研究》1996 年第 2 期。

[76] 谢怀栻、程啸：《物权行为理论辨析》，载《法学研究》2002 年第 4 期。

[77]〔日〕星野英一：《私法中的人——以民法财产法为中心》，王闯译，载梁慧星主编：《民商法论丛》第 8 卷，法律出版社 1997 年版。

[78]〔荷〕亚瑟·S. 哈特坎普：《荷兰民法典的修订：1947—1992》，汤欣译，载《外国法译评》1998 年第 1 期。

[79] 姚辉：《民法典的实质理性》，载《中国政法大学学报》2013 年第 1 期。

[80] 叶金强：《物权表征方式与公示、公信原则》，载吴汉东主编：《私法研究（第四卷）》，中国政法大学出版社 2004 年版。

[81] 尹田：《无财产即无人格——法国民法上广义财产理论的现代启示》，载《法学家》2004 年第 2 期。

[82] 尹田：《物权法的方法与概念法学》，载吴汉东主编：《私法研究（创刊号）》，中国政法大学出版社 2002 年版。

[83] 尹田：《物权与债权的区分价值》，载《人大法律评论》2001 年卷第 2 辑。

[84] 臧兰、史兆平：《信息定义评述》，载《哲学动态》1988 年第 9 期。

[85] 张玉敏：《知识产权的概念和法律特征》，载《现代法学》2001 年第 5 期。

[86] 赵克祥：《民法典形式理性与我国〈著作权法〉修订》，载《暨南学报（哲学社会科学版）》2013 年第 7 期。

[87] 钟焕懈：《信息与反映》，载《哲学研究》1980 年第 12 期。

[88] 周怀珍：《信息方法的哲学分析》，载《哲学研究》1980 年第 9 期。

（三）学位论文

[1] 方新军：《权利客体论——历史和逻辑的双重视角》，厦门大学 2006 年博士学位论文。

[2] 胡小安：《虚拟技术若干哲学问题研究》，武汉大学 2006 年博士学位论文。

[3] 姜江：《财产权的法理研究——以宪政为视角》，中国社会科学院研究生院 2008 年博士学位论文。

[4] 林旭霞：《论虚拟财产权》，福建师范大学 2007 年博士学位论文。

[5] 刘兵红：《英国财产权体系之源与流》，西南政法大学 2012 年博士学位论文。

[6] 申建平：《债权让与制度研究——以让与通知为中心》，厦门大学 2006 年博士学位论文。

[7] 升权：《商业标识权论》，武汉大学 2012 年博士学位论文。

[8] 孙祥和：《美国私有财产权宪法保护法律变迁与路径依赖》，辽宁大学 2007 年博士学位论文。

[9] 田士永：《物权行为理论研究——以中国法与德国法之比较为中心》，中国政法大学 2000 年博士学位论文。

[10] 童彬：《论法国财产法的历史演进和制度体系》，西南政法大学 2012 年博士学

位论文。

[11] 万毅:《财产权与刑事诉讼——以被追诉人对产权保障为视角》,四川大学 2005 博士学位论文。

[12] 王俊权:《权利的伦理学分析及其教育涵义》,台湾师范大学 2001 年博士学位论文。

[13] 王涌:《私权的分析与建构——民法的分析法学基础》,中国政法大学 1999 年博士学位论文。

[14] 谢碧凤:《服务价值群聚之理论初探》,元智大学 2006 年博士学位论文。

[15] 张蕾:《论一种作为人权的财产权》,吉林大学 2006 年博士学位论文。

[16] 赵萃萃:《英美财产法之 Estate 研究》,山东大学 2010 年博士学位论文。

(四) 中文著作

[1] 蔡吉祥:《无形资产学》,海天出版社 2002 年版。

[2] 陈朝璧:《罗马法原理》,法律出版社 2006 年版。

[3] 陈华彬:《外国物权法》,法律出版社 2004 年版。

[4] 程民选等:《信誉与产权制度》,西南财经大学出版社 2006 年版。

[5] 程萍:《财产所有权的保护与限制》,中国人民公安大学出版社 2006 年版。

[6] 董书城:《价值的源泉——对象化劳动》,中国经济出版社 2000 年版。

[7] 杜景林、卢谌德:《国民法典评注:总则·债法·物权》,法律出版社 2011 年版。

[8] 符国群主编:《消费者行为学》,武汉大学出版社 2004 年版。

[9] 高富平:《信息财产:数字内容产业的法律基础》,法律出版社 2009 年版。

[10] 何真、唐清利:《财产权与宪法的演进》,山东人民出版社 2006 年版。

[11] 胡长清:《中国民法总论》,中国政法大学出版社 1997 年版。

[12] 黄晖:《商标法》,法律出版社 2004 年版。

[13] 黄茂荣:《法学方法论与现代民法》(第 5 版),法律出版社 2007 年版。

[14] 黄维兵:《现代服务经济理论与中国服务业发展》,西南财经大学出版社 2003 年版。

[15] 江平:《民法学》,中国政法大学出版社 1999 年版。

[16] 金可可:《对人权与对物权的区分理论的历史渊源——从罗马法复兴到自然法学派》,载吴汉东主编《私法研究(第四卷)》,中国政法大学出版社 2004 年版。

[17] 乐国安:《当代美国认识心理学》,中国社会科学出版社 2001 年版。

[18] 黎鸣:《恢复哲学的尊严:信息哲学论》,中国社会出版社 2005 年版。

[19] 黎鸣:《信息时代的哲学思考》,中国展望出版社 1986 年版。

[20] 黎鸣:《信息哲学论》,陕西科学技术出版社 1992 年版。

[21] 李琛:《论知识产权的体系化》,北京大学出版社 2005 年版。

[22] 李琛:《知识产权法的体系化研究》,北京大学出版社 2005 年版。

[23] 李红海:《普通法的历史解读:从梅特兰开始》,清华大学出版社 2003 年版。

[24] 李江帆:《中国第三产业经济分析》,广东人民出版社 2004 年。

[25] 李进之、王久华、李克宁、蒋丹宁：《美国财产法》，法律出版社1999年版。

[26] 李敏等主编：《企业信用管理》，复旦大学出版社2004年版。

[27] 李琪：《现代服务业导论》，机械工业出版社2008年版。

[28] 李然主编：《思维盛宴：500强首脑点评中国》，辽宁画报出版社1999年版。

[29] 李善同、华而诚：《21世纪初的中国服务业》，经济科学出版社2002年版。

[30] 李士梅：《信誉的经济学分析》，经济科学出版社2005年版。

[31] 李双元、温世扬：《比较民法学》，武汉大学出版社1998年版。

[32] 李晓辉：《信息权利研究》，知识产权出版社2006年版。

[33] 李宜琛：《民法总论》，台湾正中书局1977年版。

[34] 李英明：《网路社会学》，台湾扬智文化事业股份有限公司2000年版。

[35] 李永军：《民法总论》，法律出版社2006年版。

[36] 梁慧星：《民法总论》，法律出版社1996年版。

[37] 梁慧星：《中国民法典草案建议稿(第2版)》，法律出版社2011年版。

[38] 梁慧星：《中国物权法研究(上、下)》，法律出版社1998年版。

[39] 梁慧星主编：《中国民法典草案建议稿》，法律出版社2003年版。

[40] 刘春田主编：《知识产权法》，中国人民大学出版社2002年版。

[41] 刘德良：《论个人信息的财产权保护》，人民法院出版社2008年版。

[42] 刘华：《知识产权制度的理性与绩效分析》，中国社会科学出版社2004年版。

[43] 刘守芬：《技术制衡下的网络刑事法研究》，北京大学出版社2006年版。

[44] 刘宇红：《语言的神经基础》，中国社会科学出版社2007年版。

[45] 刘云生：《民法与人性》，中国检察出版社2005年版。

[46] 卢谌、杜景林：《德国民法典债法总则评注》，中国方正出版社2007年版。

[47] 马俊驹、余延满：《民法原论》，法律出版社2005年版。

[48] 马新彦：《美国财产法与判例研究》，法律出版社2001年版。

[49] 梅夏英：《财产权构造的基础分析》，人民法院出版社2002年版。

[50] 梅仲协：《民法要义》，中国政法大学出版社1998年版。

[51] 孟勤国：《物权二元结构论——中国物权制度的理论重构》，人民法院出版社2002年版。

[52] 欧洲民法典研究组、欧盟现行私法研究组、高圣平：《欧洲示范民法典草案：欧洲私法的原则、定义和示范规则》，中国人民大学出版社2012年版。

[53] 潘海岚：《中国现代服务业发展研究》，中国财政经济出版社2008年版。

[54] 彭诚信：《主体性与私权制度研究——以财产、契约的历史考察为基础》，中国人民大学出版社2005年版。

[55] 彭学龙：《商标法的符号学分析》，法律出版社2007年版。

[56] 齐爱民：《捍卫信息社会中的财产：信息财产法原理》，北京大学出版社2009年版。

[57] 齐云、徐国栋、李飞：《马耳他民法典》，厦门大学出版社2012年版。

[58] 沈宗灵:《现代西方法理学》,北京大学出版社1992年版。
[59] 史尚宽:《物权法论》,中国政法大学出版社2000年版。
[60] 史尚宽:《债法总论》,台北荣泰印书馆1979年版。
[61] 寿步等:《网络游戏法律政策研究》,上海交通大学出版社2005年版。
[62] 孙宪忠:《德国当代物权法》,法律出版社1997年版。
[63] 孙宪忠:《争议与思考:物权立法笔记》,中国人民大学出版社2006年版。
[64] 孙宪忠:《中国物权法总论》,法律出版社2003年版。
[65] 唐晓鸣主编:《基础心理学》,湖北科学技术出版社2003年版。
[66] 陶兴良、袁真富:《知识产权法总论》,知识产权出版社2005年版。
[67] 王家福:《中国民法学:民法债权》,法律出版社1999年版。
[68] 王利明:《民法总则研究》,中国人民大学出版社2003年版。
[69] 王利明:《物权法论》,中国政法大学出版社1998年版。
[70] 王利明主编:《中国民法典学者建议稿及立法理由:总则编》,法律出版社2005年版。
[71] 王素娟:《虚拟与现实社会中有形与无形财产间最新民商问题法律分析》,中国人民公安大学出版社2012年版。
[72] 王太平:《知识产权客体的理论范畴》,知识产权出版社2008年版。
[73] 王铁雄:《美国财产法的自然法基础》,辽宁大学出版社2007年版。
[74] 王卫国主译,胡利玲、吴民许、陈龙、江喜佳译:《荷兰民法典第3、5、6编》,中国政法大学出版社2006版。
[75] 王小平:《服务业竞争力——一个理论以及对服务贸易与零售业的研究》,经济管理出版社2003年版。
[76] 王轶:《物权变动论》,中国人民大学出版社2001年版。
[77] 王雨田:《控制论信息伦系统科学与哲学》,中国人民大学出版社1986年版。
[78] 王泽鉴:《民法物权:通则 所有权》,中国政法大学出版社2001年版。
[79] 王泽鉴:《民法总则(增订版)》,中国政法大学出版社2001年版。
[80] 邬焜:《信息认识论》,中国社会科学出版社2002年版。
[81] 邬焜:《信息世界的进化》,西北大学出版社1994年版。
[82] 邬焜:《信息哲学——理论、体系、方法》,商务印书馆2005年版。
[83] 邬焜:《信息哲学——一种新的时代精神》,陕西师范大学出版社1989年版。
[84] 邬焜:《哲学信息论导论》,陕西人民出版社1987年版。
[85] 邬焜:《知识与信息的经济》,西北大学出版社2000年版。
[86] 吴汉东:《无形财产权基本问题研究(第3版)》,中国人民大学出版社2013年版。
[87] 吴汉东、胡开忠:《无形财产权制度研究》,法律出版社2005年版。
[88] 吴汉东主编:《知识产权法》,中国人民大学出版社1999年版。
[89] 谢在全:《民法物权论》,中国政法大学出版社1999年版。

[90]谢哲胜、常鹏翱、吴春岐:《中国民法典立法研究》,北京大学出版社 2005 年版。

[91]徐国栋:《绿色民法典草案》,社会科学文献出版社 2004 年版。

[92]徐国栋:《民法基本原则解释》,中国政法大学出版社 1992 年版。

[93]许鹏主编:《文学概论》,中国人民大学出版社 2003 年版。

[94]薛源:《美国财产法案例选评》,对外经济贸易大学 2006 年版。

[95]颜林海:《翻译认知心理学》,科学出版社 2008 年版。

[96]杨春福:《权利法哲学研究导论》,南京大学出版社 2000 年版。

[97]杨圣明:《服务贸易——中国与世界》,民主与世界出版社 1999 年版。

[98]尹田:《法国物权法》(第 2 版),法律出版社 2009 年版。

[99]尹田:《物权法理论评析与思考》,中国人民大学出版社 2004 年版。

[100]于善旭:《我国体育无形资产法律保护的研究》,北京体育大学出版社 2009 年版。

[101]于志刚:《网络空间中虚拟财产的刑法保护》,中国人民公安大学出版社 2009 年版。

[102]余能斌:《物权法专论》,法律出版社 2002 年版。

[103]余能斌主编:《民法典专题研究》,武汉大学出版社 2004 年版。

[104]袁秀挺:《虚拟世界的冲突》,中国科学技术出版社 2001 年版。

[105]曾陈明汝:《两岸暨欧美专利法》,中国人民大学出版社 2007 年版。

[106]曾陈明汝:《商标法原理》,中国人民大学出版社 2003 年版。

[107]曾世雄:《民法总则之现在与未来》,中国政法大学 2001 年版。

[108]张俊浩主编:《民法学原理》,中国政法大学出版社 2000 年版。

[109]张平:《网络知识产权及相关法律问题透析》,广州出版社 2000 年版。

[110]张维迎:《产权、政府与信誉》,生活·读书·新知三联书店 2001 年版。

[111]赵汀阳:《思想之剑》,广东教育出版社 1996 年版。

[112]赵宇霆:《无形财产权理论研究》,法律出版社 2011 年版。

[113]郑成思:《信息、新型技术与知识产权》,中国人民大学出版社 1986 年版。

[114]郑成思:《知识产权论》,法律出版社 2002 年版。

[115]郑玉波:《民法总则》,台湾三民书局 1959 年版。

[116]钟晓鹰:《企业征信原理》,中国金融出版社 2004 年版。

[117]钟义信:《信息科学原理》(第 3 版),北京邮电大学出版社 2002 年版。

[118]钟义信:《信息科学原理》,北京邮电大学出版社 1996 年版。

[119]周枏:《罗马法》,群众出版社 1983 年版。

[120]周枏:《罗马法原论(上、下)》,商务印书馆 1994 年版。

[121]周友军、杨垠红:《奥地利普通民法典(2012 年 7 月 25 日修改)》,清华大学出版社 2013 年版。

[122]朱荣恩、丁豪樑编:《企业信用管理》,中国时代经济出版社 2005 年版。

[123]朱谢群:《创新性智力成果与知识产权》,法律出版社 2004 年版。

二、英文文献

[1] Allen Chein, A Practical look at Virtual Property, 80 St. John's L. Rev. 1059.

[2] Bartow Ann, *Trademarks of Privilege: Naming Rights and the Physical Public Domain*, 40 U. C. DavisL. Rev. 919.

[3] C. Gronroos, 1990, Service Management and Marketing, Lexington books, Lexington, Mass, p. 6.

[4] Carlos M. Correa, Trade Related Aspects of Intellectual Property Rights a Commentary on the TRIPS Agreement, Oxford University Press.

[5] Colin Clark, The Conditions of Economic Progress, Macmillan Co. LTD, London,1960.

[6] Dan Hunter and F. Gregory Lastowka, Viirtual Property, California Law Review 92th, 2004.

[7] Daniel Bell, The Coming of Post-industrial Society, Herinemann Educational Books Ltd. 1974.

[8] Darrell A. Posey and Graham Dutfield: Beyond Intellectual Property: Toward Traditional Resource Rights for Indigenous Peoples and Local Communities, International Development Research Center, 2001.

[9] F. Gregory Lastowka and Dan Hunter, Viirtual Crimes, New York Law School Law Review, 293th, 2004.

[10] Geraint Howells and Andre Janssen and Reiner Schulze, Information Rights and Obligations: A Challenge for Party Autonomy and Thasactional Fairness, Ashgate, 2005.

[11] Geraint Howells and Andre Janssen and Reiner Schulze, Information Rights and Obligations: A Challenge for Party Autonomy and Thasactional Fairness, Ashgate,2005.

[12] Hiroya Kawaguchi, The Essentials of Japanese Pantent Law: Cases and Practice, Kluwer Law International, 2007.

[13] Hohfeld, Wesley. N., "Fundamental Legal Conceptions as Applied in Judicial Reasoning", 26 Yale L. J. 718—733 (1917).

[14] Hohfeld, Wesley. "Some Fundamental Legal Conceptions as Applied in Judicial Reasoning", 23 Yale L. J. 16 (1913).

[15] Intellectual Property: Patents, Trademarks, and Copyright (3rd Edition), Arthue Rmiller Michael H. Davis, West Group, 2003.

[16] James Brian Quinn, Jordan J. Baruch, and Penny Cushman Paquette, 1987, Technology in Services, Scientific American 257, N. 6, December.

[17] James Grimmelmann, Virtual World as Comparative, New York Law School Law Review, 27th, 2004.

[18] James W. Child,The Moral Foundations of Intangible Property,in The Monist 73

(October 1990):578—600.

[19] JuliusC. S Pinckoers, From Privacy Toward A New Intellectual Property Right in Persona: The Right of Publicity (United States) and Portrail Law (Netherlands) Balanced with Freedom of Speech and Flee Trade Principles, Kluwer Law International the Hague London Boson.

[20] Justin Hughes, The Philosophy of Intellectual Property, in the Georgetown Law Journal 77(1988):287—366.

[21] Kotler, P., Marketing Management, 1988, Analysis, Planning, Implementation and Control, 6th Ed., p. 477, Prentice-Hall.

[22] L. Drechsler, 1990, A Note on the Concept of Service, Review of Income and Wealth, Series 36, No. 3.

[23] Leonard L. Berry, 1980, Servicee Marking is Different, Business, May-June, 56.

[24] Mario Franzosi etc, European Design Protection Commentary to Directive: Commentary to Directive and Regulation Proposals, Kluwer Law International The Hague · London · Boson, 1996.

[25] McCarthy on Trademarks and Unfair Competition, Fourth Edition Volum (2—5), J. Thomas McCarthy, THOMAS/WEST, Rel. 40, 12/2006.

[26] Michael A. Einhorn, Media, Technology and Copyright: Integrating Law and Economics, Edward Elgar Publishing, Inc. 2004.

[27] Paul L. C. Torremans, Copyright and Human Rights: freedom of Expression-Intellectual Property-Privacy, Kluwer Law International The Hague · London · New York, 2003.

[28] Peter Drahos, A Philosophy of Intellectual Property, Ashgate Publishing Company, 1996.

[29] Peter Ganea, Japanese Copyright Law: Writings in Honour of Gerhard Schricker, Christopher Heath and Hiroshi Saito, Kluwer Law International, 2005.

[30] Phillip Nelson, 1970, Information and Consumer Behavior, Journal of Political Economy 78 No. 20.

[31] Pirates Among the Second Life Islands - Why You Should Monitor the Misuse of Your Intellectual Property in Online Virtual Worlds. http://works.bepress.com/ben_quarmby/2/

[32] Ranan Deazley, Rethinking Copyright: Histoery, Theory, Language, Edward Elgar Publishing, Inc. 2006.

[33] Richard A. Bartle, Pitfall of Virtual Property, The Themis Group April 2004.

[34] Richard A. Epstein, The "Necessary" History of Property and Liberty, John M. Olin Law & Economics Working Paper NO. 183(2D Series).

[35] Robert A. Gorman & Jane C. Ginsburg, Copyright for the Nineties, The Michie

Company Law Publishers, Fourth Edition, 1993.

[36] Robert P. Merges Peter S. Menell Mark A. Lemley, Intellectual Property in the New Technological Age (Revised Fourth Edition), Wolters Kluwer Law&Business, 2007.

[37] Silke von Lewinski, Indigenous Heritage and IP: Genetic Resources, Traditional Knowledge and Folklore, Kluwer law international, 2004.

[38] Steven J. Horowitz, Competing Lockean Claims to Virtual Property, 20 Harv. J. Law & Tec 443.

[39] Theodore J. Westbrook, COMMENT: OWNED: FINDING A PLACE FOR VIRTUAL WORLD PROPERTY RIGHTS, 2006 Mich. St. L. Rev. 779.

[40] Thomas C. Grey, The Disintegration of Property, XXII Nomos: Property 69 (J. Roland Pennock & John W. Chapman, eds. 1980).

[41] V. R. Fuchs, The Service Economy, National Bureau of Economic Research, 1968.

[42] William Kingston and Kvin Scally, Patents and the Measuremant of International Competitiveness: New Data on the Use of Patents by Universities, Small Firms and Individual Inventors, Edward Elgar Publishing, Inc., 2006.

[43] Yochai Benkler, The Wealth of Networks: How Social Production Transforms Markets and Freeedom, Yale Univesity Press, 2006.

[44] Zeithaml, V. A. and Bitner, M. J. (2000), Service Marketing: Integrating Customer Focus across the Firm, McGraw-Hill, 1990.

后　　记

本书从体系的角度来研究无形财产权,其前提是澄清体系的基础。这就必然涉及三个方面的基本问题:(1)无形财产权之所以无形之原因;(2)无形财产权之所以构成之要素;(3)无形财产权之所以适格之条件。对于第一个问题,本书给出的答案是:"信息与行为",并从信息本体与信息活动的角度分别给予分析与解读;对于第二个问题,本书所作的回答是:"信息与服务的财产权";对于第三个问题,本书得出的结论是:"知识产权的创造性、资信产权的信息性与服务产权的价值性和非人身性"。另外,作为整个研究的方法论基础,本书采用的是:"基于信息哲学的分析"。

应当指出,本书"引进信息哲学理论,类型化与体系化无形财产权利"所面临的挑战是多方面的:有学界已经研究但没能形成共识的问题,如知识产权的客体与无形财产的依据问题;有学界已经形成共识但有碍体系形成的问题,如商标的创造性问题;有学界已经提出概念但没有从体系上给予考察的问题,如资信财产权的体系化问题;有学界已经关注但无法解释事物本质的问题,如虚拟财产的性质问题。

毋庸讳言,本书尽管在上述问题上都作了努力,并提出了自己的认识,然限于笔力,本书的研究仍然不够充分,如资信财产权的信息结构问题;本书的分析也存有待深入之议题,如服务财产权的类型化问题等。这些都将是笔者进一步研究的课题。不唯如此,作为"诞生于信息时代的信息哲学",笔者对其认识还是肤浅的,本书对其应用也是尝试性的。这更是笔者愿意继续努力的方向。

总而言之,本书引进的信息哲学分析,只是信息哲学理论在法学领域应用的初步尝试;本书所作的类型化与体系化研究,也是运用体系化思维对无形财产权进行全面考察的开始。"不矜小胜,不恤小败",这是兵家必具的心理素质,也是学者须有的思想品格。就此而言,帷幕才刚刚拉开。